Werterziehung

GRUNDFRAGEN DER PÄDAGOGIK

Studien – Texte – Entwürfe

Herausgegeben von der Alfred-Petzelt-Stiftung

Band 24

Zu Qualitätssicherung und Peer Review der vorliegenden Publikation

Die Qualität der in dieser Reihe erscheinenden Arbeiten wird vor der Publikation durch den Herausgeber der Reihe geprüft.

Notes on the quality assurance and peer review of this publication

Prior to publication, the quality of the work published in this series is reviewed by the editor of the series.

Thomas Mikhail (Hrsg.)

Werterziehung

Grundlagen und Handlungsorientierungen

PETER LANG

Bibliografische Information der Deutschen Nationalbibliothek
Die Deutsche Nationalbibliothek verzeichnet diese Publikation
in der Deutschen Nationalbibliografie; detaillierte bibliografische
Daten sind im Internet über http://dnb.d-nb.de abrufbar.

Alfred-Petzelt-Stiftung
für Wissenschaft und Bildung

Umschlagabbildung:
© Volker Ladenthin, 2021

ISSN 1619-246X
ISBN 978-3-631-87195-9 (Print)
E-ISBN 978-3-631-87183-6 (E-PDF)
E-ISBN 978-3-631-87184-3 (EPUB)
DOI 10.3726/b19353

© Peter Lang GmbH
Internationaler Verlag der Wissenschaften
Berlin 2022
Alle Rechte vorbehalten.

Peter Lang – Berlin · Bern · Bruxelles · New York ·
Oxford · Warszawa · Wien

Diese Publikation wurde begutachtet.

www.peterlang.com

Inhaltsverzeichnis

Thomas Mikhail

Zur Einführung

Wertfragen sind in pluralistischen, multikulturellen und liberalen Gesellschaften quasi ein Dauerthema. Wenn religiöse oder politische Konzepte der Weltdeutung brüchig geworden sind oder an Verbindlichkeit verloren haben, sind ausnahmslos alle Individuen wie die Gesellschaft als Ganze permanent der Frage ausgesetzt, was wertvoll oder wertlos ist. Wertfragen gehen alle an. Die Vielfalt an unterschiedlichen Lebensentwürfen, die beinahe uneingeschränkten Möglichkeiten der sexuellen Orientierung, der Berufswahl und der Konsumgüter – kaum etwas in unserem Leben ist so festgelegt, dass man sich nicht gegen das eine und für das andere entscheiden könnte. Entscheidungen sind somit immer Wertentscheidungen. Stets entscheidet man sich für etwas, das man als wertvoller bewertet als etwas anderes. Unsere Werte bestimmen unsere Entscheidungen, und in unseren Entscheidungen bringen wir unsere Werte zum Ausdruck.

Freilich sind dem Menschen Werte nicht angeboren; sie werden entweder übernommen oder erlernt. Die Adaption von Werten erfolgt durch Sozialisation, deren Erlernen durch Erziehung. Sozialisationsprozesse der Wertadaption vollziehen sich (vom Lernenden aus betrachtet) weitgehend unreflektiert, unmerklich, eher beiläufig. Prozesse der Werterziehung dagegen sind explizit reflexiv, diskursiv und intentional. Weil Menschen in spezifische epochal und kulturell geprägte Kontexte hineingeboren werden und darin aufwachsen, ist die sozialisatorische Übernahme der darin herrschenden Wertstrukturen und -präferenzen quasi unvermeidlich und unumgänglich. Gerade junge Heranwachsende erachten meist das für wertvoll oder wertlos, was in ihrem Umfeld als so oder so bewertet wird. Sie entscheiden sich hierfür und dafür, weil ‚man das so macht'. Mit Heidegger ließe sich diese Verwiesenheit auf das ‚man' als „uneigentliche Existenz" interpretieren, sofern in der Entscheidung nicht der ‚eigentliche' Wert des Kindes, sondern ein heteronom gesetzter zum Ausdruck komme. Im Gegensatz dazu zielt Erziehung genau auf eine solche Authentizität der Werte. Sie unterstützt (nicht nur, aber vor allem) Heranwachsende dabei, eigene Wertstrukturen und -präferenzen auszubilden und in

Entscheidungen zum Ausdruck kommen zu lassen. Vor diesem Hintergrund leistet Werterziehung etwas, das bei der sozialisatorischen Wertadaption aufgrund fehlender Reflexivität, Diskursivität und Intentionalität nicht möglich ist. In sozialisatorischen Prozessen sind Werte bereits (durch das Umfeld) als gültig gesetzt. Was nützlich, lebenswert und moralisch ist – d. h. wertvoll im Umgang mit Dingen, in Bezug auf die eigene Person und auf andere –, steht nicht zur Disposition, sondern zeigt sich als Ausdruck fremder Entscheidungen, die übernommen werden. Fragen nach richtigen, wichtigen und sogar höchsten Werten werden nicht aufgeworfen, ja, sie können gar nicht aufgeworfen werden, weil sie schon durch das Umfeld beantwortet sind. Erziehung aber ist nun genau jener Prozess, in dem die Werte infrage gestellt werden, bei dem sie im buchstäblichen Sinne fragwürdig werden, indem man sie reflektiert, analysiert und diskutiert.

Mit diesen knappen Hinweisen ist freilich noch sehr unzureichend umrissen, was Werterziehung näherhin bedeutet. Dies auszuführen, bleibt den in diesem Band enthaltenen Beiträgen vorbehalten. Entstanden sind sie im Rahmen einer Klausurtagung der Alfred-Petzelt-Stiftung, die im Herbst 2019 in Bonn stattfand. Anlass zur Thematisierung gaben sowohl die große Bedeutung in Petzelts pädagogischem Werk – insbesondere die Schrift „Grundlegung der Erziehung" von 1954 – als auch die geringe Aufmerksamkeit, die der Werterziehung im erziehungswissenschaftlichen Diskurs der vergangenen zwei Dekaden geschenkt wurde. Letzteres muss insbesondere dann verwundern, wenn man die eingangs erwähnte Bedeutung von Wertfragen für das Leben in demokratischen Gesellschaften teilt. Über die Gründe der erziehungswissenschaftlichen und pädagogischen Vernachlässigung lassen sich nur Vermutungen anstellen. Manches spricht dafür, dass das der Wertethematik notwendig zukommende Moment des Normativen als unvereinbar mit dem Postulat der Wert- und Werturteilsfreiheit von Wissenschaft betrachtet wird. Bevor man sich also auf normatives Terrain begibt, bescheidet man sich – wenn man schon beim Thema Werte bleiben will – mit der Deskription jugendlicher Wertpräferenzen (siehe den Beitrag von Fees in diesem Band). Möglicherweise sind es auch kritische Stimmen postkolonialistischer Positionen, die jeglichen Versuch einer werterzieherischen Konzeptualisierung zum Verstummen bringen; angesichts der drohenden Gefahr, die Vielfalt an durch kulturelle Identitäten geprägten Werten zu wenig zu berücksichtigen oder gar zu ignorieren. Es kann auch sein, dass man meint, die Werterziehung bereits im Paradigma der Kompetenzorientierung integriert und implementiert zu haben, sodass eine separate erzieherische Auseinandersetzung mit Werten und deren Wertigkeiten nicht nötig sei. Schließlich werden Kompetenzen gemeinhin als kognitive Fähigkeiten und Bereitschaften zur lebensweltlichen, beruflichen oder gesellschaftlichen Problemlösung verstanden, wobei mit ‚Bereitschaft' auch das normative Moment von Wertungen gemeint sein könnte.

Was auch immer der wahre Grund sein mag, die hier versammelten Beiträge versuchen jedenfalls, das Thema ‚Werterziehung' bzw. ‚Werte und Erziehung' – erneut – grundlagentheoretisch sowie grundlegend zu beleuchten. Dabei gliedert sich der Band in zwei Teile: über die „Grundlagen der Werterziehung" und über die „Grundlagen der Wertwissenschaft". Im ersten Beitrag entfaltet *Jürgen Rekus*, ausgehend von einem neuzeitlichen Bildungsverständnis und anknüpfend an aktuelle gesellschaftliche Bedingtheiten, ein Konzept von Werterziehung, das die Selbstbestimmung der pädagogischen Adressaten fokussiert. *Volker Ladenthin* geht historisch-systematisch den zwei Fragen nach, was Werte überhaupt sind und daran anschließend, wie man Werte an nachfolgende Generationen vermitteln kann. Seine Überlegungen münden in einer elaborierten „Didaktik der Werterziehung", die Orientierung für schulische Praxisgestaltung zu geben vermag. Im Beitrag von *Thomas Mikhail* werden drei prominente Positionen der Werterziehung einer kritischen Prüfung unterzogen. Diese Prüfung zeigt einerseits deren spezifische Potenziale sowie andererseits deren Problemüberhänge auf, was letztlich zur Markierung von Herausforderungen für zukünftige Konzeptionen der Werterziehung führt. Im Teil über die „Grundlagen der Wertwissenschaft" entfaltet *Armin G. Wildfeuer* eine philosophische Theorie der Werte, die historisch-systematisch begründet wird. Werte werden darin als „Strebenskorrelate" verstanden, die eine anthropologische Funktion erfüllen und für ein humanes (Zusammen-)Leben in einer globalisierten Welt unabdingbar erscheinen, indem sie wesentliche Orientierungen bieten. *Konrad Fees* stellt in seinem Beitrag die empirische Werteforschung auf den kritischen Prüfstand. Exemplarisch werden die Forschungsdesigns der Shell- und Sinus-Studie dargestellt, in ihren methodologischen sowie axiologischen Annahmen transparent gemacht und im Hinblick auf ihren Aussagewert untersucht, der – so das Ergebnis von Fees – stark zu relativieren sei.

Dank gebührt den Verfassern für die Bereitstellung ihrer Texte und ihre Geduld sowie Herrn Benjamin Kloss vom Peter Lang Verlag für die unkomplizierte Zusammenarbeit bei der Drucklegung dieses Bandes.

Thomas Mikhail

Grundlagen der Werterziehung

Jürgen Rekus

Werterziehung und Bildung

Schaut man sich um, dann sieht man oft Personen, die aus Achtung vor der Kreatur kein Fleisch essen und auch sonst auf Produkte tierischer Herkunft verzichten. Freilich trifft man auch auf Personen, die den Fleischverzehr als Genuss empfinden und nicht darauf verzichten wollen und auch sonst keine Probleme damit haben, etwa Lederschuhe statt Leinensandalen zu tragen. Oder Schutzmasken zum Beispiel: Die einen tragen sie konsequent, weil ihnen der Schutz der anderen vor einer möglichen Ansteckung mit Krankheitserregern wichtig ist. Andere tragen sie nicht oder nur dann, wenn Sanktionen drohen, weil sie Ansteckungsrisiken für normale Lebensrisiken halten, gegen die sich sowieso niemand schützen kann. Die Beispiele lassen sich mühelos fortsetzen: hier Radfahrer, die das Klima retten wollen, dort Dieselfahrer, die sich an ihrem SUV erfreuen; hier Deichbauer, die die Menschen und ihre Häuser vor Hochwasser schützen wollen, dort diejenigen, die Überflutungsmöglichkeiten fordern, damit in den entstehenden Feuchtgebieten eine entsprechende Flora und Fauna entstehen bzw. erhalten werden kann; hier diejenigen, die sich in der Hospizbewegung engagieren, um dem Leben bis zum natürlichen Ende Respekt zu zollen, dort die Verfechter eines assistierten Selbstmords ohne Strafbewehrung.

Wer verfolgt mit seinem Handeln die richtigen Werte? Wer kann oder darf das überhaupt entscheiden? Soll das jeder mit sich selbst ausmachen? Oder soll das die Politik entscheiden und vom pädagogischen Personal umsetzen lassen? Oder ist das Erziehungspersonal selbst befugt, die richtigen Werte und Normen festzulegen und weiterzugeben? Welche Aufgabe kommt der Pädagogik als Wissenschaft zu?

Pädagogik als Wissenschaft

Zu den Grundsätzen moderner wissenschaftlicher Argumentation gehört, dass jegliche Aussagen, die mit einem Geltungsanspruch versehen werden, d.h. in irgendeiner Weise beanspruchen, richtig (wahr) zu sein, zusammen mit ihren begründenden Prämissen offengelegt werden. Das ist in der wissenschaftlichen Pädagogik ebenso selbstverständlich wie etwa in der Mathematik. Hier sind es Prinzipien, die das Geschäft der Pädagogik fundieren, dort sind es Axiome, auf denen das Gebäude der Mathematik ruht. In beiden Fällen gilt, dass die Fundamente, auf denen die jeweiligen wissenschaftlichen Gebäude ruhen, nicht zu beweisen sind. Sie sind als Prinzipien bzw. Axiome voraussetzungslos. Sie gelten ‚einfach' und nicht ‚weil ...'. Im Englischen sagt man: take it or leave it. Deshalb müssen diese Geltungsvoraussetzungen denknotwendig angenommen werden, wenn die jeweiligen wissenschaftlichen Systeme nicht haltlos werden und zusammenbrechen sollen. Deshalb gilt zum Beispiel: Durch null darf nicht geteilt werden, wenn man Mathematik betreiben will. Das kann man zwar anders sehen, aber dann muss man konsequenterweise das Terrain der Mathematik verlassen.

Für die wissenschaftliche Pädagogik gilt Analoges. Die Freiheit des Menschen ist ein fundierendes Prinzip dieser Disziplin. In pädagogischer Betrachtung ist der Mensch nicht durch die Natur bestimmt, sondern in der von ihm ausgeprägten Kultur selbstbestimmt. In dieser Hinsicht reagiert der Mensch nicht reflexhaft, sondern agiert reflektiert. Er verhält sich nicht, sondern handelt. Diese in analytischer Hinsicht selbstbestimmte und in synthetischer Hinsicht immer wieder selbst zu bestimmende Handlungsaktivität bildet den Fokus wissenschaftlicher Pädagogik. Das kann man zwar anders sehen, aber dann muss man konsequenterweise das Terrain der Pädagogik verlassen.

Man betritt dann andere Geltungsreviere. Dass sich der Mensch etwa in psychologischer, soziologischer oder politischer Hinsicht auch als Objekt von Verhaltensbestimmungen betrachten und beschreiben lässt, ändert nichts an der spezifischen pädagogischen Perspektive. Denn es geht der wissenschaftlichen Pädagogik nicht um das empirisch zu fassende Geschehene, sondern um das unter Beachtung der Freiheitsvoraussetzung erst zu Geschehende (vgl. Petzelt 1954, 40 ff). Wenn der Mensch als Akteur, als handelndes Subjekt, also als derjenige, der seine Taten setzt, in den Blick genommen wird, dann gehört das Sich-entscheiden-Können bzw. das Sich-entscheiden-Müssen dazu. Freiheit ist nur denkbar, wenn Entscheidungen möglich sind. Wenn alles vorab bestimmt ist, ist Selbstbestimmung nicht denkbar. Sich selbst zu bestimmen bedeutet, sich fortwährend entscheiden zu müssen, d.h. das Handeln an selbst gesetzte Normen zu binden.

Damit deutet sich bereits eine erste, noch formale Antwort auf die Eingangsfragen an. Die Akteure in den Eingangsbeispielen handeln insofern richtig, als sie von ihrer Freiheit Gebrauch machen. Dass damit allein noch kein sittliches Handeln bestimmt ist, liegt auf der Hand und macht Erziehung mit Blick auf Normen in ihrem Zusammenhang mit Werten notwendig.

Normen stellen Handlungsregeln dar, die den Geltungsanspruch von Werten in bestimmten Handlungssituationen praktisch einlösen sollen. Das gilt für Rechtsnormen, etwa die StVO, die den Wert „Sicherheit" in verschiedene Normen fasst, z. B. das Rechtsfahrgebot, um nur eine zu nennen. Viele halten sich nicht daran und fahren auf dreispurigen Straßen in der Mitte. Vermutlich erfolgt dieses Fahrverhalten eher unreflektiert. Aber es ist auch eine bewusste Entscheidung denkbar, etwa dass man das Fahren auf der mittleren Spur für risikoloser bzw. sicherer hält. Anders als beim bloßen Verhalten bindet sich der Handelnde an Normen, die er reflektiert und für sich als maßgeblich anerkannt hat; hier der Wert der Sicherheit, der durch Fahren auf der mittleren Spur vermeintlich besser eingelöst wird. Handlungsnormen sind also immer subjektiv bestimmt, sofern sie nur auf den jeweiligen Akt bezogen sind. Das Handeln kann dabei in Übereinstimmung mit den Normen der umgebenden Gemeinschaft entschieden werden (im Beispiel die Gebote der StVO), kann aber auch diesen zuwiderlaufen. Wenn Erziehung dazu beitragen soll, dass junge Menschen lernen, ihre Handlungsentscheidungen unter Berücksichtigung gemeinschaftlicher Normenerwartungen in selbst gesetzter Normbindung zu verantworten, m. a. W. ihre Freiheit zu kultivieren, dann muss sich der Erziehungsprozess notwendigerweise auf die das Handeln begründenden Werte richten. Erziehung meint hier Werterziehung.

Damit ist zumindest eine Aufgabe wissenschaftlicher Pädagogik bestimmt: Es muss darum gehen, die Bedingungen der Werterziehung aufzuklären und zugleich Orientierungen für pädagogisch Handelnde zu geben. Theorie *und* Praxisorientierung gehören zur Aufgabe wissenschaftlicher Pädagogik.

Bildung statt Affirmation

Im Folgenden wird die in den einleitenden Überlegungen angedeutete subjekttheoretische Sicht der Werterziehung weiter entfaltet. Dies geschieht in Anlehnung an die Prinzipienwissenschaftliche Pädagogik von Alfred Petzelt und ihre Weiterentwicklung durch seine Schüler. Den Begriff der Werterziehung hat er allerdings selber kaum verwendet. Auch im überarbeiteten Sachregister der Neuherausgabe seiner „Grundzüge systematischer Pädagogik" (Mikhail/Ruhloff 2018) findet sich der Ausdruck ‚Werterziehung' nicht. Ganz anders seine prinzipienwissenschaftlichen Kollegen Aloysius Regenbrecht und Karl Gerhard Pöppel sowie ihre Schüler Volker Ladenthin und der Verfasser dieses Textes: Sie verwenden den Ausdruck nicht nur durchgängig in ihren pädagogischen Konzepten, sondern weisen ihm eine Schlüsselstellung im Rahmen der Gesamtsystematik zu (vgl. u. a. Pöppel 1982; Regenbrecht/Pöppel 1990; Ladenthin/Rekus 2008; Ladenthin 2013; Rekus 1993) .

Weil Werte den Erfüllungsfokus von Normen bilden, gehört zur Selbstbestimmung von eigenen Handlungsnormen die Reflexion der dazugehörigen Werte. Welchen Wert hat eine vegane Ernährung, welchen Wert hat das Radfahren, welchen Wert hat der Deichbau etc. Das Beantworten solcher und ähnlicher Wertfragen im Hinblick auf eigene Entscheidungsprozesse (Normentscheidungen) lässt sich als „Werten" (Bewerten) bezeichnen. Das muss erlernt werden, wenn selbstbestimmte Entscheidungen möglich sein sollen. Wer das gelernt hat, ist gebildet. Bildung ist (in diesem Kontext) das Vermögen, die wechselnden situativen Kontexte des Lebens zu bewerten und entsprechende Handlungsentscheidungen zu treffen. Pädagogisches Handeln heißt in diesem Zusammenhang ‚Werterziehung'.

Damit grenzt sich die hier vertretene pädagogische Theorie von anderen Theoriekonzepten ab, die von in der Gesellschaft vorhandenen Werten ausgehen, die im Erziehungsprozess vermittelt werden sollen. Diese Konzepte werden in der Regel als Werte-Erziehung im Unterschied zu oben benannten Werterziehung bezeichnet. Sie gehen von der affirmativen Vorstellung aus, dass Bildung eine Vorbereitung auf die Zukunft sei, und zwar in dem Sinne, dass man junge Menschen an die herrschenden gesellschaftlichen Werte und Normen heranführt. Da dieser normative, besser: normierende

Standpunkt mit allerlei Indizien begründet wird, gilt diese Position heute als evidenzbasiert.

Evidenzbasierung wird im aktuellen bildungstheoretischen Diskurs als „beweiskräftiges" Argument zur Begründung verschiedener Forderungen angeführt. Indizien (Evidenz) stellen zwar noch keine Beweise dar, aber ihnen haftet gleichwohl eine normative Kraft an. Bisher ist es der prinzipienwissenschaftlichen Pädagogik nicht gelungen, die damit verknüpfte sozialisationstheoretische Werte-Erziehung zu relativieren. Überschaut man die vorliegenden bisherigen Arbeiten zur Werte-Erziehung, dann fällt auf, dass der bildungstheoretische Aspekt der Wertbindung im Unterschied zum erziehungstheoretischen Aspekt der normativen Selbstbestimmung vergleichsweise unbestimmt blieb. Deshalb sei die Frage gestattet, ob Bildung tatsächlich die Vorbereitung auf die Zukunft sei, wie man sie sich heute vorstellt. Man kann berechtigte Zweifel haben. Denn Zukunft ist ihrem Begriffe nach offen und unbestimmt. Wenn die Zukunft eines Tages eintritt, dann kann alles ganz anders sein, als es heute ist. Wegen dieser Unbestimmtheit wäre es unvernünftig, Bildung nur auf die bloße Einführung in einen bestehenden Kultur- und Wertzusammenhang zu begrenzen. Bildung als Vermögen, von der eigenen Freiheit verantwortlich Gebrauch zu machen, muss doch vielmehr die Unbestimmtheit der Zukunft in Rechnung stellen.

Selbstverständlich gehört zur Bildung, dass man über die Phänomene und die Situation der heutigen Welt sehr gut Bescheid weiß, um auf das mögliche Anderssein der Zukunft vorbereitet zu sein. Das beginnt mit der Familienerziehung, in der die vielfältigen Erfahrungen innerhalb und außerhalb der Familie sowie der rechte Umgang damit diskutiert werden; dies geschieht insbesondere auch in der Schule. Sie ist für diese Aufgabe sogar als Pflicht für alle Bürger eingeführt worden, indem dort die lebensweltliche Erfahrung und der alltägliche Umgang der Schüler in systematischer Weise aufgeklärt und fachlich wie sittlich ergänzt werden soll. Die Wissensergänzung geschieht im Fachunterricht. Hier werden Sachzusammenhänge auf eine erfahrungsunabhängige Art und Weise geklärt. Dass Kriege zu Flucht und Vertreibung und damit verbundenem Leid und Elend führen, kann man im Geschichtsunterricht lernen, ohne selbst dieses Schicksal und Leid erfahren zu müssen. Mehr noch: In der Art und Weise,

wie der Geschichtsunterricht durchgeführt wird, lernt man auch über die
Phänomene von Krieg und Leid zu urteilen, ihre Bedeutung für die Entwicklung und Probleme der gegenwärtigen Situation einzuschätzen und
Möglichkeiten der Veränderung abzuwägen. Anders formuliert: Unterricht, der einen Beitrag zur Werterziehung leisten will, gibt den Schülerinnen und Schülern auch die Chance, die Welt neu und anders zu denken.
Diese Ergänzung macht aus dem Wissen erst Bildung.

Bildung, als Fähigkeit, die Welt fortwährend neu zu beurteilen und
anders zu denken, geht aber nicht einfach aus der bloßen Kenntnisnahme
der bestehenden normativen Standards und der Übernahme der herrschenden Werte hervor, sondern ergibt sich erst aus der Synthese des Gelernten
mit dem eigenen Werturteil und die darauf bezogenen Handlungsmaxi-
men. Werden diese Bedeutungs- und Bedeutsamkeitsfragen im Unterricht
nicht eröffnet und die Lernaktivität bloß auf die normativen Standards
und herrschenden Werte gerichtet, dann bleibt man blind für zukünftige
Optionen. Aus dem Sein und seiner Kenntnisnahme gehen keine Hinweise
auf irgendein Sollen hervor. Handeln heißt aber, etwas tun zu sollen und
einer wertbestimmten, selbst auferlegten Norm zu folgen.

Marian Heitger, der wohl engste Schüler Alfred Petzelts, hat in diesem
Zusammenhang häufig Immanuel Kant zitiert: „Es mögen noch so viele
Naturgründe sein, die mich zum Wollen antreiben, noch so viele sinnliche
Anreize, so können sie nicht das Sollen hervorbringen ... Die Vernunft
(gibt) nicht demjenigen Grunde, der empirisch gegeben ist, nach, ... sondern macht sich ... eine eigene Ordnung nach Ideen" (zit. nach Heitger
1987, 33). Wenn viele Menschen heute nicht mehr wissen, was sie mit
sich und ihrem Leben anfangen sollen, wenn sich das Denken nur darauf
fokussiert, Spaß zu haben, dann ist das vielleicht eine Folge der Fixierung
heutiger Bildungsinstitutionen auf das empirische Hier und Heute. Die
Frage nach Handlungsalternativen wird von den so „Gebildeten" nicht
mehr gestellt, weil sie dieses Fragen nicht gelernt und das empiristische „Ist
ja so" als Haltung ausgeprägt haben.

Der gesellschaftliche Wandel fordert aber stets die Frage nach dem Sollen und somit zu richtigeren und besseren neuen Entscheidungen heraus.
Das ist der Lauf der Freiheit. Die getroffenen Entscheidungen stellen Antworten auf die permanente Sollensfrage dar (Was soll ich tun?), sie stellen
immer nur vorläufige Endpunkte von Abwägungen dar, und zwar über das,

was in einer gegebenen Situation als richtig und gut, als wahr und wertvoll angesehen wird, oder anders formuliert: was gesollt ist. Entscheidungen sind Feststellungen über das im Augenblick Wahre und Wertvolle, das meine Handlungen als Antwort auf die Sollensfrage motiviert. Kultur ist immer entschieden wie sie immer auch vorläufig ist. Kultureller Wandel ist demnach Wandel von Wahrem und Wertvollem, oder kurz: Wertewandel.

Bildung ermöglicht ein gelingendes Leben angesichts des fortwährenden Wandels. Sie hilft dem Subjekt, sich im Fluss des Wandels zu positionieren und die Orientierung zu behalten. Die bloße Anpassung an einen gegebenen Ist-Zustand ist schon überholt, bevor sie abgeschlossen ist. Ein gelingendes Leben ist heute nicht mehr durch das reibungslose Hineinwachsen in eine bestehende Kultur mit festgefügten Werten und Normen gekennzeichnet (war es übrigens noch nie), sondern nur durch den gelingenden Prozess der mühsamen und riskanten eigenen Wert- und Normpositionierung. Das gilt grundsätzlich, ist aber besonders schwer in den modernen Demokratien westlicher Prägung zu realisieren, deren bestimmende Kennzeichen der fortwährende Wertewandel und der damit verbundene Pluralismus sind. Wegen der Vielfalt der geäußerten Werturteile und gelebten Wertentscheidungen und der damit eröffneten Vielfalt an individuellen Entscheidungs- und Handlungsmöglichkeiten gibt es keine Lernschnellwege zur Bildung. Im Pluralismus kann nur jeder für sich in einem mühsamen Prozess entscheiden lernen, was ihm als erstrebenswert und handlungsbedeutsam erscheint. Hergebrachte Normen, Sitten, Konventionen und Usancen bilden dabei nur noch selten einen orientierenden Rahmen, da auch sie einem steten Wandel unterliegen.

Auch die modernen Wissenschaften halten in dieser Hinsicht keine Antworten bereit. Sie prägen nicht die Lebenshaltung der Menschen und geben keine Leitlinien für die Lebensführung an die Hand. Im gegenwärtig dominierenden empirischen Wissenschaftsnexus liefert Wissenschaft viele Daten, aus denen man diese oder jene Handlungsschlüsse ziehen kann. Aber ohne eine werterzieherische Unterstützung beim Einschätzen der Daten weiß man nicht, was von den Daten zu halten ist und was man angesichts der Daten tun oder besser lassen soll. „Wenn am nächsten Sonntag Bundestagswahlen wären", so beginnt das sogenannte Politbarometer des ZDF, und man erhält ein fiktives Ergebnis, das aus den Präferenzen der Befragten errechnet wird. Aber welche Bedeutung soll das Wahlverhalten anderer für mich haben? Ändert sich meine politische Werthaltung, wenn ich weiß, dass mehr als die Hälfte der Befragten anderer Meinung sind?

Bildung als Einheit von Wissen und Haltung

Wenn man „Bildung" heute nicht mehr als bloßes Einfügen in einen Werte- und Normenhorizont betrachtet und wenn es auch die „einzig richtigen" Werte und Normen nicht gibt, wenn die Lebenswelt nicht mehr statisch, sondern dynamisch ist, dann kann Bildung in der Tat nicht mehr bloß aus einem Ensemble „richtiger" Kenntnisse und „anerkannter" Werte und Normen bestehen. Bildung ist dann vielmehr das Vermögen, in den wechselnden und unvorhersehbaren Situationen des sich stets wandelnden Lebens richtige und gute Handlungsentscheidungen treffen zu können. Man kann dieses Ziel auch als Autonomie bezeichnen. Bildung ist dann nicht die vermeintliche Vorwegnahme der Zukunft, sondern die Bedingung ihrer Gestaltung. Bildung erschöpft sich dann nicht in Anpassungsleistungen, sondern ist Voraussetzung für jedes Anpassen, für jede Veränderung oder Erneuerung. Wer über Bildung spricht, spricht also den Menschen in seiner Rationalität und Moralität, in seiner Spontaneität und Kreativität, mit anderen Worten in seiner Freiheit an – was nicht mit Bindungslosigkeit zu verwechseln ist.

Der abendländische Begriff der Bildung „verdankt seine Entstehung und Bedeutung einer christlich geprägten Idee, die das Mittelalter bis in die Neuzeit bestimmte. Bildung ist zu verstehen als Verwirklichung jenes Bildes, das der Schöpfer in den Menschen hineingelegt hat" (Heitger 2003, 125 f). Bildung ist deshalb ein Prozess, der die grundsätzliche Freiheit in selbstverantwortete Bindung überführt.

In weitgehend säkularisierten Gesellschaften wird der Bildungsbegriff selten noch so verstanden. Dennoch gilt, dass die Antworten auf die den Menschen permanent belästigende Frage: „Was soll ich tun?" auf Voraussetzungen verweisen, die man nur mit der Kategorie des Sinns bezeichnen kann. Und selbst wenn man nicht dem christlichen Glauben folgen kann, so wird man doch nicht die Notwendigkeit einer Sinnvoraussetzung leugnen können. Wer diese Voraussetzung zu leugnen versucht, wer die Frage nach dem Sinn als sinnlos bezeichnet, setzt ihn ja immer schon voraus – ein logischer Verweis auf das Verhältnis von Bedingung und Bedingtem, was zu den Grundfiguren transzendentalkritischen Denkens gehört. Wer also die Sinnfrage für sich beantworten will, ist auf Bildung angewiesen. Bildung ist gewissermaßen die persönliche Antwort auf die Sinnfrage.

Zur Bildung gehört deshalb zweierlei: Wissen über die Welt und eine Haltung dazu. Mit „Wissen" ist das gemeint, was uns mit der natürlichen und kulturellen Welt in geltungsverbürgender Weise verbindet; auch die vernehmbaren Werte und daraus erwachsenden Normen gehören dazu. Die Schule bietet daraus einen Kanon an, der der jeweils nachfolgenden Generation überliefert wird. Mit „Haltung" ist die Gesamtheit an persönlichen Werten und Handlungsbereitschaften gemeint, die sich aus der Verbindung von überliefertem Wissen und eigenem Urteil ergeben. Werterziehung unterstützt den Prozess der persönlichen Urteilsbildung.

Den Werten kommt für die persönliche Bildung eine Schlüsselbedeutung zu. Denn mit Hilfe von Werten lässt sich das Wissen über die Phänomene der Welt in unserem Bewusstsein ordnen, d. h. den vielfältigen Erfahrungen, Eindrücken, Erkenntnissen und Einsichten eine Bedeutung für die eigene Lebensführung zuweisen. Und umgekehrt: Nur weil sich den verschiedenen Phänomenen der Welt eine Bedeutung zumessen lässt, werden sie in unserem Bewusstsein begrifflich geordnet. Das Kind lernt nicht erst das Wort „Mama" sprechen und sucht dann eine geeignete Person dazu, sondern „Mama" wird als Bezeichnung derjenigen Person zugewiesen, die in dieser Hinsicht bedeutsam erscheint. Bezeichnungen und begriffliche Bestimmungen sind immer auch Werturteile. Mit solchen Wertzuweisungen erlangen die verschiedenen Phänomene der Welt für unser Handeln eine mehr oder weniger große Handlungsrelevanz. Gewertetes Wissen heißt auch gewusste Werte, und diese stellen die Motive des Handelns dar. Sie verleihen dem Handeln nicht nur einen Ordnungsrahmen, sondern zugleich eine Sinnrichtung.

Die Werte, über die wir verfügen, werden uns nicht eingetrichtert, sie fallen auch nicht vom Himmel, sondern sind Ausdruck unserer Aktivität. Sie werden von uns durch Akte des Wertens als (Be-)Wertungen erzeugt. Erst durch den Prozess unserer Wertschätzung entstehen sie in unserem Denken. Das Bildungsziel von Werterziehung heißt deshalb konsequent: Werturteilsfähigkeit (vgl. Ladenthin/Rekus 2008). Das selbstbestimmte Werturteil ist auch dort anzutreffen, wo der empirische Blick individuelle Wertungen als scheinbare Konformität mit den Mitmenschen

oder mit der Gesellschaft identifiziert. Tatsächlich stimmt man im Wertemp-
finden oft mit den anderen seiner Bezugsgruppe überein. Das Reichsschul-
gesetz hat 1920 die Grundschule ausdrücklich als Gemeinschaftsschule
aller Kinder konzipiert, um einen Beitrag zu sozialer Kohäsion, d. h. eine
grundlegende Werteinsinnigkeit in der Gesellschaft zu erzielen. Das aktuelle bildungspolitische Programm „Länger gemeinsam lernen" zielt ebenfalls auf eine solche Werthomogenität in Gemeinschaften. Aber auch in
Gemeinschaften sind Werte immer noch Ausdruck individuellen Wertens,
mehr noch: Sie sind Ausdruck der Individualität – auch dann, wenn sie mit
einer größeren Gruppe oder gar mit der Mehrheit übereinstimmen.

Ferner sind Werte als persönlich gesetzte Werte nicht immer konstant.
Man ändert gelegentlich seine Werturteile, man gewinnt neue Einsichten,
die die bisherigen Urteile in einem neuen Licht erscheinen lassen, man
erlebt andere Wertsetzungen, die zu neuen Sichtweisen anregen. Dabei
kommt es nicht nur zu individuellen Wertveränderungen, sondern auch
zu einem gesellschaftlichen und epochalen Wertewandel. Wiederum wird
deutlich, dass die Befähigung, an diesem Wandel teilzuhaben, nicht durch
eine Bildung mit einem Set festgelegter Werte, sondern nur mit ausgepräg-
ter Werturteilsfähigkeit zu haben ist.

Werturteilsfähigkeit = Wertanerkennung und Wertentscheidung

Die Aufgabe der Bildung hat in werterzieherischer Perspektive deshalb eine
doppelte Aufgabe: Es geht zunächst darum, Werte überhaupt als solche zu
erkennen und ihren Geltungsanspruch anerkennen zu lernen. Erst dann,
wenn man Werte kennt und in ihrem Geltungsanspruch anerkennt, kann
man eine eigene begründete Wertentscheidung treffen und zur Norm für
das eigene Handeln erheben. Wertanerkennung *und* Wertentscheidungsfähigkeit lautet also die Zielsetzung der Werterziehung. Deshalb gehört es
auch zur Werterziehung, die Edukanden nicht bloß zum Werten und zur
Stellungnahme aufzufordern, sondern ihnen auch konkrete Wertoptionen
vorzustellen und dafür Partei zu ergreifen. Im Geschichtsunterricht, um
das Beispiel wieder aufzugreifen, der immer wieder um Kriege von der
Antike bis zur Neuzeit kreist, geht es auch darum, Frieden als hohen Wert
zu erkennen und Friedfertigkeit als wertvolle Option für das Handeln

anzuerkennen. Sich dafür auch in eigenen Handlungsakten zu entscheiden, wird so zumindest angebahnt. Es kann nicht erzwungen werden, wenn Freiheit als Prinzip anerkannt wird.

Im Hinblick auf die vom Verfasser früher modellierten Konzepte der Werterziehung stellt diese doppelte Zielsetzung eine vorsichtig formulierte Revision dar. In früheren Überlegungen stand der Aspekt der Werturteilsfähigkeit im Sinne eines eigenständigen Werten-Könnens im Vordergrund und der Aspekt der Bindung, vielleicht besser: Geltungsbindung wurde nicht so recht in seiner Bedeutung für den Bildungsprozess einbezogen. Die hier vorgenommene Neuakzentuierung um das Moment der Anerkennung von Werten ist nicht zuletzt durch verschiedene Beiträge von Marian Heitger angeregt worden.

Ziele der Werterziehung

Die hier vorgestellte Weiterentwicklung des bisherigen Werterziehungskonzepts, die den „konventionellen" Aspekt der Werterziehung deutlicher als bisher betont und als komplementär zum „universellen" Aspekt ausweist, lässt sich an zwei einfachen Beispielen vorführen: der Familienerziehung (a) und der Schulerziehung (b).

a) Die Familie ist der primäre Ort, an dem das Werten erlernt wird. Hier wachsen Kinder in einen Wertzusammenhang hinein, der über weite Strecken einfach übernommen wird, weil er fraglos gilt. In gemeinsamen Familienritualen (wie z. B. die Gestaltung der gemeinsamen Mahlzeiten, des Zubettgehens oder auch der Freizeitgestaltung) können Werte erlebt und mit Lebenspraxis gefüllt werden. Eine Auseinandersetzung über den Wert der Werte findet in der Regel nicht statt.

Eine Wertvermittlung wird erst dann notwendig, wenn der familiale Wertkonsens gefährdet erscheint, wenn etwa die Kinder Zweifel daran hegen, dass die Mahlzeiten gemeinsam eingenommen werden sollen. Aber auch wenn alles friedlich verläuft und Wertbegründungen nicht immer von den Kindern angefordert werden, tun Eltern gut daran, den Geltungsanspruch ihrer Wertanforderungen gelegentlich zu begründen. Nur wenn man erfährt, dass Werte begründbar sind, ja, dass ihre Geltung überhaupt begründbar ist, lernt man selber, bestimmte Werte anzuerkennen und für das eigene Handeln als maßgeblich zu erachten. Die Einsicht, dass Werte auf Werturteilen beruhen, die dialogfähig sind, also keineswegs absolut gelten, hilft im Übrigen auch, fremde Wertungen anzuerkennen und sich ihnen gegenüber tolerant zu verhalten.

Weil es die Familie in ihrer traditionellen Form heute immer weniger gibt, wächst der Schule diese Aufgabe der Werterziehung zunehmend zu. Für die Schule stellt das Ziel der Wertanerkennung und Wertentscheidungsfähigkeit eine besondere Herausforderung dar, da Kinder und Jugendliche immer häufiger aus heterogenen Milieus und Kulturen kommen und kaum einheitliche Wertordnungen erleben. Umso bedeutsamer ist es für ihre Bildung, dass sie in der Schule einem wertbestimmten, relativ geschlossenen Ordnungsrahmen aus Fachinhalten und Verhaltenskodizes begegnen, der von ihnen als Ausdruck kultureller Wertigkeit in seinem Geltungsanspruch anzuerkennen ist. Marian Heitger weist darauf hin, „dass es zur Verpflichtung jeder Kulturgemeinschaft und ihrer Pädagogik gehört, die vor allem in den klassischen Formen erreichte besondere Wertigkeit der Tradition nicht vorzuenthalten" (Heitger 2003, 87). Mehr noch: „Klassische Tradition und Kultur soll dem jungen Menschen die Möglichkeit erschließen, an ihrer jeweils erreichten Höhe teilzunehmen" (ebd.).

b) So, wie in der Familie das erreichte kulturelle Niveau durch Anerkennung seiner Geltung erhalten wird, darf auch in der Schule das erreichte kulturelle Niveau an Wissenschaft und Kunst nicht unterboten werden. Die dabei zur Debatte stehenden Werte, die sich in langen gesellschaftlichen Diskursen herausgebildet haben, etwa die Freiheitswerte, der Respekt der Menschenwürde, die Rechtsstaatlichkeit, sollen in ihrem Geltungsanspruch anerkannt und zu Maßgaben für eigene Entscheidungen werden.

Freilich setzt der Lehrer den Geltungsanspruch der vorgestellten Werte nicht mit Gewalt durch, sondern wirbt argumentativ für ihre Anerkennung, wie Marian Heitger immer wieder betont. Er „ist nicht rechthaberisch, nicht eitel, nicht verletzend und bevormundend, sondern ermöglicht Einsicht, als Teilhabe, und dadurch Verwirklichung des Menschentums" (Heitger 2004, 87). Auf diese Weise liefert der Lehrer nicht überzeugende Argumente, sondern zugleich auch ein lebendiges Beispiel für den Geltungsanspruch der von ihm vertretenen Werte. Selbstverständlich sollen die Werte der Kultur auch kritisch diskutiert werden.

Wertanerkennung bedeutet nicht unkritische Wertübernahme. Vielmehr bedeutet Wertanerkennung, dass der Wert „nur" in seinem Geltungsanspruch anerkannt wird. Die Anerkennung des Geltungsanspruchs bedeutet nicht, dass der anerkannte Wert zugleich zum eigenen Handlungswert erhoben werden muss. Ich kann z. B. die Bedeutung klassischer Literatur für die deutsche Kulturentwicklung anerkennen, ohne dass ich in meiner Freizeit Goethe lesen muss. Oder mit Blick auf fremde Kulturen: Ich kann den Wert des Kopftuches als konfessionelles Zeichen anerkennen, ohne dass dieser Wert für mich persönlich handlungsrelevant werden muss. Aber festzuhalten ist, dass sich die zum Handeln nötigen Wertentscheidungen nur dann vernünftig treffen lassen, wenn man an Beispielen gelernt hat, dass Geltung beanspruchende Wertentscheidungen in bestimmten Situationen möglich sind.

Werterziehung in der Schule, die Wertanerkennung und Wertentscheidungsfähigkeit intendiert, wird didaktisch durch den Kanon an Bildungsgütern ermöglicht, in dem die erreichten Wertigkeiten der Kultur repräsentiert sind und deren Geltungsanspruch Anerkennung fordert; und sie wird methodisch durch eine dialogische Unterrichtsgestaltung eingelöst, die den Anderen als denjenigen respektiert, der erst in seiner Entscheidung Werte zur Geltung bringt. Wertanerkennung und Wertentscheidungsfähigkeit gehören deshalb aus Gründen zusammen, weil *Zustimmung* und *Selbstbestimmung* die zwei Seiten der gleichen Medaille sind.

Fazit

Die Bildungsaufgabe in werterzieherischer Perspektive heißt: Wertbindung in eigener Anerkennung und selbstbestimmter Wertentscheidung. Der Bildungsprozess ist ein skeptischer Prozess des Sich-binden-Lernens in Wissen und Haltung (vgl. Mikhail 2009). Er gelingt umso leichter, je werthaltiger, je werthomogener und je wertedialogbereiter die pädagogischen Umstände sind, in denen Kinder und Jugendliche aufwachsen und an denen sie positiv wie skeptisch anknüpfen können. „Anknüpfen ist nicht nur keine Schande, hypoleptisches Anknüpfen ist (hermeneutisch) unvermeidbar … Skeptisches Anknüpfen grenzt sich gleichermaßen vom Konformismus der bloßen Negation wie von totalitärer Zustimmung ab. Es prüft Recht und Grenze der Zustimmungsfähigkeit und macht solcherart Zustimmung erst möglich" (Breinbauer 2000, 10).

Literatur

Breinbauer, I.: Einführung in die Allgemeine Pädagogik. Wien 2000.

Heitger, M.: Prinzipienwissenschaftliche Pädagogik. Studienbriefe der Fernuniversität Hagen, Kurseinheit 1. Hagen 1987.

Heitger, M.: Systematische Pädagogik – Wozu? Paderborn 2003.

Heitger, M.: Bildung als Selbstbestimmung. Paderborn u.a. 2004.

Ladenthin, V.: Wert Erziehung. Ein Konzept in sechs Perspektiven. Hg. von Anke Redecker. Baltmannsweiler 2013.

Ladenthin, V./Rekus, J. (Hg.). Werterziehung als Qualitätsdimension von Schule und Unterricht. Münster 2008.

Mikhail, Th.: Bilden und Binden. Zur religiösen Grundstruktur pädagogischen Handelns. Frankfurt a.M. u.a. 2009

Mikhail, Th./Ruhloff, J. (Hg.): Alfred Petzelt: Grundzüge systematischer Pädagogik. Freiburg 2018

Petzelt, A.: Grundlegung der Erziehung. Freiburg/Br. 1954.

Pöppel, K. G.: Erziehen in der Schule. Hildesheim u.a. 1982.

Regenbrecht, A./Pöppel, K. G. (Hg.): Moralische Erziehung im Fachunterricht. Münstersche Gespräche zu Themen der wissenschaftlichen Pädagogik, H. 7.1 und 72. Münster 1990.

Rekus, J.: Bildung und Moral. Weinheim/München 1993

Volker Ladenthin

Urteilsformen und Urteilsbildung im (wert-)erziehenden Unterricht

Einführung

Dieses Kapitel scheint zwei Fragestellungen zu vermischen: Zum einen jene philosophische Frage, wie man Werte bestimmt, und zum anderen jene angeblich pädagogische Frage, wie man dann die philosophisch bestimmten Werte an die nachfolgende Generation „vermittelt".

An anderer Stelle ist weiter ausgeführt worden, warum diese Aufteilung und Arbeitsteilung als nicht zutreffend angesehen werden kann (Ladenthin 2016a). Aus der Sicht moderner Wissenschaft kann der Unterrichtsvorgang nicht in einen außerhalb des Unterrichts liegenden Erkenntnisprozess und einen im Unterricht angewendeten Vermittlungsprozess aufgespalten werden. Die für den Bildungsprozess bedeutsame Geltungsprüfung kann nicht allein außerhalb des Unterrichts stattfinden, sodass dieser sich lediglich als die Vermittlungsaufgabe anderweitig geprüfter Inhalte verstehen würde. Der Lernvorgang ist vielmehr ein Prüfungsvorgang, bei dem sich die Gültigkeit aller Urteile vor Ort erweisen muss. So argumentiert Schleiermacher: „daß Alles in der Sittenlehre keine andere Bewährung findet, als in der Pädagogik. Jeder nämlich, der ein Gesetz des Lebens richtiger erkannt zu haben meint, als es sich aus dem Leben, wie es sich unmittelbar entwickelt, ergiebt, wünscht es auch zu realisiren in dem der Gewohnheit noch nicht unterworfenen Geschlecht. Und nun giebt die Pädagogik die Probe für die Sittenlehre. Denn ein Gesetz für das menschliche Leben, wenn es nicht realisirt werden kann, kann auch nicht das rechte sein" (Schleiermacher 1820/2008, 58).

Diese Argumentation trifft in einem doppelten Sinne zu: Einmal ist in Fragen der Ethik nicht zu trennen zwischen einem philosophischen Urteil und einem pädagogischen Akt, der die Gründe des philosophischen Urteils prüfend beinhaltet. Analog dürfte kein Physikunterricht argumentieren, dass die Wissenschaft der Physik die Gesetze aufstellt, die im schulischen Physikunterricht nur noch auswendig gelernt oder anerkannt werden: Vielmehr prüft der Physikunterricht die vorgetragenen Gründe und verbindet so Erkenntnis und Anerkennung. In der Moderne gilt nicht etwas, weil andere behaupten oder versichern, es sei gültig: Der Lernvorgang muss also immer ein Geltungsprüfungsvorgang sein. Er ist daher nicht lediglich Ergebnis einer „Vermittlungs"aufgabe.

Zum Zweiten unterliegt pädagogisches Handeln selbst sittlichen Maßgaben (Mikhail 2015a), was nicht ohne triftigen Grund außer Kraft gesetzt werden dürfte. Im pädagogischen Akt zeigt sich folglich immer auch eine Wertentscheidung; der pädagogische Akt *ist* Folge einer Wertentscheidung, sei es die Wertentscheidung des Lehrenden, sei es die Wertentscheidung des Lernenden: Pädagogische Unterweisung geschieht, obwohl sie in einem zumeist institutionellen Schonraum stattfindet, nicht außerhalb ethischer Grundsätze: Sie ist vielmehr Folge ethischer Grundsätze (Mikhail 2015b). So schreibt Kant:

> „Zwar kann man nicht in Abrede sein, daß, um ein entweder noch ungebildetes, oder auch verwildertes Gemüt zuerst ins Gleis des moralisch-Guten zu bringen, es einiger vorbereitenden Anleitungen bedürfe, es durch seinen eigenen Vorteil zu locken, oder durch den Schaden zu schrecken; allein, so bald dieses Maschinenwerk, dieses Gängelband, nur einige Wirkung getan hat, so muß durchaus der reine moralische Bewegungsgrund an die Seele gebracht werden, der nicht allein dadurch, daß er der einzige ist, welcher einen Charakter (praktische konsequente Denkungsart nach unveränderlichen Maximen) gründet, sondern auch darum, weil er den Menschen seine eigene Würde fühlen lehrt, dem Gemüte eine ihm selbst unerwartete Kraft gibt, sich von aller sinnlichen Anhänglichkeit, so fern sie herrschend werden will, loszureißen, und in der Unabhängigkeit seiner intelligibelen Natur und der Seelengröße, dazu er sich bestimmt sieht, für die Opfer, die er darbringt, reichliche Entschädigung zu finden." (Kant 1788/1983, 271/288)

Im Unterschied zur forschenden Wissenschaft, die sich selbst führt, beinhaltet schulischer Unterricht die Führungsaufgabe der Lehrenden gegenüber den Lernenden, aber eine Führung zur Geltungsprüfung, nicht zu ungeprüften Vermittlung von anderweitig als gültig Erachtetem (Mikhail 2018).

Bildungstheoretische Begründungen

Es gibt zahlreiche didaktische Modelle, die Unterricht z. B. unter erkenntnistheoretischen, sozialen, kommunikativen oder organisatorischen Perspektiven betrachten und planbar machen. Die nachstehenden Überlegungen betrachten Unterricht unter der Perspektive der geltungsprüfenden Bildung und der Herausbildung von Werturteilsfähigkeit im Hinblick auf die Bildung des Menschen (vgl. Rekus 2013).

Bildung

Bildung ist der zentrale Begriff pädagogischen Handelns und reguliert als solcher *alle* Handlungen, die sich unter den Anspruch stellen, pädagogische Handlungen zu sein – auch die Wertbildung (Fees 2000). Mit Bildung ist jene regulative Idee gemeint, die es einem Menschen herauszufinden ermöglicht, was er lernen muss, um eigenverantwortlich zu handeln (Ladenthin 2019a).

Der Mensch[1] ist als bildsames Wesen vorauszusetzen und zudem als ein Wesen, das in der Lage ist, ein Weltverhältnis unter dem Anspruch von Geltung zu bestimmen. Aber er ist dazu allein nie vollständig in der Lage, zum einen, weil menschliches Wissen und Können individuell (biographisch und lebenszeitlich) begrenzt sind, und zum anderen, weil sich immer neue Herausforderungen stellen, mit denen Menschen umgehen müssen. Jeder Mensch muss also lernen, was er frei gestalten will, und er kann immer dazu lernen – d.h. sich bilden.

Dieses Weltverhältnis ist durchaus von der Natur mitbedingt, und es bildet sich stets unter sozialen Verhältnissen heraus, die der Einzelne vorfindet und nicht schnell und unmittelbar ändern kann. Natur und Gesellschaft bedingen zwar den Einzelnen, legen ihn allerdings nicht völlig fest. Er kann sich zu beidem in ein reflektiertes Verhältnis setzen: Er kann seine natürlichen Anlagen nutzen oder ungenutzt lassen, vernachlässigen, perfektionieren. So kann sich von Natur aus jeder Mensch sprachlich äußern; wie er dies aber gestaltet, unterliegt seinem Willen. Ebenso wächst jedes Kind in einer vorgefundenen Gesellschaft auf, aber mit zunehmendem Erwerb von Fertigkeiten und Fähigkeiten kann es sich ins Verhältnis zur sozialen Umgebung setzen. So lernt ein Kind die Sprache seines Elternhauses oder

---

1 Der Text verwendet, wie im Deutschen üblich, durchweg generische Genera: die Begriffe „der Mensch", „die Person" und „das Individuum" umschließen also Männer wie Frauen; ebenso wie „der Lehrer", „die Lehrkraft" oder „das Subjekt" (vgl. Doleschal 2002).

seiner Umgebung, kann aber zusätzliche Sprachen lernen – und gelernte Sprachen ungenutzt lassen (z. B. Mundart).

Die Gestaltung dessen, was nicht von Natur und Gesellschaft festgelegt ist, umschreibt man im deutschen Sprachbereich spätestens seit Kant, Herder, Goethe oder Humboldt mit dem Begriff „Bildung" (vgl. auch Fees 2000): Und „Bildung begreift unter sich Zucht und Unterweisung." (Kant 1803, 699). Bildungsprozesse können sich dabei auf jede Herausforderung richten, die zu gestalten ist, auf Herausforderungen aus der Natur (Biologie, Physik, Chemie usw.), der Gesellschaft in Vergangenheit und Gegenwart (Sprache, Kunst, Politik usw.), auf die Mitmenschen (Umgang) und auf sich selbst (Selbstbestimmung; Würde). Immer ist es dem Menschen möglich, ausgehend von dem natürlich oder sozial Vorgefundenen die verbleibenden Freiräume und Handlungsmöglichkeiten zu gestalten. Die Gestaltung unterliegt dreier regulativer Ideen: Sie müssen sachlich richtig, sittlich vertretbar und sinnvoll sein. Nur ein sachlich richtiges Verhältnis zu Natur und Gesellschaft, zu den Mitmenschen und zu sich selbst kann darauf hoffen, intentional zum Gelingen des Lebens beizutragen. Es ist Voraussetzung für ein sittliches Verhältnis, also eines Verhältnisses, das mit Natur und Gesellschaft, mit Mitmenschen und sich selbst so umgeht, dass die Würde der anderen Menschen und der eigenen Person (und vielleicht sogar der Natur) nicht beschädigt, sondern geachtet oder womöglich sogar gefördert wird. Da jedes Handeln die anderen Menschen betrifft, kann jedes sachliche Verhältnis immer auf Sittlichkeit hin befragt werden. Aber auch die Sittlichkeit selbst muss sich nach ihrem Geltungsgrund befragen lassen: Warum soll Sittlichkeit vorhanden sein?

Aufgrund seiner Nichtdeterminiertheit/Bildsamkeit ist jeder Mensch vor die Aufgabe gestellt, aus eigenem Willen angemessen zu handeln. Menschliche Freiheit kann man weder abweisen noch erklären – man muss sie voraussetzen, weil nur unter ihrer Voraussetzung pädagogisches Handeln jenseits von Pflege und Fürsorge zu rechtfertigen ist. Ziel menschlichen Handelns ist die Aufgabe, das Leben erfolgreich zu gestalten. Diese Voraussetzung kann nur im Selbstwiderspruch nicht anerkannt werden.

Der Geltungsanspruch des Erkennens

Das sachliche Verhältnis zu Natur und Kultur, zu Mitmenschen und zu sich selbst wird heute zumeist durch die Wissenschaften gewährleistet: Entweder stammen die Sachverhalte aus den Wissenschaften oder müssen sich der wissenschaftlichen Überprüfung stellen. Diese Wissenschaftsorientierung (zumindest) der schulischen Unterrichtsgegenstände meint, dass (1) die zu lehrenden Inhalte wissenschaftlichen Ergebnissen nicht widersprechen dürfen, (2) wissenschaftliche Methoden bei der Erarbeitung implizieren („Fachmethoden") und/oder (3) bereits wissenschaftspropädeutisch sind.

Mit Wissenschaft ist ein sachlich gültiges Verhältnis möglich, das intersubjektiv Geltung beanspruchen kann. Die Eigenheit von Wissenschaft ist, dass sie methodisch kontrollierte Erkenntnisse gewährleistet. Die Eigenheit jeder Wissenschaft ist ihre Fachmethode. Nur was mit legitimierten Fachmethoden beforscht wurde, gilt als gesicherte Erkenntnis.

Schulischer Unterricht darf diese *Art* der Wissensgenerierung nicht unterbieten. Schulisch erarbeitetes Wissen ist demnach *immer* methodisch gewonnen: sei es, dass es so formuliert ist, dass man es wissenschaftlich überprüfen könnte (etwa das Wissen der Grundschule); sei es, dass es mit wissenschaftlichen Methoden erarbeitet wird (etwa im Experiment, in der Texthermeneutik usw.), oder sei es, dass es propädeutisch, also exemplarisch wissenschaftlich erarbeitet wird.

Daraus folgt, dass schulischer Unterricht immer zu wissenschaftlichen Methoden korreliert ist: Ein Text ist nach den Regeln der Hermeneutik zu lesen, ein physikalischer Sachverhalt ist nach den Methoden der Physik zu erkunden; pädagogische Handlungsanweisungen fußen nicht auf einem empathischen Philanthropismus, sondern dienen von Beginn an der Propädeutik zu den Methoden, mit denen eine verantwortungsvolle Bearbeitung der als pädagogisch verstandenen Handlungen gelingen kann (Wortmann 1997). Auch Übungsformen in der Musik oder im Sport fußen auf wissenschaftlichen Erkenntnissen über Bewegungsabläufe des Menschen und seine systematische, methodische Perfektionierung.

Von diesen wissenschaftlichen Methoden, die den Gegenstand erst hervorbringen, sind jene Methoden zu unterscheiden, mit denen der Lehrende die Lernenden auffordert, wissenschaftliche Methoden anzuwenden: „Lies den Text!", „Schick mal Strom durch die Leitung!", „Schüttele die Flüssigkeiten im Reagenzglas und beobachte, was passiert!" All diese Aufforderungen sind keine wissenschaftlichen Methoden, sondern fordern auf, wissenschaftliche Methoden anzuwenden. Sie werden *Lehre* genannt. Unter dieser Perspektive ist *Lernen* die Folge einer Aufforderung, wissenschaftliche Methoden erkenntnisbringend anzuwenden.

Das Gelernte erfordert eine Haltung dazu

Jede Erkenntnis verändert (vergrößert oder verkleinert) Handlungsmöglichkeiten und damit möglicherweise die Folgen des eigenen Handelns für sich und andere und somit die Verantwortung, mit dem Erkannten angemessen umzugehen. Jede Erkenntnis verlangt also nach einer Bewertung des Erkannten im Hinblick auf Angemessenheit und die Würde des Menschen. Keine Lehre, die unter Bildungsanspruch steht, kann ohne die Reflexion auskommen, wie auf sinnvolle Weise mit dem Gelernten umzugehen sei: Daher muss, um dem eigenen Anspruch nach vollständig zu sein, jeder Unterricht auch erziehlich agieren.

Nach diesen Vorüberlegungen kann nun versucht werden, den Lernvorgang bildungstheoretisch zu ordnen.

Pädagogische Verhältnisse im Hinblick auf das Lernen

Das Bedeutsame des pädagogischen Lernbegriffs ist es, dass er mit einer Vorstellung von Geltung einhergeht: Das sachliche Lernen hat zur regulativen Idee die Wahrheit; das sittliche Lernen hat zur regulativen Idee die Sittlichkeit. Ohne diese Voraussetzungen kann zumindest im pädagogischen Kontext nicht von Lernen gesprochen werden, denn ohne diese Voraussetzung bräuchte es gar kein Lernen und keine Pädagogik zu geben (Mikhail 2016). Wenn alles schon gleich richtig und gleich gut wäre, wäre *jeder* Handlungsvollzug schon identisch mit einem *gültigen* Handlungsvollzug und alles Tun wäre schon Lehren. Erst die Idee der Geltung, die richtig und falsch, gute und böse, zweckmäßig oder sinnvoll unterscheidet, macht aus pädagogischer Sicht überhaupt erst Lernen und damit Intervention nötig. Insofern ist der pädagogische Begriff des Lernens immer an den der Geltung und damit unlöslich an die als *gültig* erachteten Verfahren zur Begründung von Geltung gebunden. Lernen aus pädagogischer Sicht ist der Prozess des Erkennens unter den für die Erkenntnis des Gegenstands als gültig erachteten Erkenntnismethoden (Petzelt 2018, 173ff: „Der Unterrichts- und Lernprozeß"). Der Erkenntnisprozess findet zudem immer zwischen Personen (oder ihren Medien) statt, ist also immer sozial eingebettet. Die soziale Organisation muss daher bedacht werden. Die soziale Situation wird sowohl vorgefunden wie gestaltet.

Im Hinblick auf den pädagogischen Lernbegriff lässt die Geschichte der Bildung historisch (in Epochen) und systematisch (in Situationen) drei Formen unterscheiden.

Lernen als Mitmachen

So gibt es (1) Epochen oder Situationen, in denen der Lehr-Lern-Vorgang als ein „Machen und Mitmachen" beschrieben werden kann. In diesen Situationen gibt es keine *explizite* Lern*situation*, sondern die Lernenden sind bei den lebensweltlichen Handlungsvollzügen anwesend und nehmen an den intendierten Handlungen teil. Lehrende und Handelnde sind identisch; die Lehrenden beziehen ihre Geltungsanspruch erhebende Autorität aus dem Umstand, dass sie die Sache in ihrer Üblichkeit beherrschen. Zudem sind Handeln und Lernen identisch. Gleichwohl realisiert die Aufforderung oder Einladung zum Mitmachen einen pädagogischen Impetus und ein pädagogisch initiiertes Lernen. Der (lehrend) Handelnde *sieht* sich selbst als ein Handelnder und differenziert das bewusste Machen vom einfach nur als zweckrational oder als sinnvoll erachteten Tun. Er weiß nun, dass er etwas nicht nur tut, sondern es *zugleich* mit einer *Aufforderung an einen anderen* tut. Der (lernend) Handelnde *erfährt* sich selbst als (noch nicht eigenverantwortlich) Mithandelnder und differenziert das bewusste, lernende *Mit*machen vom als zweckrational oder als sinnvoll erachteten Selbst-Machen. Dies ist der logische *Beginn* einer Differenz zwischen dem lebensweltlichen (zweckrationalen, sinnvollen) *Tun* und der pädagogischen *Indienstnahme* dieses Tuns. Die Aufforderung zum Mitmachen ist *kein* Sozialisationsvorgang, sondern suspendiert ihn. Denn der lebensweltliche Vollzug wird zwar als solcher, aber zugleich auch als pädagogische Aufforderung zur Mitarbeit verstanden. Unter erkenntnistheoretischer Perspektive bedeutet dieses Verfahren, dass Faktizität und Geltung identisch sind: Dasjenige wird als richtig und gut (und deshalb auch notwendig zu lernen) akzeptiert, was faktisch vollzogen wird: Alles, was geschieht, soll sein.

Lernen als Nachmachen

Sobald aus den technisch üblichen Handlungsvollzügen solche (oder Solches *an* ihnen) hervorgehen werden, die eigens gelernt werden *sollen*, entsteht eine völlig neue historische Epoche oder Situation, nämlich (2) diejenige, die den Lernprozess als „Vormachen und Nachmachen" *konstruiert*. Nicht *alle* Handlungsvollzüge, sondern nur *eigens* bestimmte (exemplarische) und nicht die gesamten Handlungsvollzüge, sondern nur die zu verbessernde Aspekte *an ihnen* bestimmen das, was vorgemacht wird. Ein alltäglicher Handlungsvollzug *konzentriert* und *verdoppelt* sich in den *funktionalen* Vollzug einerseits und die *Demonstration* des funktionalen Vollzugs andererseits („Schau mal, *so* macht man das, ...") Immer noch findet aber alles Lernen *mit* und *in* Handlungsvollzügen und *an* den entsprechenden Orten des Alltags statt. Lehrende und Handelnde sind auch in diesem Modell identisch; die Lehrenden beziehen ihre Autorität aus dem Umstand, dass sie die Sache *vorbildlich* beherrschen und diese ihre Fähigkeit kontextuell demonstrieren können. Die Tätigkeit des Lernenden wird zum Probehandeln, da sie in immer neuen Versuchen (Übungen) ihre zunehmende Güte erweisen soll. In der Aufforderung zum Nachmachen steckt die Erwartung, dass die Lernenden es *so lange nachzumachen versuchen*, bis sie es können. Die Lernmedien sind die Gegenstände des Gebrauchs, werden aber aus dem Gebrauch intentional zu Demonstrationszwecken („Zeigen") herausgehoben. Sie verdoppeln sich gedanklich, da sie zugleich einzelner Gebrauchsgegenstand wie Medium (Lehrmittel) zur Illustration eines Allgemeinen am einzelnen Gegenstand sind. Unter erkenntnistheoretischer Perspektive betrachtet bedeutet dies, dass *Aspekte* der Faktizität Geltung beanspruchen: Dasjenige ist richtig und gut (und deshalb auch zu lernen), das aus der Mannigfaltigkeit der faktischen Vollzüge als zu lernender Inhalt isoliert, hervorgehoben und damit explizit wird. (Im Montessori-Material wird dies Prinzip heute pädagogisch umgesetzt.) Hier stellt sich erstmals die didaktische Grundfrage der *Auswahl* der zu lernenden Inhalte. Nicht das (traditionelle) Tun, sondern das (am Handeln für traditionswürdig befundene) Gesollte wird zur regulativen Idee. Die methodische Frage ist durch die Betonung des Vollzugs bedeutsam. Das Gesollte wird im Vollzug als gültig vorgeführt.

Lernen durch Lehre

Wenn das Nachmachen kein Kopieren ist (wie im Modell 2), sondern durchaus eine Variation oder sogar eine eigene Qualität haben kann oder soll, reichen beide Systeme ((1) Machen/Mitmachen; (2) Vormachen/ Nachmachen) als Lehr-Lern-Verfahren nicht mehr aus: Dies ist der Fall beim Transfer von Lösungsmodellen auf andere Zusammenhänge. Die technischen oder praktischen Lebensverhältnisse bedürfen nun einer expliziten Lehre, die auch die *Organisation* der Lehr-Lern-Akte betrifft: Ist in der ersten Form die persönliche Anwesenheit von Lehrendem und Lernendem unverzichtbar, so ist sie im zweiten schon so gelockert, dass bei der Nachahmung des Vorgemachten der Lehrende nicht mehr die ganze Zeit, sondern nur am Anfang zur Aufgabenstellung und am Ende zur Kontrolle anwesend sein muss. Bei der „Aufforderung zur hypothetischen Selbsttätigkeit" (3), also der *Lehre*, kann der personale Bezug weiter gelockert und schließlich medial vertreten werden (Buch; Gebrauchsanweisung). Der Lerner vollzieht Handlungen nicht mehr mit, er kopiert Handlungen auch nicht mehr; vielmehr *konstruiert* er diese mit der Lehre aus eigenem Vermögen. Nunmehr können auch andere Personen als die Gruppe der Berufskundigen die Lehre übernehmen; die nunmehr nur noch Lehrenden müssen den zu lernenden Vorgang nicht mehr selbst beherrschen, sondern nur noch *wissen*, was man können muss, um den Vorgang zu beherrschen; der Schüler kann also besser werden als sein Lehrer. Es kann eine räumliche Sonderung stattfinden, weil das Lernen von alltäglichen Handlungsvollzügen getrennt werden kann. Zudem kann es nun Medien geben, die ausschließlich zum Lernen angefertigt wurden. Damit erfährt der Begriff der *Methode* eine explizite Doppelung: Einmal meint Methode die Gestaltung des Aktes der Aufforderung (Lehrmethoden); zum anderen meint Methode den Akt des Aufgeforderten, den zu lernenden Gegenstand geistig oder tätig nach Regeln zu konstituieren (Lernmethode). Unter erkenntnistheoretischer Perspektive bedeutet dies, dass die intendierten Lehrziele einer Geltungsprüfung unterzogen werden: Dasjenige *soll* künftig richtig und gut (und deshalb auch zu lernen) sein, was jetzt aus der Mannigfaltigkeit der faktischen Handlungen als zu lernende Vollzüge so isoliert, hervorgehoben und damit explizit wird, dass es der Lernende *nach eigener Geltungsprüfung* übernehmen kann. Diese Geltungsprüfung findet auch dann statt, wenn sie gar nicht intendiert ist – weil das eigene Denken den Gegenstand konstituieren muss.

Konsequenzen für die Werterziehung

Diese genetische Beschreibung hat Bedeutung für die Werterziehung, weil sich bereits jetzt drei Modelle der Werterziehung unterscheiden lassen: Einmal jenes Modell, das intentional die nächste Generation zum Vollzug von als wertvoll erachteten Handlungen integriert (z. B. geltendes Recht). Dann jenes Konzept, das eigene Wertentscheidungen als exemplarisch für wertbezogenes Handeln thematisiert und zur Nachfolge auffordert (z. B. Regeln der Gemeinschaft). Und schließlich jenes Konzept, dass symbolisch und hypothetisch über wertbezogenes Handeln unter dem Aspekt von Geltung reflektiert (z. B. Unterricht). So stellen etwa (nach Modell 1) gemeinsame Mahlzeiten in der Familie jene Selbstverständlichkeit dar, bei der Kinder an den Wertentscheidungen der älteren Generation teilhaben, ohne dass dies eigens thematisiert werden muss. Sie essen das, „was auf den Tisch kommt", weil davon auszugehen ist, dass nur das Richtige auf den Tisch kommt. Die verbalisierte Aufforderung (nach Modell 2), sich an die vorgelebten Tischsitten zu halten („Benimm dich!"), stellt dabei bereits eine Differenz zwischen Tun und Lehren dar, weil nun (vorausgesetzte) Regeln zusätzlich zu ihrer Selbstverständlichkeit exemplarische Bedeutung erhalten. Die Überlegung (Modell 3), ob es künftig gemeinsame Mahlzeiten mit bestimmten Regeln geben kann und soll, ist nun eine dritte Art der Werterziehung, die zur handlungsentlasteten Reflexion auffordert. Kant hatte geschrieben:

> „Unter der *Methodenlehre* der reinen *praktischen* Vernunft kann man nicht die Art (sowohl im Nachdenken als im Vortrage), mit reinen praktischen Grundsätzen in Absicht auf ein *wissenschaftliches* Erkenntnis derselben zu verfahren, verstehen, welches man sonst im *theoretischen* eigentlich allein Methode nennt (denn populäres Erkenntnis bedarf einer *Manier*, Wissenschaft aber einer *Methode*, d.i. eines Verfahrens *nach Prinzipien* der Vernunft, wodurch das Mannigfaltige einer Erkenntnis allein ein System werden kann). Vielmehr wird unter dieser Methodenlehre die Art verstanden, wie man den Gesetzen der reinen praktischen Vernunft *Eingang* in das menschliche Gemüt, *Einfluß* auf die Maximen desselben verschaffen, d.i. die objektiv-praktische Vernunft auch *subjektiv* praktisch machen könne." (Kant 1788/1983, 287)

Alle drei pädagogischen Interaktionen weisen Gemeinsamkeiten auf, die sie zu *pädagogischen* Interaktionen zählen lassen (vgl. Stein 2013, die die pädagogische Interaktion nur soziologisch erfasst. Kritik an der Fundierung des Pädagogischen durch die Psychologie: Prange 2010). Sie nehmen der kontingenten Sozialisation die „prägende" (siehe unten) Bedeutung.

In allen drei Interaktionen wird ein *Geltungsanspruch* gestellt, sei es einmal durch das lebensweltliche Tun (das ja nicht infrage steht), dann durch das exemplarische Tun (das seine Geltung technisch-praktisch, aber explizit behauptet) und schließlich durch die Lehre als Begründung des künftigen zu Tuenden. Pädagogik gibt es nur, wenn Geltungsansprüche erhoben werden.

Die zweite Gemeinsamkeit ist, dass die Geltungsansprüche vom Lernenden *erprobt* bzw. geprüft werden, einmal durch das vorbehaltsvolle und partielle *Mit*-Machen (dem man sich verweigern kann und das von je eigener Qualität ist – denn als „Mitmachen" trägt es nur eine partielle, eventuell substituierbare, keinesfalls aber die volle Handlungsverantwortung); dann durch das selbst gesteuerte Nachmachen (dem man sich verweigern kann; das unterschiedliche und willentlich eine je eigene Qualitäten haben kann und Verantwortung nur für die nachzumachende *Teil*handlung übernimmt; das Nachmachen ist ein Probehandeln, sodass Fehler möglich und korrigierbar sind, ohne den Gesamthandlungsprozess zu gefährden). Schließlich werden Geltungsansprüche durch Reflexion geprüft.

In allen drei Modellen werden Geltungsansprüche ausschließlich durch Selbsttätigkeit eingelöst: Einmal durchs Mit*machen*, dann durchs Nach*machen*. Die dritte Art der Selbsttätigkeit ist durch die Institutionalisierung vom Handlungszwang entlastet. Es entsteht ein hypothetischer Geltungsanspruch. Der Lernvorgang hat sich räumlich und zeitlich von dem zu erlernenden Handlungsvorgang (der zudem zerlegt ist) gelöst. Lernen ist ausschließlich hypothetisch auf mögliche Handlungen bezogen. Der Lernvorgang besteht darin, die Geltungsbedingungen (Gründe) des zu Lernenden explizit und kontrolliert zu vollziehen (zu prüfen); genau dies unterscheidet Modell 3 von den Modellen 1 und 2: In Modell 1 wird vorausgesetzt, dass die Geltung allein *durch die Entstehungsbedingungen bzw. Handlungen* evident ist. Im Modell 2 werden die Geltungsgründe explizit und lernbar vorgeführt. Aber auch hier wird noch Handlungsevidenz unterstellt. Erst im Modell 3 steht die Handlungsevidenz selbst in prüfender Frage.

Die drei Interaktionsformen sind alltäglich erfahrbar – auch im Hinblick auf Werterziehung:

Bei gemeinsamen Mahlzeiten werden in der Familie Wochen- und Tagesbegebenheiten berichtet. Die älteren Familienmitglieder lassen den anderen ausreden und fordern das jüngste Familienmitglied auf, seine Erlebnisse zu berichten. Dabei achten sie darauf, dass der Erzählvorgang nicht beliebig unterbrochen wird, dass Erzählungen (durch „ins Wort fallen") in ihrem darstellenden Gesprächsfluss nicht behindert werden.

Nun möchten einige Familienmitglieder in solchen Situationen nachfragen, reagieren und kommentieren, damit keine sterilen Monologe entstehen. Das neue Familienmitglied muss also lernen, dass es berechtigte Absichten geben kann, den Gesprächsfluss anderer Personen zu begleiten, zu kommentieren oder sogar zu unterbrechen. Aber wie? Etwa dadurch, dass man den Sprechenden an der Kleidung zieht? Nun könnte man sich vorstellen, dass man sagt: „Schau mal, ich unterbreche deinen Bruder auch nicht dadurch, dass ich ihn an der Kleidung ziehe. Sondern ich nehme Blickkontakt auf und mache mit Gesten deutlich, dass ich seinen Beitrag kommentieren möchte. Schau mal so: ‚…'."

Nach dem dritten Model werden alltägliche Gesprächsbeispiele berichtet und reflektiert; es werden empirische Untersuchungen über Gesprächsstrategien systematisiert vorgestellt, hinsichtlich ihrer möglichen Wirkung beschrieben und hypothetisch in ihrer Zweckmäßigkeit bewertet (vgl. Frost 1999). So besteht für spätere lebensweltliche Zusammenhänge die Möglichkeit, die der Situation angemessene Gesprächsstrategie zu wählen. Geübt werden kann sie allenfalls hypothetisch (z. B. spielerisch, als Rollenspiel usw.). Denn der Lehr-/Lernvorgang über Gesprächsstrategien findet unter eigenen Gesprächsregeln statt, nämlich denen des Unterrichtsgesprächs.

Es wird deutlich, dass die Modelle 1 und 2 den Kreis der vorhandenen Lebenswelt nicht überschreiten und die Gewohnheiten und Üblichkeiten, kurz: die zufällige Lebenswelt z. B. des privaten Familienkreises als Norm setzen. Deswegen können beide Modelle nur so lange die vorherrschenden und gültigen Modelle in der pädagogischen Interaktion bleiben, wie die herrschenden Sitten als gültig und daher zu lernen erachtet werden. In dem historischen Moment, in dem deutlich wird, dass die Geltung von Wissen nicht durch die Tatsache des Vorhandenseins, der Tradierbarkeit oder der Tradition erwiesen ist, verlieren die Modelle 1 und 2 ihre epochenbestimmende Bedeutung und werden (epistemisch bedeutsam) durch Modell

3 ersetzt – obwohl Modell 1 und 2 im lebensweltlichen Zusammenhang durchaus weiterhin Bedeutung haben. Und zwar haben sie dann und dort Bedeutung, wenn und wo die „Lebenswelt" (H. Blumenberg) als unproblematisch angesehen wird.

Da nun moderne Gesellschaften geschichtsoffen, plural und demokratisch sind, ist diese Lebenswelt unter normativem Aspekt nicht mehr für die Öffentlichkeit legitimiert: *Allgemeine* Regeln der Gesprächsführung werden nicht durch Üblichkeiten in *einer* Familie bestimmt. Es gibt faktisch zwar weiterhin lebensweltliche Zusammenhänge, die von ihren Trägern als normativ verstanden werden oder verstanden werden wollen; aber sie lassen sich nicht mehr *verallgemeinern* oder *begründen*. Auch wer auf der Dignität der Lebenswelt besteht, muss dies begründen und befindet sich somit im Pluralismus der Begründungsstrategien. Er fördert durch den in legitimatorischer Absicht erfolgenden Verweis auf die Lebenswelt zur Destabilisierung der Lebenswelt, zu einem Pluralismus nämlich, den er zu negieren sucht. Nichts ist mehr in Wertfragen selbstverständlich, auch das Selbstverständliche nicht – weil man begründen muss, dass es Selbstverständliches geben kann und geben *soll*.

Daher expandiert seit der Aufklärung, in der die Konstruktion von Wissen als konsensfähige Grundlage der wissenschaftlichen Erschließung der Welt angesehen wird, in der Erziehungswissenschaft die Erforschung des Modells 3 – das in den Zeiten davor nur wenigen geistigen Berufen vorbehalten war und daher kaum erforscht wurde. (vgl. Speer/ Jeschke 2016).

Im Modell 3 sind Lebenswelt und Lernumgebung sowie Handeln und Lernen prinzipiell unterschieden. Zumindest schulisches Lernen findet zudem in einer Einrichtung statt, deren Aufgabe Unterricht und Erziehung und nicht das Handeln ist. Im strengen Sinne des Wortes wird in der Schule nicht *gehandelt*, da die letzte Verantwortung für alle Tätigkeit in der Institution liegt, der eine gesetzlich verankerte Fürsorgepflicht zukommt. Es kann in der Schule daher nur fürsorglich begleitetes Probehandeln oder hypothetische Reflexion auf mögliche Handlungen geben. Werte können in der Schule (außerhalb eines gesetzlichen Rahmens – der als verfasste Geselligkeit und Disziplin bedeutsam ist) nicht gelebt werden – mit Ausnahme jener, die für den Lehr-/Lernvorgang strukturbildend sind. Zudem ist die Schule als gesetzlich geschützter, zur Neutralität verpflichteter Raum nicht in gesellschaftliche Konflikte (und damit Entscheidungszwänge) involviert – und darf auch nicht in solche involviert werden (Beutelspacher Beschlüsse; beamtenrechtliche Reglungen; Neutralität des Staates). Es entstehen daher keine *realistischen* Handlungsalternativen als Herausforderungen für das Handeln der Schüler; Schule fordert angemessenes Verhalten ein, aber keine selbstverantwortlichen Handlungen. (Die Ausnahme bleibt die Haltung zum Lernen selbst – die aber (in Deutschland) *letztlich* auch durch die Schulpflicht geregelt ist.)

Werterziehung in der Schule findet daher als methodisch kontrollierter Prozess statt, dessen Grenzen genau beachtet werden müssen. Die Grundidee ist, dass die Schüler die *Methode des Wertens* lernen und dazu von den Lehrenden *methodisch* aufgefordert werden. Es gibt demnach lediglich zwei Methodenreflexionen bei der Werterziehung – die eine, die sich auf den Wertungsvorgang bezieht, der von den Schülern zu erlernen ist – und die andere, die sich auf die Lehrtätigkeit bezieht, die einen führenden Aufforderungscharakter hat.

Hinweise zur Geschichte der Werterziehung

„Eine konsistente Theorie der Werteerziehung in der Schule gibt es bisher nicht", resümierte 2000 Wolfgang Sander (192). Bibliographiert man einschlägige Literatur (vgl. Rekus 2004), kommt man zu dem Urteil, dass zahlreiche Monographien zur Werterziehung (Regenbrecht/Pöppel 1990; Rekus 1991; Hintz/Pöppel/Rekus 1993, 376–380; Ladenthin/Schilmöller 1999; Fees 2000; Rekus/Ladenthin 2008, Rekus 2009; Ladenthin 2013) und ebenso Überblicke (König 1983, Standop 2005, Wildfeuer 2011) und empirische Untersuchungen (Gruber 2009) vorliegen, eine umfassende bereits von Julius Wagner (1924), der nun seinerseits ein ganzes Kapitel über die „Geschichte der Wertlehre in ihrer Beziehung zur Pädagogik" (54–75) aufweist (vgl. auch ausführlich Schmied-Kowarzik 1932). Obwohl diese Geschichte der Werterziehung für die aktuelle Diskussion eine wichtige heuristische Bedeutung hat, soll hier nur kurz auf die Entwicklung und auf signifikante Beispiele eingegangen werden.

Mitte der 1920er Jahre, nach dem Ende des Ersten Weltkriegs, der Abdankung des deutschen Kaisers, der Ausrufung der Republik und einer gewissen Konsolidierungsphase der ersten deutschen Republik bemerkt der Erziehungswissenschaftler Eduard Spranger, dass bei dem Wiederaufbau des wirtschaftlichen und kulturellen Lebens Deutschlands „nicht jeder mitreden (könne), sondern nur der, der sich in einem eigenen Bildungsprozeß von größter Weite und tiefster Wurzelung zu der im erreichbaren Höhe persönlicher Geistesvollendung emporgeschwungen hat." (Spranger 1925, unpagin.) Und er fährt nach diesem bildungsaristokratischen Gedanken dann demokratisch und zugleich nationalistisch fort:

> „Niemand von uns glaube, daß er dies schon habe oder auch nur ahne. Wir alle aber sollten daran arbeiten, daß ein solcher Sieg des Geistes über die zerstreuten Materialien der Zeitlage gelinge. Ja, vielleicht ist dies die ganz eigentümliche, geistige Bestimmung der Deutschen: sich nicht nur treiben zu lassen von *Notdurft* und *Nutzen* der augenblicklichen Kultursituation, sondern auch die große Frage zu stellen, die in den Ländern einer bloß technischen oder bloß rhetorischen Kultur ganz in den Hintergrund geschoben wird: Wofür leben wir und zu welchem höchsten Wertsystem bekennen wir uns? Es ist nicht genug, Tatsachen zu *kennen* und technisch zu *lenken*; man muß Werte über sich haben, zu denen man sich *bekennt.*" (Spranger 1925, unpag. – die ersten beiden Hervorheb. V.L., alle anderen i. Orig.)

Neben der impliziten Unterscheidung zwischen der Zivilisation des Westens und der Kultur Deutschlands, die Spranger zwar aufnimmt, aber nicht ausführt (Bollenbeck 1994), finden wir hier die Vorstellung eines feststehenden „Wertsystems" artikuliert, das den Forderungen des Tages widersteht; *Notwendigkeit* und *Nützlichkeit* – die zentralen Kriterien für die Auswahl von Bildungsinhalten und Steuerung von Bildungsprozessen – werden angesichts der Werte als nicht ausreichende Begründungen pädagogischer Orientierung verstanden. Vielmehr sei von einem Wertsystem auszugehen, das starr sei und gerade deshalb Orientierung gebe. Die Akzeptanz der Werte des Wertsystems soll die Sinnhaftigkeit des Lernens gewährleisten.

Die zentralen Schritte des Lernprozesses werden in diesem kleinen Abschnitt durch Kursivdruck mitgeteilt: kennen, lenken, bekennen. Der Erwerb von Kenntnissen steht als Voraussetzung am Beginn; die Fähigkeit, mit Kenntnissen lenkend, d.h. technisch oder mit instrumenteller Vernunft in die Zivilisation einzugreifen, stellt den zweiten Reflexionsakt dar. Der dritte Schritt lässt aus den bloß technischen Anwendungsmöglichkeiten von Wissen eine für das Individuum bedeutsame *Kultur* entstehen: „Jedes echte Bildungsideal ist zugleich ein *Bekenntnis* zum Lebenssinn." (Spranger 1925, unpag.) Die Orientierung an einem übergeordneten Wertsystem bedeutet ein Bekenntnis zu einem Lebenssinn; Wertorientierung und Sinnorientierung gehen einher. Spranger fasst in wenigen Worten die Diskussion um die Frage nach der Wertorientierung zusammen.

Die pädagogische Diskussion um die „Werteerziehung" oder „Werterziehung" setzte nach dem Beginn des modernen philosophischen Diskurses über „Werte" im ersten Drittel des 20. Jh. ein und versuchte, „die philosophische Werttheorie für die Pädagogik fruchtbar zu machen" (Grunwald 1917, 797), sich abzugrenzen oder eine spezifisch pädagogische Werttheorie zu entwickeln. Das Forschungsgebiet „Werterziehung" generiert sich also weniger aus einem pädagogischen Kontext, als vielmehr in Reaktion auf eine erneuerte philosophische Thematisierung – obwohl im Kontext der Moderne die Theorie des Wertens an entscheidender Stelle schon bei Wilhelm von Humboldt angedeutet worden war:

> „Der Mensch, dem es ein Bedürfniss ist, in seinem Denken und Handeln Folge und Einheit zu beobachten, kann sich nicht begnügen, bei der Beurtheilung der Gegenstände seiner Thätigkeit, und der Wahl seiner Mittel nur bedingten Rücksichten zu folgen, zum Maassstabe dessen, was gut und wünschenswürdig ist, bloss Dinge anzunehmen, die selbst nur in Beziehung auf andere Werth haben; er muss ein letztes Ziel, einen ersten und absoluten Maassstab aufsuchen, und dies Letzte muss eng und unmittelbar mit seiner innern Natur verwandt seyn." (Humboldt 1980b, 506f)

Dieses Bedürfnis wird durch eine Theorie des Wertens aufgenommen:

> „Die Würde des Menschen ist es also, die er aufzusuchen, und die Frage, die er zu beantworten hat, ist die: was ist dasjenige, wonach, als nach einem allgemeinen Maassstabe der Werth der Dinge für den Menschen, und der Werth der Menschen gegen einander bestimmt werden kann? wie ist es zu erkennen, wo es vorhanden ist? wie hervorzubringen, wo es noch zu fehlen scheint?" (Humboldt 1980b, 507)

Humboldt beschreibt hier, dass das Verhältnis zu den Dingen und das Verhältnis der Menschen untereinander *wert*bezogen sein soll – der oberste Bezugspunkt die Würde des Menschen sei. Insofern hat der Mensch nicht etwa Wert (für etwas anderes), sondern nur Würde in sich. Diese Würde ist ihm eigen und nicht verhandelbar.

Bei Wilhelm von Humboldt wird das Bewerten dann zum zentralen Akt des sich bildenden Bewusstseins:

> „Man fordert auch, dass der Mensch den Verfassungen, die er bildet, selbst der leblosen Natur, die ihn umgiebt, *das Gepräge seines Werthes sichtbar aufdrücke.*" (Humboldt 1980a, 236)

Die Natur wird im Handeln bewertet. *Zwischen Naturerkenntnis und Handlung liegt also ein weiterer Gedankenschritt: der des Bewertens.* Durch den *Akt des Wertens* verschafft aber auch das Subjekt sich Wert, es entsteht ein Selbstwertgefühl („weil er den Menschen seine eigene Würde fühlen lehrt", Kant 1788/1983, 271/288):

> „Im Mittelpunkt aller besonderen Arten der Thätigkeit nemlich steht der Mensch, der ohne alle, auf irgend etwas Einzelnes gerichtete Absicht, nur die Kräfte seiner Natur stärken und erhöhen, *seinem Wesen Werth* und Dauer *verschaffen will.*" (Humboldt 1980a, 235)

Dieses Selbstwertgefühl wird schließlich als pars pro toto der Menschheit angesehen: „Man verlangt, dass Bildung, Weisheit und Tugend so mächtig und allgemein verbreitet, als möglich, unter ihm herrschen, dass es [das Menschengeschlecht – V.L.] *seinen innern Werth* so hoch steigern, dass der Begriff der Menschheit, wenn man ihn von ihm, als dem einzigen Beispiel, abziehen müsste, einen grossen und würdigen Gehalt gewönne." (Humboldt 1980a, 236)

Wie oft bei Humboldt, spielt auch diese Stelle auf eine Formulierung Kants an, der das Verhältnis von Religion und Ethik darin sah, dass der Wert der Ethik nicht im Nutzen für die Religion, und der Wert der Religion nicht im Nutzen für die Ethik liegen können, sondern nur im Wert jeweils für sich selbst zu bestimmen sei:

> „Gott ist das heiligste Wesen, und will nur das, was gut ist, und verlangt, *daß wir die Tugend, ihres innern Wertes wegen,* ausüben sollen, und nicht deswegen, weil er es verlangt." (Kant 1803/1983, 25/708)

Diese Überlegung wird Bedeutung bei der Beantwortung der Frage haben, ob es (sittliche) Werte gibt, die ausschließlich religiös begründet sind. Religion und Ethik sind nicht ineinander zu überführen.

Johann Friedrich Herbart gibt einen einschlägigen und weiterführenden Hinweis auf die Werterziehung an zentraler Stelle. So sei das Ziel allen pädagogischen Handelns:

> „Machen, dass der Zögling sich selbst finde, als *wählend* das Gute, als *verwerfend* das Böse: dies oder nichts ist Charakterbildung! Dies Erhebung zur selbstbewußten Persönlichkeit soll ohne Zweifel im Gemüte des Zöglings selbst vorgehen und durch dessen eigene Tätigkeit vollzogen werden; es wäre Unsinn, wenn der Erzieher das eigentliche Wesen der Kraft dazu erschaffen und in die Seele eines anderen [Vorgaben/Regeln] hineinflößen wolle" (Herbart 1804/1997, 49.)

Um das Gute zu wählen oder zu verwerfen, muss er zuvor werten. Um werten zu können, muss der Zögling das Gute erstens erkennen (er muss die Welt bewerten) und er muss das Gute dann auch noch „wählen". Herbart beschreibt also zwei Wertungsvorgänge: das *Unterscheiden* von Werten und das *Entscheiden* für einen Wert. Zudem wird deutlich, dass Werterziehung nicht im Belehren über Werte liegen kann, sondern vielmehr die Aufgabe hat, den Zögling selbst zum Werten zu befähigen.

Soweit einige Hinweise zu historischen Autoren, die einen Bezug zur Werterziehung aufweisen (vgl. Fees 2000).

Was sind Werte?

Um nun den schulischen Lernvorgang des Wertens zu beschreiben, sind einige begriffliche Klärungen notwendig:

> Die Fachterminologie (vgl. König 1983; Wildfeuer 2011) unterscheidet zwischen *Werten* und *Normen* (während in der Öffentlichkeit oft beides vermischt wird). Normen sind Handlungs*anweisungen*, die für alle Personen in einer festgelegten Situation gelten: „Spare in der Küche Strom, um die Umwelt zu schonen!", „Mehr Steuern für private Autofahrer!", „Rauche nicht in geschlossenen Räumen!" Das alles sind Normen. Werte hingegen sind die Orientierungen für mögliche Normen.

Wertorientierung meint also sowohl die Orientierung an grundlegenden Einstellungen, die das Handeln in vielen anderen Situationen dann normativ bestimmen können, als auch Orientierung an Haltungen, die das Handeln in *anderen Situationen als der Lernsituation* bestimmen. *Werte* sind mögliche *Bezugspunkte* für Normen: Bezugspunkte für die Norm „Spare Strom, um die Umwelt zu schonen!" sind also die Werte „Umwelt" oder „Klimaschutz". Auch die Steuererhöhung oder das Rauchverbot haben ja keinen Selbst*wert*, sie *dienen* vielmehr als Norm – im Hinblick auf den Wert Klimaschutz! Über *Werte* sind Diskurspartner sich sehr schnell einig: Wer ist schon gegen Klimaschutz? Aber über die Handlungs*normen* besteht selten Einigkeit:

> „Steuererhöhung für Klimaschutz! Das ist ungerecht!"
> „Rauchverbot? Klimaschutz muss doch anders möglich sein!!!"
> „Licht ausschalten? Als ob das reicht, um das Klima zu retten!"

Man kann also fragen: Welche Maßnahme (Norm) dient besser dem Wert Klimaschutz:

Die Vorschriften des Staates (Steuerung durch Besteuerung)
Konkrete Verbote?
der Appell an das Verantwortungsbewusstsein?
Obwohl Einigkeit über die grundlegenden Werte besteht, sind die Normen umstritten.

Es gibt demnach unterschiedliche Handlungsvorschriften („Normen"), die sich völlig zu Recht auf den *gleichen Wert beziehen*. Dem Wert „Klimaschutz" wird sowohl durch die Norm „Nutzt mehr Sonnenenergie!" als auch durch die Norm „Spart Energie!" entsprochen. Normen lassen sich folglich nicht ohne Nebenentscheidungen aus Werten ableiten. Handeln, das sich auf gleiche Werte bezieht, kann zu höchst unterschiedlichen Normen führen. Das gilt auch für moralische Werte.

William Frankena (1972) unterscheidet nämlich zwischen moralischen und außermoralischen Werten. Ein sauberer Klassenraum, eine gut einsehbare Tafel, ein funktionierender Overheadprojektor, eine überschaubare Lerngruppe sind für Lehrer und Schüler wichtige Werte. Sie sichern guten Unterricht. Aber sie sind keine moralischen Werte. Sauberkeit, Funktionalität und Lernatmosphäre sind außermoralische Werte. Außermoralische Werte sollen ein gutes Leben beschreiben.

Von anderer Qualität ist es aber, wenn ein Schüler einen Mitschüler aufgrund seiner Herkunft hänselt, wenn etwas entwendet wird oder Schüler sich im Unterricht aggressiv beschimpfen, wenn körperliche Gewalt gegen andere Menschen ausgeübt wird. Von dieser „Qualität" wäre es auch, wenn die Schüler im Alltag ein verächtliches Verhalten anderen Menschen gegenüber zeigten oder Autofahrer sich rücksichtslos im Straßenverkehr bewegten. Hier wird offensichtlich die Würde der Person verletzt, hier geht es um moralische Werte.

Immer wenn es um eine Betrachtung von Handlungen unter der Perspektive „Würde des Menschen" geht, spricht Frankena von *moralisch relevanten Werten*.

Außermoralische Werte betreffen die Lebensbedingungen, die Qualität der Lebensumstände. Sie wollen ein gutes Leben sichern. Man findet diese Werte, wenn man fragt: „Was muss man tun, um ein gutes Leben führen zu können?" *Moralische Werte* betreffen dagegen die Würde des Menschen, seine körperliche und geistige Integrität. Sie sichern ein gerechtes Leben. Man findet diese Werte, wenn man fragt: „Was muss man tun, um die Würde des Menschen zu achten?"

Diskutiert wird, ob Werte gewissermaßen ontologisch begründet sind und als Rangordnung vorliegen oder ob sie durch eine Wertung gesetzt werden – was die Frage nach dem der Werten zugrunde liegenden Kriterium stellt. Ebenso wurde diskutiert, ob das Werten ein rationaler Prozess oder eine unhintergehbare Gefühlsbindung sei (Darlegung bei Schmied-Kowarzik 1932)

Schließlich ist anzumerken, dass es „Werte (…) nicht ohne Wertende" (Böhm, 2005, 587 f) gibt. Ein Wert ist einer Sache oder Handlung nicht inhärent wie eine Eigenschaft. Wertbestimmung ist kein analytisches Urteil. Ein Wert ist nicht etwas, was einem Ding oder einer Handlung anhaftet. Vielmehr *bewerten* Menschen eine Sache oder Handlung so, dass diese für sie „wertvoll" wird oder wertlos bleibt. Ein Staudamm zum Beispiel hat für einen Industriebetrieb mit hohem Energiebedarf einen Wert. Für diejenigen, die ihr Haus aufgeben müssen, weil es den Bau des Staudamms stört, hat der (physikalisch) gleiche Staudamm eher einen Unwert (Ladenthin 2010).

Im Alltag fragen wir *immer* nach einem Wert, der durch unser Handeln verwirklicht würde. Im Handeln vollziehen sich Wertungen; wir können also nicht handeln, ohne zugleich auch zu werten.

Auch bei moralischen Werten können wir diesen Wertungsvorgang beobachten. Hierzu ein Beispiel: Sicherlich stellt staatliche „Fürsorge" nach allgemeiner Übereinkunft eine wertbezogene, ja moralische Handlung dar. Eine zu große Fürsorge könnte aber dazu verführen, dass der Einzelne sich nicht mehr selbst um die Sicherung seines Lebensunterhalts bemüht. Auch muss bedacht werden, dass sich der zu „fürsorgliche" Staat massiv in die Lebensgestaltung des Einzelnen einmischt. Die gleiche Handlung wird also einmal als positiv, als moralisch geboten, zum anderen als negativ (als schädigend) betrachtet.

Festzuhalten ist, dass eine Sache keinen Wert „hat", sondern jede Person einer Sache einen Wert zuschreibt. Sie verleiht einer Sache einen Wert. Im Handeln bevorzugt die Person das Gewählte mehr als das Nicht-Gewählte. Sie wertet. Um dies zu können, braucht sie ein Maß und Maßeinheiten. Bei *außermoralischen* Werten ist das Maß die Lebensqualität: die Qualität der Lebensumstände – in philosophischer Sprache: die Conditio Humana. Wertvoll beziehungsweise ein Wert ist das, was der Lebensqualität dient. Bei *moralischen* Werten ist das Maß die Würde des Menschen. (Sittlich) wertvoll bzw. ein (moralischer) Wert ist, was die Würde des Menschen nicht verletzt, sondern sie erhält oder fördert.

Beispiele für traditionelle Modelle einer *Erziehung zu Werten*

Die oben erfolgte Analyse der Bedingungen einer schulischen Werterziehung ermöglicht es, unterschiedliche Verfahren der Werterziehung zu ordnen und zu prüfen. Statt einzelne Autoren zu diskutieren (zu M. Weber vgl. Neuweg 1997; zur Kritischen Theorie vgl. Abeldt 1997), sollen typische Argumentationsstrategien herausgearbeitet werden: Werterziehung durch Prägung; Werterziehung durch die Gruppe; Werterziehung als Aufforderung zum Rechtsgehorsam.

Werterziehung durch Prägung

In der Autobiographie eines kritischen „Rebellen" der 68er Jahre ist zu lesen:

> „In die erste Demonstration, die einen nachhaltigen Eindruck bei mir hinterlassen hat, bin ich eher zufällig geraten. (…) Was mich beeindruckte, waren das Überraschende (…) dieser Straßenveranstaltung (d.i. die Demonstration, V.L.) (…) Damals *erlernten* ich und viele andere die Grundregel jedes erfolgreichen Protests in der Mediengesellschaft (…). Es war diese *Lektion*, die die folgenden Jahre der Rebellion *prägte"*. (Schneider 2008, 101, 102f)

Eine Erfahrung wird zur Lektion, und diese *prägt* das künftige Handeln. Ja, es ist noch mehr impliziert: Keine Theorie kann jene Erfahrung antizipieren, die im Handeln erworben wurde und dann die Theorie *prägt*. Hier ist Vorstellung einer Werthaltung durch Prägung erkennbar. Der Erwerb von Werten wird als *Prägung* durch vollzogene Handlungen beschrieben.

Unter Prägung versteht die Verhaltensforschung (aus der der Begriff entlehnt wurde) die „pathologisch auftretend(e) Fixation (…) des Triebobjekts im menschlichen Seelenleben" (Lorenz 1935/1970, 142 weist in seinem inzwischen klassischen Text zur Theorie der Prägung ausdrücklich darauf hin, dass sich der „Prägungsvorgang vom gewöhnlichen Lernen unterscheidet"). Werthaltungen entstehen nach diesem Konzept aus handlungsbezogenen Umständen, durch die man „geprägt" wird. Der Erwerb der Werthaltung geschieht also indirekt durch Teilnahme an entsprechenden Ereignissen, Handlungen usw., die zur „Lektion" werden.

Auch in *pädagogischen* Konzeptionen werden Auffassungen wie diese vertreten. Nach Gerhart Neuner wird die Persönlichkeit *geprägt*, und zwar durch das Weltbild, das aus Wissen, Können und Erfahrungen begründet wird:

> „Wissen fundiert in Verbindung mit dem Können sowie den Erfahrungen das *Weltbild*, das die *ideologische Position*, die *Überzeugungen, Einstellungen, Wertorientierungen* der Persönlichkeit entscheidend prägt." (Neuner 1989, 141; Hervorheb. i. Orig.).

Unklar ist, wie durch das Zusammentreffen von Wissen, Können und Erfahrungen ein „Weltbild" entsteht, das „prägend" wirken kann – jedenfalls prägend in eine Richtung. Es wird offensichtlich vorausgesetzt, dass Wissen und Können immer nur eine bestimmte Werthaltung zulassen. Aber ist Wissen nach modernem Anspruch der Wissenschaft nicht „wertfrei"? So schrieb Max Weber, dass es „niemals Aufgabe einer Erfahrungswissenschaft sein [könne], bindende Normen und Ideale zu ermitteln, um daraus für die Praxis Rezepte ableiten zu können." (Weber 1973, 149, vgl. 152.).

Wenn diese Auffassung Max Webers nicht als zutreffend angesehen wird, dann muss Neuner voraussetzen, dass das *Wissen* selbst schon eine Wertung *beinhaltet* und sein Erwerb daher *wertprägend* ist. Aber welcher Wert liegt in der binomischen Formel, in einer chemischen Gleichung oder einem physikalischen Gesetz?

Ebenso muss Neuner voraussetzen, dass *Erfahrungen* nicht kontingent, sondern immer gute Erfahrungen im Hinblick auf das Lernziel sind. Wissen und Erfahrungen werden demnach nicht unter Werthaltungen gesucht oder geprüft, sondern umgekehrt; ihnen sind Werte bereits immanent, sodass der, der lernt und Erfahrungen macht, die Werte aus dem Gelernten übernehmen *muss* – also durch Lernen geprägt wird.

Erkennen und Werten sind identisch; und wie ist es bei den Erfahrungen? Lassen alle Erfahrungen nur einen Schluss zu? Oder soll der Erzieher sichern, dass nur solche Erfahrungen gemacht werden, aus denen sich das Richtige ergibt? Lädt also der Erzieher durch seine Auswahl und sein Lernarrangement dafür, dass alles Wissen schon die Haltung prägt? Dass nur solche Erfahrung zugelassen sind oder provoziert werden, die zu einer bestimmten Deutung führen und demgemäß prägend sind?

So war es in der Tat in der Verfassung der ehemaligen DDR formuliert:

> „Präambel. In Fortsetzung der revolutionären Traditionen der deutschen Arbeiterklasse und gestützt auf die Befreiung vom Faschismus hat das Volk der Deutschen Demokratischen Republik *in Übereinstimmung mit den Prozessen der geschichtlichen Entwicklung unserer Epoche* sein Recht auf sozial-ökonomische, staatliche und nationale Selbstbestimmung verwirklicht und gestaltet die entwickelte sozialistische Gesellschaft. Erfüllt von dem Willen, seine Geschicke frei zu bestimmen, unbeirrt auch weiter den Weg des Sozialismus und Kommunismus, des Friedens, der Demokratie und Völkerfreundschaft zu gehen, hat sich das Volk der Deutschen Demokratischen Republik diese sozialistische Verfassung gegeben." (http://www.documentarchiv.de/ddr/verfddr.html)

Die Menschen können nur dem zustimmen, was die geschichtlichen Prozesse eh schon zeigten, durch die man *geprägt* wird. Wissenschaft entnimmt der Natur und der Geschichte zugleich mit den Fakten eine Tendenz – und zwar die Tendenz des Sozialismus. Sozialismus ist daher nicht das Ergebnis einer sittlichen oder politischen Wertentscheidung, sondern die zwingende Folge der wissenschaftlichen Betrachtung von Natur und Geschichte. Es ist eben ein „wissenschaftlicher Sozialismus". Wert*entscheidungen* sind überflüssig, weil sich der Sozialismus von einer sittlichen Werthaltung „zur Wissenschaft" entwickelt habe:

> „Wir sahen, wie die französischen Philosophen des achtzehnten Jahrhunderts, die Vorbereiter der Revolution, an die Vernunft appellierten als einzige Richterin über alles, was bestand. Ein vernünftiger Staat, eine vernünftige Gesellschaft sollten hergestellt, alles, was der ewigen Vernunft widersprach, sollte ohne Barmherzigkeit beseitigt werden. Wir sahen ebenfalls, daß diese ewige Vernunft in Wirklichkeit nichts andres war als der idealisierte Verstand des eben damals zum Bourgeois sich fortentwickelnden Mittelbürgers." (Engels 1880/1962, 192)

Nach der Analyse der Geschichtsabläufe ändert sich dies:

> „Jetzt war der Idealismus aus seinem letzten Zufluchtsort, aus der Geschichtsauffassung, vertrieben, eine materialistische Geschichtsauffassung gegeben und der Weg gefunden, um das Bewußtsein der Menschen aus ihrem Sein, statt wie bisher ihr Sein aus ihrem Bewußtsein zu erklären. Hiernach erschien jetzt der Sozialismus nicht mehr als zufällige Entdeckung dieses oder jenes genialen Kopfs, sondern als das *notwendige Erzeugnis des Kampfes* zweier geschichtlich entstandnen Klassen, des Proletariats und der Bourgeoisie." (Engels 1880/1962, 208; Hervorheb. V.L.).

Prüfstein der Entdeckung als „notwendige Erzeugnis" ist nicht eine theoretische Begründung, sondern der Erfolg praktischen Handelns (weitere Textbelege: Wetter 1974, 136–141), weil nur das, was sich bewährt, richtig sein kann: Die Praxis wird zum Wahrheitskriterium. Daher kann die Praxis prägen, und zwar zur richtigen Werthaltung – wie es Peter Schneider dann am eigenen Leben reflektieren zu können glaubt. So erklärt sich auch, warum Erfahrung nur eine Deutung zulässt: Die Erfahrung ist immer schon die vorab bestimmte Erfahrung einer in der Geschichte liegenden Tendenz, sodass die alltägliche Erfahrung die Entwicklung zum Sozialisten prägen kann. „Damit ist zugleich gesagt, daß die Mittel zur Beseitigung der entdeckten Mißstände ebenfalls in den veränderten Produktionsverhältnissen selbst – mehr oder minder entwickelt – vorhanden sein müssen. Diese Mittel sind nicht etwa aus dem Kopfe zu *erfinden*, sondern vermittelst des Kopfes in den vorliegenden materiellen Tatsachen der Produktion zu *entdecken*." (Engels 1880/1962, 208 f) Wertungen werden nicht begründet, sondern Werte werden (wissenschaftlich; empirisch) aufgefunden.

Das wissenschaftliche Wissen *prägt* bestimmte Werthaltungen, jedenfalls dann, wenn es mit den richtigen Erfahrungen konfrontiert wird. In dem in der DDR erschienenen „Philosophischen Wörterbuch" wird dieses Konzept erläutert, das den biologischen Begriff der *Prägung* auf den sozialen Bereich überträgt:

> „Andererseits aber kann das Handeln in philosophisch-soziologischer Sicht nur innerhalb seiner *sozialen Determination* durch den Gesellschafts- und Geschichtsprozeß und in seiner Wirksamkeit in diesem Prozess verstanden werden". (Klaus/ Buhr 1975, 470)

Und zur Absicherung zitieren die Verfasser Plechanow (1856–1918), der die „Grundprobleme des Marxismus" (dt.: 1910) aufzulösen versucht hatte:

> „Wenn eine bestimmte Klasse im Streben nach ihrer Befreiung eine gesellschaftliche Umwälzung durchführt, so handelt sie dabei mehr oder weniger zielbewußt, und jedenfalls erscheint ihr Handeln als Ursache dieser Umwälzung. Allein dieses Handeln samt all den Bestrebungen, durch die es hervorgerufen wurde, ist selbst *Folge* eines bestimmten Verlaufs der ökonomischen Entwicklung und wird daher selbst durch die *Notwendigkeit* bestimmt. Die Soziologie wird zur Wissenschaft nur in dem Maße, in dem es ihr gelingt, das Entstehen der Zwecke beim gesellschaftlichen Menschen (die gesellschaftliche „Teleologie") *als notwendige*

Folge des gesellschaftlichen Prozesses zu begreifen, der in letzter Instanz durch den Gang der ökonomischen Entwicklung *bedingt* wird." (ebd.; Hervorheb. V.L.)

Diese Auflassung wird dann konsequent zur Grundlage der Moral:

> „Gestützt auf eine exakte wissenschaftliche Analyse dieser [gesellschaftlichen, V.L.] Verhältnisse weisen die Marxisten den Weg zur Erreichung ihres Ideals. [...] Der Marxismus hebt (...) die Notwendigkeit hervor, das Ideal aus der Wirklichkeit abzuleiten [...] Die kommunistische Moral entwickelte sich [...] im Kampf der Arbeiterklasse und aller Werktätigen". (Schischkin 1964, 202 u.205)

Peter Schneiders spätere Erinnerungen klingen wie ein Echo auf diese Auffassung; seine Begrifflichkeit legt es nahe, moralisches Denken als notwendige Folge der wissenschaftlich erkannten gesellschaftlichen Prozesse zu verstehen. Das gesellschaftliche Sein prägt das Bewusstsein. Die Analyse des gesellschaftlichen Seins ergibt die Moral. Die Geltungsprüfung erfolgt nicht theoretisch, sondern im sozialen Kampf. Insofern prägt der Kampf die Moral. Der Einzelne wird zum Vollzugsorgan einer in der Geschichte liegenden Tendenz.

Aber – so ist zu fragen – woher kommt die Tendenz? Wer hat der Geschichte diese Tendenz gegeben? Wird hier nicht die Passivität des Ichs als Lernprozess hypostasiert? Beschreibt der Begriff der Prägung nicht gerade jenen Einfluss der Gesellschaft, um deren Abschaffung Willen die Rebellion doch gestartet wurde: die Vermeidung, dass Menschen durch Verhältnisse geprägt werden, statt sie zu gestalten?

Werterziehung durch Geselligkeit und Gemeinschaft

> „Der Mensch (ist) von Natur ein nach der staatlichen Gemeinschaft strebendes Wesen" (griech.: „ζῷον πολιτικόν"), schrieb Aristoteles (1965, 1253 a1)in seinem Buch über die „Dinge, die die Polis (d. h. das Gemeinwesen) betreffen". Denn „derjenige, der von Natur und nicht durch zufällige Umstände außer aller staatlichen Gemeinschaft lebt, ist entweder mehr oder weniger als ein Mensch" (ebd.) – also entweder ein Gott oder ein Tier.

Dass der Mensch gar nicht erst zu leben begänne, wenn er kein Gemeinschaftswesen wäre, war schon zu Aristoteles Zeiten eine uralte Einsicht: „Dann sprach Gott, der Herr: Es ist nicht *gut*, dass der Mensch allein bleibt. Ich will ihm eine Hilfe machen, die ihm entspricht." (1 Moses 2,18). Der Akzent ist allerdings hier anders gesetzt; nicht die Naturanlage führt zur Gemeinschaft, sondern umgekehrt die von Gott vorgesehene Qualität

(Güte) des irdischen Daseins bedarf der Gemeinschaft des Menschen. Wir finden also bereits in der Antike zwei Begründungsmuster des Zusammenlebens, die bis in die Neuzeit hinein typisch und daher wirksam sind; eines, das anthropologisch-funktionalistisch und teleologisch argumentiert, ein anderes, das wertbezogen und theologisch argumentiert. Für Aristoteles ist die Gemeinschaft zweckmäßig im Hinblick auf ein außermenschliches Telos. Für den Autor des Alten Testaments verleiht die Gemeinschaft dem Leben eine besondere Güte im Hinblick auf seine Eigenheit als Mensch („die ihm entspricht"). Zum einen ist es die *Funktionalität* für ein Prinzip, zum anderen die *Werthaltigkeit* für den Menschen, unter denen das Soziale betrachtet wird. Die Letztbegründung ist einmal der Verweis auf ein (transzendentales) Telos, zum anderen auf das (transzendente) Göttliche.

Gleichwohl haben beide antiken und bis in die Gegenwart angewandten Deutungsmuster oft dazu verleitet, aus dieser naturhaft determinierten (und zweckmäßigen) oder göttlich aufgegebenen (und wertbezogenen) *Gemeinschaftlichkeit* auch die Strukturen der *Gemeinschaft* ableiten zu wollen.

Das freilich wäre Gesellschaftspolitik aufgrund eines naturalistischen Fehlschlusses, auf den schon Aristoteles dadurch aufmerksam gemacht hatte, dass er zeigte, wie *unterschiedlich* die anthropologisch gegebene *Gemeinschaftlichkeit* in vorfindbaren *Gemeinschaften* gestaltet werden kann: „Der Staat hat nun drei Formen und ebenso viele Ausartungen, sozusagen Zerstörungen jener Formen." (Aristoteles 1975, 1160a) Die anthropologische Bestimmtheit des Menschen zur Gemeinschaft stellt zwar die Aufgabe, schreibt aber keine Lösung vor. Vielmehr werden Lösungen in Freiheit gefunden.

Auch im Alten Testament wird berichtet, dass nicht jede Gemeinschaft schon eine gute Gemeinschaft ist, ja, dass vielmehr die Gemeinschaft selbst den Mechanismus ihrer Zerstörung beherbergen kann:

> „Nach einiger Zeit brachte Kain dem Herrn ein Opfer von den Früchten des Feldes dar; auch Abel brachte eines dar von den Erstlingen seiner Herde und von ihrem Fett. Der Herr schaute auf Abel und sein Opfer, aber auf Kain und sein Opfer schaute er nicht. *Da überlief es Kain ganz heiß und sein Blick senkte sich.* Der Herr sprach zu Kain: Warum überläuft es dich heiß und warum senkt sich dein Blick? Nicht wahr, wenn du recht tust, darfst du aufblicken; wenn du nicht recht tust, lauert an der Tür die Sünde als Dämon. Auf dich hat er es abgesehen, doch du werde Herr über ihn!" (1 Moses 4)

Die erst durch Gemeinschaft mögliche Konkurrenzsituation erweist sich als genau die Kraft, die ihre Entstehungsbedingung zu zerstören vermag, wenn man das Falsche (den Dämon) nicht erkennt. Die göttliche Bestimmung des Menschen stellt ihm eine Aufgabe, die er ebenso richtig wie falsch lösen kann. Die Lösung steht allein in der Verantwortung des Menschen: „Doch du werde Herr…".

Abgesehen von der leeren Formel, dass jede Gemeinschaft aus Einzelwesen besteht und jedes Einzelwesen die Gemeinschaft braucht, sind aus anthropologischen Gegebenheiten weder regulative Einsichten noch Normen zu gewinnen: Es sei denn, man setzte jede Gemeinschaft als *gutartig* voraus, wie es 1921 Eduard Spranger als den gemeinsamen Grundgedanken der verschiedenen Arten der Reformpädagogik darstellt:

> „Dieses tiefere Gemeinschaftserlebnis ist der einzig sichtbare, aber für sich genug beachtenswerte Grundzug der heutigen Jugendbewegung, so weit sonst ihre Ziele auseinandergehen mögen. An diesem Erlebnis erkennen sich die Geister. In ihm ist der neue Typus Mensch begründet […] Die wesentliche schulorganisatorische Folgerung liegt darin, die Schule aus einer Unterrichts- und Lerngemeinschaft in eine das ganze Jugendleben umfassende *Lebensgemeinschaft* zu verwandeln". (Spranger 1921/1962, 17; Hervorheb V.L.)

Dann müsste die Wirkung einer Gemeinschaft freilich *immer* auch als gutartige Wirkung verstanden werden, als erziehende Wirkung, der sich der Einzelne unterzuordnen hat.

Somit wird die Gemeinschaft als „gute Gemeinschaft a priori" verstanden. Dies wurde unter anderem damit begründet, dass die pädagogische Gemeinschaft die Formen einer anderen als a priori gelungen angesehenen Gemeinschaft nachgeahmt haben: die Familie. Zum anderen wurde das Konzept der „regulierenden Gemeinschaft" mit dem Gedanken begründet, dass Gemeinschaft *an sich* gut ist. Selbst eine anfangs regellose Gruppe werde zu einer guten Gemeinschaft, wenn man sie sich nur selbst überlasse (wenn man sie vor den Einflüssen der Gesellschaft *bewahre*):

> „Unbedingter Gehorsam in allem notwendigen, Verzicht auf eigene Willkür […] zugunsten des Bestandes, der Sicherheit und der Wohlfahrt der Allgemeinheit war für mich […] die unerläßliche Ergänzung jener Freiheit." (Lietz 1920, 144).

Eine Gruppe von Menschen, so argumentierte hier Hermann Lietz, wandelt sich zur guten Gemeinschaft, wenn man die Menschen dieser Gruppe ohne äußere Maßgabe die Regeln *für* die Gruppe *in* der Gruppe aushandeln lässt.[2]

Die Gruppe verhindere so die Tyrannei einer dogmatischen Moral einerseits oder die Herrschaft einer einzelnen Person andererseits. Die Gruppe sei an sich und a priori gut. Gewissermaßen ist dies die Vorwegnahme der regulativen Idee des herrschaftsfreien Diskurses, der seine Verfahrensregeln aus sich selbst und seiner Voraussetzung hervorbringt:

> „Der Grundbegriff des kommunikativen Handelns [...] erschließt den Zugang zu drei Themenkomplexen, die miteinander verschränkt sind: es geht zunächst um einen Begriff der kommunikativen Rationalität [...], um ein zweistufiges Konzept der Gesellschaft, welches die Paradigmen Lebenswelt und System (..) verknüpft und schließlich um eine Theorie der Moderne, die den Typus der heute immer sichtbarer hervortretenden Sozialpathologien mit der Annahme erklärt, daß die kommunikativ strukturierten Lebenswelt den Imperativen verselbständigter, formal organisierten Handlungssysteme unterworfen werden." (Habermas 1981, 8).

Eine kommunikativ strukturierte Lebenswelt hingegen schaffe nur Gutes. Die gedankliche Voraussetzung des Gelingens: Der kommunikative Diskurs ist an sich gut. Die Inhalte werden unter den (nicht zur Diskussion stehenden) Regeln der idealen Sprechaktsituation generiert, also unter den Bedingungen (1) einer gleichen Möglichkeit zur Bestimmung der Themen, Absichten und Beteiligungen am Dialog, von (2) gleiche Chancen bei der Qualität der Argumentation, (3) Herrschaftsfreiheit, sowie (4) Wahrhaftigkeit. Kommunikation ist an sich gut. Diesen naturalistischen Zirkelschluss unterbricht J. Habermas allerdings fundamental mit einer Voraussetzung, nämlich der, dass der Teilnehmer an kommunikativen Akten unter von ihm anzuerkennenden Voraussetzungen (also unter normativen Geboten) teilnehmen *will*:

> „Ich werde die These entwickeln, daß jeder kommunikativ Handelnde im Vollzug einer beliebigen Sprechhandlung universale Geltungsansprüche erheben und ihre Einlösbarkeit unterstellen muß. Sofern er überhaupt an einem Verständigungsprozeß teilnehmen *will*, kann er nicht umhin [...] diese universalen Ansprüche zu erheben [...] Ferner gilt, dass kommunikatives Handeln ungestört nur so lange

---

2   Im Kapitel „Selbstregierung" beschwört A.S. Neill (1960, 60 ff) in immer wieder neuen Ansätzen und Beispielen den Grundgedanken, dass in seinem Internat Gruppen, weil sie Gruppen sind und wenn sie herrschaftsfrei stattfinden können, gut sind.

fortgesetzt werden kann, wie alle Beteiligten *unterstellen*, daß sie die reziprok erhobenen Geltungsansprüche *zu Recht* erheben." (Habermas 1976/1984, 354)

Dann aber kommt nicht mehr der kommunikativen Situation (und den ihr impliziten Regeln, die nicht *erfunden*, sondern *gefunden* werden) die normative Geltung zu; vielmehr ist der Entschluss, an der Kommunikation teilzunehmen, die erste und einzige normative Entscheidung. Zu der kann aber nicht die Kommunikationsgemeinschaft verpflichten, weil sie ja noch nicht als sittlich relevant anerkannt ist bzw. ihre Anerkennung ein außerhalb ihrer formulierter Sollenssatz ist. Nach der (individuellen) sittlichen Entscheidung, an der Kommunikationsgemeinschaft teilzunehmen, regelt diese dann instrumentell die Verfahrensweisen. Damit verschiebt sich das ethische Problem aber genau *aus dem Bereich*, der es regeln sollte, aus der Kommunikationsgemeinschaft und kehrt als Vernunftproblem des Einzelnen zurück. Warum *soll* der Einzelne an der Kommunikationsgemeinschaft teilnehmen wollen? Er mag empirisch-funktionalistisch zur Gemeinschaft gehören, aber warum soll er sich an deren (gute) Regeln halten?

Ein weiteres Problem einer solchen gruppenethischen und kommunikationsethischen Moral, die ja eine traditionelle, sozialisierte oder begründete Ethik überflüssig machen soll, ist, dass die empirischen *Voraussetzungen* für einen gemeinschaftlichen oder herrschaftsfreien Diskurs im pädagogischen Kontext nicht gegeben sind. Wenn Lietz schreibt „Die Knaben [...] leben so, wie in einem kleinen *abgeschlossenen* Staate als dessen Bürger" (Lietz 1897, 38.), so hatte einer solchen Auffassung gegenüber schon Herbart zeitlich früher zu Recht eingewandt: „die Idee des Staates setzt vorhandene und fertige Vernunftwesen voraus". (Herbart 1810/1968, 59.) Im pädagogischen Prozess sollen ja gerade jene Kenntnisse und Fähigkeiten erst noch erworben werden, die der Bürger für die zu bestehenden Dialoge in der Kommunikationsgemeinschaft braucht: Also kann der Dialog nicht schon durch jene Fähigkeiten bestimmt werden, die erst noch in ihm erworben werden sollen. Ob man beim Lernen raucht, kann man doch erst entscheiden, wenn man gelernt hat, ob Rauchen schädlich ist oder vielleicht das Lernen fördert. Ob man im Gespräch den anderen täuschen darf, kann man doch erst beurteilen, wenn man die Gültigkeit dieser Regel in einem a priori nicht-täuschenden Gespräch gelernt hat (Ladenthin 2007). Wie aber gelangt der, der die Kommunikationsregeln noch nicht kennt, zu dieser Regel, die ihn leitet, bevor er sie gelernt und akzeptiert hat? Das Kommunikationsmodell schließt Lernen aus, weil es Gelernt haben voraussetzt. Allgemeiner gesagt: Ob man beim Lernen die Werte der Lerngemeinschaft missachtet, kann man doch erst entscheiden, wenn man im Lernen erfahren hat, ob oder wann man Werte einer Kommunikationsgemeinschaft missachten darf. Die Regeln der Gemeinschaft können dabei nicht die Regeln für die Anerkennung der Gemeinschaft sein – das hatte Habermas ja selbst (wie zitiert) explizit aufgezeigt.

Die Konzepte und ihre völlig unterschiedlichen weltanschaulichen Konnotationen bzw. Implikationen der letzten Zitate mögen anzeigen, dass aus bildungstheoretischer Sicht sehr vorsichtig umzugehen ist mit dem Bezug von Individuum und Gemeinschaft, mit einer scheinbar anthropologischen Legitimation und mit der für den Erzieher und die Erzieherin naheliegenden und bequemen Erfahrung, dass die Gemeinschaft *selbst* oder die Gemeinschaft *allein* die beste Erzieherin ist. „Gemeinschaft" ist formal und kann daher die Gültigkeit der von ihr bevorzugten Werte nicht legitimieren (Ladenthin 2019b). Und gerade weil die Gemeinschaft *wirkt*, entsteht für den Erziehenden die Aufgabe, den Einzelnen durch Unterricht und Erziehung auf diese Wirkung aufmerksam zu machen und gegebenenfalls vor dieser Wirkung der Gemeinschaft zu schützen. (Im Modell (1) einer Aufforderung zum Mitmachen wird geradezu die „Wirkung" der Gemeinschaft beschränkt, weil die impliziten Wirkungen durch die Aufforderung bzw. Einladung explizit gemacht wird: Aus dem sozialisierenden Vollzug wird die Einladung zum Vollzug, ein pädagogischer Vorgang. Man muss nämlich der Einladung nicht folgen, und fordert dadurch eine Begründung ein.)

Aus dem anthropologischen Umstand der Gemeinschaftlichkeit sind daher ohne *weitere* Vorgaben oder Voraussetzungen, die aber (wie sich bei Habermas zeigt) nicht dem Gedanken der Gemeinschaft entspringen – keine Normen für die *Akzeptanz* der Gemeinschaft zu gewinnen (vgl. Rekus 1985).

Werte können also nicht ausgehandelt werden, es sei denn, man erkennt als Wert an, was zufällig faktisch ausgehandelt wird – dann wären aber auch Werte einer kriminellen Vereinigung gültige Werte. (vgl. daher die Unterscheidung zwischen „Gemeinschaft" und „bösem Gesamtwillen": Petersen 1954, 166 ff)

Zusammenfassend formuliert: Der pädagogische Gedanke der Geltung in der Werterziehung darf sich nicht soziologisch artikulieren, weder in der Idee der Gleichheit noch in der Praxis der Kommunikation. Denn Sachlichkeit und Sittlichkeit kann man weder kollektiv verordnen noch individuell aushandeln. Sie gelten aus Gründen, sind Ergebnis intersubjektiver Methoden und bedürfen der freiwilligen Einsicht. Leonard Nelson hat daher die Aufgabe der Erziehung darin gesehen, so auf den Zögling einzuwirken, dass er von nun an alle Einwirkungen kritisch prüft. Dies ist das Bildungsparadox, das nicht in gesellschaftliche Verhältnisse zu übersetzen ist:

> „Wie kann man jemanden durch äußere Einwirkung dazu bestimmen, sich *nicht durch äußere Einwirkung* bestimmen zu lassen?" (Nelson 1932, 358; Hervorheb. V.L.)

Sowohl Bildung wie Gemeinschaft stellen Regeln auf, die nicht ineinander zu überführen sind, obwohl sie sich wechselseitig bedingen. Die Regeln der *sozialen Gemeinschaft* werden nicht durch die Lerngemeinschaft bestimmt, sondern in der Lerngemeinschaft wird lediglich *gelernt*. Unter anderem werden auch mögliche Regeln für die Gemeinschaft gelernt. Aber es wird nicht nach möglichen Regeln der Gemeinschaft, sondern nach den *pädagogischen* Regeln der Lerngruppe gehandelt. Daher kann die Lerngemeinschaft auch nicht das Paradigma für Gemeinschaft schlechthin anzeigen. Sie ist nicht die bessere Gemeinschaft, in der Hinsicht, dass in ihr das richtige Leben vorbildlich gelebt oder gelernt würde. Denn zwischen Leben und Lernen ist zu unterscheiden.

Weder dürfen die Regeln der Gemeinschaft das pädagogische Verhältnis bestimmen (wohl aber die Institution, in der sich das pädagogische Verhältnis ereignet), noch darf das pädagogische Verhältnis die Regeln der Gemeinschaft festlegen. Allerdings ist das pädagogische Verhältnis unverzichtbar für die Gemeinschaft, weil ohne dieses Verhältnis das Handeln in der Gemeinschaft nicht gelernt würde und zufällig oder machtgesteuert bliebe. Die Konstitution der Gemeinschaft kann beeinflussen, ob und wie gut (nicht aber wie!) gelernt werden kann oder nicht.

Vertragsbindung/Grundgesetz/Menschenrechte als Leitidee

Angesichts der theoretischen Problemhaltigkeit biologisch-soziologisch abgeleiteter oder sozialer Mechanismen zum Erwerb von Werthaltungen scheint es eine Möglichkeit zu sein, Werte als durch gesetzliche Maßnahmen einer Demokratie, durch Verträge, bestimmt anzusehen:

> „Wertekonsens im Grundgesetz. Werte sind zugleich auch die Normen und Regeln [sic!], die das Miteinander einer Gesellschaft in all ihrer Vielfalt ermöglichen: Das Fundament der Freiheit sind Werte. Gerade eine freiheitliche Gesellschaft setzt für den Pluralismus der Anschauungen und Zielvorstellungen eine gemeinsame Grundüberzeugung voraus. Dies ist die zentrale Idee der menschlichen Würde eines jeden Einzelnen. In der Bundesrepublik Deutschland bildet das Grundgesetz den ethischen Konsens, der unsere Gesellschafts- und Wirtschaftsordnung prägt. Für den Einzelnen und sein Leben in der Gemeinschaft ist es unerlässlich, die allgemein verbindlichen Grundregeln des Zusammenlebens zu erfahren und für sich selbst eine Werteorientierung zu gewinnen" (Bundesvereinigung der Deutschen Arbeitgeberverbände 2002, 12).

Es ergeben sich einige Rückfragen: Wie kann der „Pluralismus der Anschauungen und Zielvorstellungen" denn „eine" und dann noch „eine gemeinsame Grundüberzeugung" voraussetzen? Wie verhalten sich „Einigkeit" und „Gemeinsamkeit" zum Pluralismus, wenn er denn eine „Gesellschaft in all ihrer Vielfalt ermöglichen" soll? Das bleibt – zumindest – ungeklärt, obwohl doch hier größerer Klärungsbedarf besteht. Der Verfasser will nun aus diesen hochproblematischen Behauptungen eine Art kommunikativer Ethik ableiten, wie wir sie im vorigen Kapitel dargestellt haben:

> „Die *gemeinsame* Entwicklung von Verhaltensregeln ist dazu eine hervorragende Möglichkeit." (ebd.; Hervorheb. V.L.)

Wie sollen Schüler und Lehrer nach welchen Diskursregeln auf gleicher Augenhöhe (wobei *nur* die Lehrer die institutionelle Verantwortung tragen) gemeinsam „Verhaltensregeln" entwickeln? Dann aber wird doch wieder eine andere Lösung vorgeschlagen:

> „Das *gemeinsame* Ausarbeiten und Überprüfen von Normen durch Schüler und Lehrer kann *in Form* eines Wertekataloges oder auch eines *Vertrages* geschehen." (Ebd.)

Ein Vertrag verfestigt nunmehr den Prozess der „gemeinsamen Einwicklung" zu einem normativ entwickelten – als Vertrag, dessen Geltungsbereich, Dauer und Verbindlichkeit für die, die nicht an der *Entwicklung* beteiligt waren, unklar bleiben. Entweder werden Werte permanent ausgehandelt oder es wird ein Vertrag (für einen bestimmten Zeitraum; sonst ist es kein Vertrag) festgelegt. Beides zusammen geht nicht. Für die nachfolgende Generation ist es unerheblich, wie der Vertrag zustande gekommen ist: in jedem Fall beschränkt er nunmehr faktisch (als positives Recht) die Freiheit zum „gemeinsamen Ausarbeiten", die die vorhergehende Generation hatte. Als Kriterium wird nun zudem die Leitlinie einer Verantwortungsethik empfohlen:

> „Lernziel muss es dabei auch sein, die Konsequenzen für das eigene Tun zu spüren und zu tragen. Insgesamt bietet die Gestaltung des Schullebens Chancen der Mitverantwortung für die Schüler." (ebd., 17; Hervorheb. V.L.)

Der Verfasser setzt voraus, dass die Güte nur an den Konsequenzen von Wertentscheidungen abzulesen sei – wobei nicht berücksichtigt wird, wann diese Konsequenzen eintreten werden. Gerade in pädagogischen Prozessen treten die Konsequenzen des gegenwärtigen Handelns zunächst außerhalb des pädagogischen Handelns (und damit außerhalb der Verantwortung des begleitenden Pädagogen) ein – und zumeist sehr viel später als das Handeln. Kann ein Kind die Konsequenzen eines augenblicklichen Lernverhaltens erkennen, wenn diese erst im späteren Leben deutlich werden? Und besteht überhaupt Einigkeit über die Bewertung der Konsequenzen (Wird hier also die ethische Frage nicht einfach verschoben, weil nunmehr Kriterien für die Bewertung der Konsequenzen erarbeitet werden müssten? Wer begründet, wie die Normen zur Bewertung der Konsequenzen angewandt werden?)? Lassen sich in komplexen Gesellschaftssystemen überhaupt Konsequenzen ursprünglicher Entscheidungen schnell genug und so deutlich zuordnen, dass von den möglichen (d.h. antizipierten) Konsequenzen (ohne Beachtung der [unbeabsichtigten] Nebenfolgen, der kurzfristigen und langfristigen Folgen) auf die vorhergehenden Entscheidungen zurückschließen lässt, die diese Konsequenzen verursacht oder zu verantworten hätten? Es wäre weiter zu fragen, was unter „spüren" zu verstehen ist, wenn Konsequenzen von Entscheidungen nicht (nur) diejenigen betreffen, die die Entscheidungen getroffen haben, sondern auch andere, die an den Entscheidungen nicht beteiligt waren. Schließlich wäre zu fragen, wer die Verantwortung für die sich bei schlechten Entscheidungen einstellenden Nebenfolgen trägt.

Zu finden ist in Schulverträgen auch die Auskunft, dass die Schule bestimmte Werte als Grundlage ansieht und die Übernahme erwartet:

„Die Schule erfüllt den in Art. 1 Abs. 1 des Bayerischen Gesetzes über das Erziehungs- und Unterrichtswesen genannten Bildungs- und Erziehungsauftrag. Dabei sind die Aussagen der biblischen Offenbarung *und die daraus folgenden christlichen Glaubens- und Wertvorstellungen Grundlage* für die in § 2 der Grundordnung für die katholischen Schulen in freier Trägerschaft näher niedergelegten Bildungs- und Erziehungsziele der Schule. Die Schule will den Schülerinnen helfen, ihre individuellen Begabungen und Fähigkeiten zu entwickeln, notwendige Kenntnisse und Einsichten zu gewinnen, das bewährte Erbe der vergangenen Generationen aufzunehmen und zu pflegen und *den Sinn für Werte zu entwickeln.*" (Mustervertrag)

So sehr verständlich es ist, dass eine Schule sich einem Wertekonzept verbunden wünscht, so wenig kann erwartet werden, dass die nächste Generation diesen Werten folgt – *allein* mit der Begründung, dass sie vertraglich festgelegt wurden. Die Werte gelten ja nicht, weil sie im Vertrag stehen; sondern sie stehen im Vertrag, weil sie als gültig erwiesen wurden. Also muss der Schüler lernen, wie man Werte als gültig begründet. Er kann sie aber nicht übernehmen, nur weil sie im Vertrag stehen.

In der Vorstellung eines aus dem Grundgesetz abgeleiteten („daraus folgenden") Wertekanons steckt ein weiteres Problem. Es ist die Annahme, dass Werte normativ aus Maximen abgeleitet („zu gewinnen" hieß es im Text) und vertraglich festgelegt werden können – sei es aus auratischen Texten wie Talmud, Bibel oder Koran, sei es aus dem Grundgesetz. Diese Annahme ist aus zwei Gründen irrig. Zum einen würde der Rückbezug sittlicher Handlungen auf auratische Texte den einzelnen Menschen „verantwortungslos" machen: Nicht er und seine Gründe stünden für die Handlung ein, sondern nur der Text, auf den er sich bezieht. Der Einzelne gibt seine Verantwortung an eine Autorität ab, die dann die Verantwortung für das Handeln trägt. Der Einzelne ist der individuellen Verantwortung enthoben; er handelt nur noch weisungsgebunden. Der Einzelne kann sich nur noch innerhalb des Systems unangemessen (dysfunktional) verhalten; nicht aber kann das System selbst auf seine Werthaltigkeit hin geprüft werden. Dann aber braucht man keine Werterziehung mehr, sondern lediglich noch eine Erziehung zum Rechtsgehorsam.

Im Kontext der Religion (und der Berufung auf geoffenbarte Texte) hieße dies, dass ein nicht weiter begründbares System zur Grundlage gesellschaftlichen Handelns gemacht würde – eine Konzeption, die zu völliger Willkür führen würde, weil der persönliche Glaube (anders als das Grundgesetz) nicht rationalisierungs- oder begründungs*fähig* ist. Wenn auratische Texte sittliche Entscheidungen begründen, ist das Prinzip einer für alle Menschen verbindlichen Ethik außer Kraft gesetzt – dann gibt es keine universelle Ethik mehr, sondern nur noch ein beliebiges, durch Macht einen Konkurrenzkampf regulierendes Nebeneinander von beliebigen Regelsystemen, die keine nachprüfbare Begründung vorweisen können; denn sie werden geglaubt, nicht begründet.

Die Religion ist für die Ethik keineswegs bedeutungslos; sie kann aber keine begründende Funktion haben, sondern nur motivieren, die rationale Begründung anzuerkennen. Die historischen Konfessionen haben daher im Hinblick auf Werterziehung keine begründende, sondern heuristische und motivierende Funktion (Ladenthin 2016b).

Ein zweiter Grund dafür, dass sich diese Werte nicht aus übergeordneten Werten ableiten lassen, ist das in der Pädagogik bekannte Ableitungsproblem. Um von obersten Prinzipien oder selbst Normen zu Handlungen zu gelangen, müssen Nebenentscheidungen getroffen werden, die sich nun nicht aus den genannten Prinzipien ableiten lassen. Also können gleiche Prinzipien zu unterschiedlichen, ja gegensätzlichen Handlungen führen: „Wer die Freiheit, oder die Gerechtigkeit, oder die Gleichheit [...] als isoliertes oberstes Prinzip hinstellt, aus dem man mit unerbittlicher strenger Logik das richtige Handeln deduktiv ableiten könne, der verkennt gänzlich die wahre Natur dieser ethischen Postulate; sie sind Leitsterne und Zielpunkte, [...] die in richtiger Kombination das gute Handeln vorschreiben, [...] die aber nicht empirische Wahrheiten darstellen, aus denen man syllogistisch weiter schließen könnte." (Schmoller 1893/1949, 25)

In der Werterziehung ist es nicht möglich, aus auratischen Texten Werte abzuleiten, deren Übernahme dann durch die Schulordnung eingefordert, im Unterricht suggeriert oder in schulischen Handlungen trainiert wird. Auch ist der Vollzug von (lebensweltlichen) Handlungen nicht Aufgabe von konfessionellen Schulen, sondern ihr Proprium kann darin liegen, herauszuarbeiten, warum der Einzelne sich an jene Werte halten *soll*, die mit Vernunftgründen legitimiert wurden.

Zur Didaktik der Werterziehung

In seinem Fragment zur Bildung differenziert Wilhelm von Humboldt (Humboldt 1980a, 234 ff), wie ein den Menschen systematisch bildender Zugang zur Welt praktisch zu gestalten wäre.

Grundlage für ein bildendes Weltverhältnis ist für Humboldt ein fachspezifisches, methodisches Vorgehen, das seine Eigenheiten bestimmen und seine Grenzen benennen kann. Damit wird vermieden, dass es zu Kategorienfehlern kommt und etwa religiöse Aussagen mit biologischen Beobachtungen verwechselt werden oder aber soziologische Beschreibungen mit ethischen Forderungen. Um dies zu gewährleisten, ist für jedes Fach ein spezifisches Erkenntnisziel auszuweisen. Keine Wissenschaft *allein* ermöglicht die menschliche Gesamtpraxis, d.h. sittlich verantwortungsvolles Handeln. Jedes Fach hat spezifische Wissensformen – wir würden sie „Methoden" bezeichnen – herausgebildet, die einerseits sicherstellen, dass Wissen intersubjektiv abgesichert ist und andererseits verhindern, dass durch unreflektierten Methodentransfer Kategorienfehler unterlaufen, d.h. Aussagen „erschlichen" (Birken-Bertsch 2006) werden. So kann man hermeneutische Methoden nicht benutzen, um Aussagen über Ursache und Wirkung in der Natur zu gewinnen – und man kann mit physikalischen Methoden nicht die Bedeutung eines literarischen Textes herausfinden. Jede Wissenschaft hat ihre eigenen Methoden, und diese haben (1) ein spezifisches Erkenntnisziel und (2) eine begrenzte Reichweite. Das *Ganze* ist wissenschaftlich nicht darstellbar.

Die Wissenschaften haben nach Humboldt zwar einen Zweck (Wahrheit), aber keinen Sinn. Sie haben eine Eigenheit (sie sollen auf Wahrheit ausgerichtet sein), aber diese Ausrichtung allein gewährleistet weder einer Einzelwissenschaft noch dem Ensemble aller Wissenschaften die Gestaltung eines gelungenen Lebens.

Allerdings kann aus der Vorstellung von einem gelungenen Leben auch nicht zwingend abgeleitet werden, welche Wissenschaft wie betrieben werden soll – weil dies voraussetzt, dass ohne Wissen ein für alle verbindliches Bild eines gelungenen Lebens festlegt werden kann und eine stringente Ableitung von Zielen zu Handlungen erstellen werden kann.

Zwischen Wissen und Handeln erfolgt in beide Richtungen das Werten. Das Wissen kann im Hinblick auf Handlungsherausforderungen gewichtet und gewertet werden. Umgekehrt provozieren Handlungsherausforderungen die Suche nach dem Wissen, um sie bewältigen zu können. Es entsteht ein Spannungs-, aber kein wechselseitiges Ableitungsverhältnis. (Die antike teleologische Philosophie (Aristoteles, siehe oben) versuchte, die Wissenschaft als Mittel eines Telos zu bestimmen; moderne Theorien der wissenschaftlichen Weltanschauung (siehe oben) versuchte Werthaltungen aus der Wissenschaft abzuleiten: Beide Konzepte verkürzen das Problem, einmal dogmatisch, zum anderen empiristisch.)

Im Zusammenhang (und von mir mit Gliederungsziffern markiert) lautet der Text Humboldts: „Es wäre ein grosses und trefliches Werk zu liefern, wenn jemand (1) die eigenthümlichen Fähigkeiten zu schildern unternähme, welche die verschiedenen Fächer der menschlichen Erkenntniss zu ihrer glücklichen Erweiterung voraussetzen; (2) den ächten Geist, in dem sie einzeln bearbeitet, und (3) die Verbindung, in die sie alle mit einander gesetzt werden müssen, um die Ausbildung der Menschheit, als ein Ganzes zu vollenden." (Humboldt 1980a, 234)

Maßstab für die Beurteilung des Lebens ist dabei nicht eine funktionalistische Zweckbestimmung (Ökonomie, Politik, Arbeit) oder individuelle Willkür (Identität, Biographie). Vielmehr ist Maßstab eine bestimmte regulative Idee, nämlich jene, das zu lernen, was dem Menschen zukommen sollte, wenn er denn als Beispiel für seine Gattung (also für die Menschen) angesehen werden solle:

> „Die letzte Aufgabe unsres Daseyns: dem Begriff der Menschheit in unsrer Person, sowohl während der Zeit unsres Lebens, als auch noch über dasselbe hinaus, durch die Spuren des lebendigen Wirkens, die wir zurücklassen, einen so grossen Inhalt, als möglich zu verschaffen, diese Aufgabe löst sich allein durch die Verknüpfung unsres Ichs mit der Welt zu der allgemeinsten, regesten und freiesten Wechselwirkung. Diess allein ist nun auch der eigentliche Massstab zur Beurtheilung der Bearbeitung jedes Zweiges menschlicher Erkenntnis." (Humboldt 1980a, 235f)

Humboldt gewinnt so Normen für die Beurteilung von Wissen (und damit Wissensaneignung, also unterrichtetes Lernen): „Der grösseste Mensch ist daher der, welcher den Begriff der Menschheit in der höchsten Stärke, und in der grossesten Ausdehnung darstellt; und einen Menschen beurtheilen heisst nichts andres, als fragen: welchen Inhalt er der Form der Menschheit zu geben gewusst hat? welchen Begriff man sich von der Menschheit überhaupt zu bilden hätte, wenn er das einzige Muster *wäre*, aus welchem man denselben abnehmen könnte?" (Humboldt 1980b, 515; Hervorheb. V.L.)

Die hypothetische Formulierung zeigt an, dass die regulative Idee der gedanklichen Überprüfung des zu Planenden oder Vorgefundenen dient, und nicht operationalisiert werden kann. Nur so werden Dogmatismus und Beliebigkeit vermieden. Der Mensch wird weder funktionalistisch reduziert, noch essentialistisch-teleologisch bestimmt. Vielmehr ist der Vorgang der gültigen Bestimmung seine Aufgabe. Diese Fragen können nun nicht allgemein, sondern nur in der Aneignung fachlichen Wissens diskutiert und beantwortet werden (ausf.: Rekus/Ladenthin 2008). Es gibt kein Bildungswissen an sich. Vielmehr ist Bildung die Art und Weise, wie jemand mit Erkenntnissen umgeht. Er bewertet diese Erkenntnisse, und zwar bewertet er sie unter der Maßgabe, ob es dem Menschen zukommen soll oder nicht.

Diese Aussagen Humboldts können in fünf Fragen zusammengefasst werden.[3] Es sind die Fragen nach

1. dem Interesse am Wissen;
2. der jedesmaligen Zugänglichkeit des Wissens;
3. möglichen Zwecken dieses Wissens;
4. dem sittlichen Handeln mit dem Wissen;
5. dem Gelingen des Lebens.

Anders formuliert:

1. *Was will ich wissen?*
2. *Was kann ich wissen und wie gelange ich an das Wissen?*
3. *Was kann ich (mit dem Wissen) tun?*
4. *Was soll ich tun?*
5. *Warum soll ich (sittlich) handeln?*

Alle fünf Fragen zusammen generieren einen sinnvollen, d.h. gebildeten Umgang mit den erworbenen Erkenntnissen.

---

3 Vgl. dazu Rekus/Mikhail 2013 die Stichworte: Prinzipien des Unterrichts; Anschaulichkeit; Selbsttätigkeit, Konzentration, Synthese.

Was will ich wissen? (Das Interesse am Wissen)

Sowohl didaktisch als auch methodisch erfordert jede sinnvolle Lehre (also jene, die zum Werten führt), diese initiativen Fragen. Wer handelt, will wissen wozu – und wer lernt (eine Form des Denkens und dem Aspekt von Führung), will wissen, wozu er lernt. Sicherlich weiß man erst am Ende, ob das, was man gelernt hat, sinnvoll war – aber dieses Ergebnis ist schon bei Lernbeginn *vorausgesetzt*. Niemand nimmt sich vor, etwas zu lernen, wenn er vorher weiß, dass das, was er lernt, sich nach dem Lernakt als sinnlos herausstellt. Lernen hat demnach *immer* eine Sinnhaftigkeitsimplikation, die durch die Person des Lehrenden verbürgt ist.

Wozu soll man etwas lernen – diese Frage stellt man sich selbst oder aber bekommt sie, von einem Lehrenden, gestellt. Als Schüler hat man das Vertrauen, dass der Lehrende diese Frage für den Lernenden bereits beantwortet hat. Dieses Vertrauen darf nicht enttäuscht werden.

Konstituens eines jeden Lehrer-Schüler-Verhältnisses ist also dieses Grundvertrauen, dass der Lehrer nur zu jenen Erkenntnissen führt, die er hypothetisch für den Schüler als bedeutsam ansieht, sodass eine Auseinandersetzung mit dem Inhalt als wertvoll angesehen werden kann. In diesem Sinne steht jeder *Lehrplan* unter dem *Anspruch*, eine Sammlung des Wertvollen zu sein. Ein Lehrplan ist Ausdruck des Wertungsgeschehens des Lehrers, oft im zivilgesellschaftlich vermittelten Auftrag der Gesellschaft.

Vor dem Lehren steht die Frage nach dem Wert des zu Lernenden. Dieser Wert kann sich auf die Vergangene (Traditionssicherung), die gegenwärtige (Anwendungsmöglichkeit) oder zukünftige Welt (Handlungsermöglichung) beziehen: Wir erlernen die uns umgebende Landessprache, weil in ihr die gesamte *Tradition* unseres Lebenskreises aufbewahrt ist. Wir lernen einen Stadtplan lesen, um mit der Klasse den Weg zum Sportplatz zu finden. Wir lernen Englisch, um Erkenntnisse und Lebensmodelle anderer Kulturen authentisch zur Kenntnis nehmen und prüfen zu können. Die Funktion des Lernens kann aber auch darin liegen, ein Hilfsmittel zu bekommen, um weiter lernen zu können. So kann man mit Grammatikkenntnissen unmittelbar häufig wenig anfangen; aber man braucht sie, um eine Sprache weiter lernen zu können. Lernen bezieht sich, wie aus den Beispielen ersichtlich, auf Kenntnisse, Fähigkeiten und Fertigkeiten.

Wertvoll (und lernrelevant) sind also Kenntnisse, Fähigkeiten und Fertigkeiten, die pragmatisch hilfreich, notwendig, nützlich oder sinnvoll für das humane Zusammenleben der Menschen sind. Dies sind zugleich die Kriterien für die Auswahl von Unterrichtsinhalten (und für die Erstellung von *Lehrplänen*).

Methodisch spiegelt sich dieses Interesse am Lernen in den Prinzipien der Frage (Rekus 1999a) oder des Problems (Ladenthin 1998) – die somit als Strukturprinzipien eines entdeckenden oder problemorientierten Unterrichts gelten können: Wenn etwas eine *Frage* oder ein *Problem* ist, ist bereits ein wertender Bezug zum Gegenstand eröffnet (Petzelt 1962).

Die Bestimmung des zu Lernenden, dem *Aufweis der erkenntnisleitenden Fragestellung*, kommt in einem werterziehenden Unterricht mehr zu als nur eine motivationale Bedeutung. Es geht nicht nur darum, nur eine unterrichtstechnisch bedeutsame Aufmerksamkeit zu wecken; vielmehr soll der Schüler lernen, dass es um ihn geht, um seine Welt, um Dinge, die ihm zustehen – um das, was ihm bedeutsam ist: „Wozu muss ich (dies und das) lernen?" Diese Frage ist Teil jedes Erkenntnisvorganges – lernpsychologisch betrachtet, sicherlich zu Beginn eines Lernprozesses anzutreffen.

Unterrichtstechnisch ist allerdings diese Frage auch hilfreich. Sie lautet aus der Perspektive des Lernenden: Was genau will ich wissen? Was ist die Frage, die in den nächsten 45 Minuten beantwortet werden wird, und deren Beantwortung ich prüfen und ggf. anerkennen soll?

Werterziehender Unterricht verhilft so dem planenden Lehrer zur Klarheit des Unterrichts: Man lehrt nicht „expressionistische Lyrik" oder „Die Stadt im Mittelalter", sondern legt genau fest, was zu lernen ist: „Wie ist zu verfahren, um zentrale Stilmittel expressionistischer Lyrik identifizieren zu können und warum sollten sie mich interessieren?" / „Wie müssen wir vorgehen, um erklären zu können, dass im Mittelalter Stadtluft angeblich ‚frei mache' – obwohl es keine Freizügigkeit gab und nicht jeder in der Stadt wohnen durfte? Und was bedeutet die Erkenntnis für das heutige soziale Leben?"

Was kann ich wissen und wie gelange ich an das Wissen?
Die Zugänglichkeit des Wissens

Humboldt hatte darauf hingewiesen, dass modernes Wissen immer wissenschaftsreguliert, wenn nicht sogar wissenschaftsgeneriert ist – dass also kein Lehrstoff wissenschaftlichen Aussagen widersprechen darf. Jede Wissenschaft hat eine eigene Fragestellung und spezifische Methoden, die zu dieser Fragestellung passen.

Die gegenstandsgenerierende Methode ist das Spezifikum des modernen Wissens (fachspezifisch vgl. Ladenthin 2016a; Wortmann 1999). Etwas gilt nur und gilt nur so lange als richtig, wie es auf methodischem Weg seine Gültigkeit erweisen kann; und zwar prinzipiell *jedem* erweisen kann, der sich dieser Methoden bedient. Insofern sind es die Methoden der Wissenschaften, die die Intersubjektivität des Erkennens gewährleisten.

Wissen in der Moderne kann nicht übernommen, sondern muss gedacht werden (können). Die fachmethodisch regulierte Selbsttätigkeit ist ein Prinzip modernen Erkennens – und damit Grundlage eines jeden Unterrichts. Wissen muss selbst gedacht werden, dann wird es verstanden und gelernt. Ja, in der Schule fallen Erkennen und Lernen zusammen: Lernen ist für Schüler ein Erkenntnisprozess – und Erkennen ist immer ein methodisches Denken. Da man immer nur selbst denken kann, muss *jede Lehre in Selbsttätigkeit übersetzt* werden: Der Lehrer fordert also Schüler auf, den Gegenstand selbst zu denken.

Alle *Unterricht*smethoden zielen auf diese Selbsttätigkeit. Unterrichtsmethoden müssen so gestaltet sein, dass der Schüler durch Erkennen lernt, sich also letztlich unter Anleitung selbst belehrt. Er muss die Sache unter Führung/Anleitung des Lehrers denken lernen.

Daher sind nur jene Verfahren als Unterrichtsmethoden geeignet, die den Schüler mit dieser Selbsttätigkeit sukzessive zur Selbstständigkeit führen. Lehre ist Aufforderung zur Selbsttätigkeit unter dem Aspekt von Führung.

Bisher befinden wir uns aber noch in einem zwar interessengesteuerten, aber noch nicht wertenden Unterricht. Zwar ist schon die Auswahl des Wissens ein Wertungsprozess – er wird durch den Geltungsanspruch des Lehrers und durch sein interessenloses Interesse am Wohl des Schülers (Rekus/Mikhail 2013) angestoßen und geleitet. Schließlich stehen die

Lehrpläne fest, *bevor* der Schüler den Klassenraum betritt. Allerdings müssen nun nachträglich Geltungsanspruch wie Interesse reflektiert werden[4].

Was kann ich (mit dem Wissen) tun?
Oder Möglichkeiten des Handelns mit diesem Wissen

Das zu lernende Wissen und Können wird in den Lehrplan geschrieben, weil es Bedeutung haben *soll* – für das Weiterlernen, für die Vergangenheit, die Gegenwart oder die Zukunft. Es hat also „Handlungsrelevanz" – in dem Sinn, dass man darüber nachdenken kann, was alles mit dem Wissen anzufangen wäre. Das Wissen bekommt einen außermoralischen Wert verliehen:

> Die Kenntnis der tradierten (also üblichen) Rechtschreibung ermöglicht die Aufarbeitung der Tradition, d.h. die Aus*wertung* bewährter Erfahrung, des bisher gesicherten (also *wertvollen*) Wissens und Kommunikation in der kulturellen Gemeinschaft.

Mit der Zinsrechnung kann man herausfinden, welche finanziellen Belastungen auf einen Menschen zukommen, wenn er einen Kredit aufnimmt; wie viele Kredite er aufnehmen und ablösen kann.

Mit dem Konjunktiv 1 kann man in vielen Sprachen im Bericht Distanz zu dem deutlich machen, was man berichtet, man kann den Unterschied zwischen Sachaussage und Bericht über Geäußertes machen.

Mit den Erkenntnissen über Salzsäure kann man heilende Stoffe herstellen aber auch Gefährdungen erkennen.

Mit den Erkenntnissen über den Stoffwechsel kann der Einzelne zwischen gesundem und ungesundem Essen unterscheiden.

Mit den Erkenntnissen über ökologische Zusammenhänge kommt die Möglichkeit zu, künftig bei Stadtplanungen, Neubauvierteln, Ferienzentren oder Umgehungsstraßen als partizipierender Bürger kundig mitzureden.

Im Sportunterricht trainiert man Verhaltensweisen, die nicht angeboren sind, verfeinert die Feinmotorik, stärkt aber auch die Kraft.

Musik verfeinert das Hörvermögen – sodass wir auch Sprache differenzierter wahrnehmen.

---

4   Dies hatte Wolfgang Klafki als die didaktische Aufgabe bezeichnet, den Bildungsinhalt auf seinen Bildungsgehalt zur prüfen.

Die bildende Kunst zeigt Blicke auf Natur und Kultur, die ohne Kunst nicht möglich wären.

Die Literatur zeigt einen Umgang mit Sprache, der jenseits einer einfachen Ja-/Nein-Kommunikation liegt: Ob man jemanden als Nachbar, Bekannten, Kumpel, Kamerad, Freund, Kollegen oder Geliebten bezeichnet – das regelt auch die Umgangsweisen mit diesen Menschen. Eine differenzierte Sprache ermöglicht differenziertes Handeln, Feinfühligkeit für die Stimmungen anderer Menschen. Empathie, lässt uns ahnen, wie man Menschen Leid zufügen kann, auch ohne es zu wollen.

Jedes Fach leistet so einen unverzichtbaren Beitrag zur Humanisierung der Welt und zur Kultivierung der eigenen Person. Alles Gelernte muss auf *mögliche* Handlungszwecke hin reflektiert werden: Was alles kann man mit den Erkenntnissen anfangen? Nicht im Sinne einer Verzweckung für eine vorab festgelegte Moral; sondern vielmehr in Sinne einer Erkenntnis des Propriums. Einige Grundüberlegungen zur Didaktik der Fächer mögen dies verdeutlichen:

> So dient der Deutschunterricht nicht der Moralisierung der Schüler durch geeignete oder gar suggestive Texte (Ladenthin 1989; in Bezug auf Kinderbücher: Ladenthin 2000), sondern der Reflexion der Bedeutung, die die Ästhetik der Sprache für das Gelingen des Lebens haben könnte (Ladenthin 1991).

So dient der Fremdsprachenunterricht nicht nur der Steigerung von Kommunikationsfähigkeit im ökonomischen, technischen oder sozialen Alltag, sondern erarbeitet eine Perspektive auf die Welt, die ohne die fremde Sprache nicht möglich wäre und so Wertungsprozesse herausfordert (Ißler 2019).

So erhält der Mathematikunterricht seinen Wert nicht allein dadurch, dass er einen Beitrag zur Bewältigung lebenspraktischer Berechnungsaufgaben leistet, sondern bei der Erkundung dessen hilft, was sich wie, warum, und wozu mathematisieren lässt, und was die Grenzen der Mathematisierbarkeit sind (Weiss/Kaenders 2018).

So dient der Geschichtsunterricht nicht zur Bildung weltanschaulich korrekter Urteile über die Leistungen oder Irrtümer der Vergangenheit, sondern der Entfaltung einer historischen Perspektive auf das Geschehen, deren Bedeutung erst noch und immer neu zu reflektieren ist (Geiss 2019).

So dient der Technikunterricht nicht allein der Herausbildung berufsverwendbarer Kenntnisse, Fertigkeiten und Fähigkeiten, sondern der Reflexion über Recht und Grenzen der Technisierung der Welt (Rekus 1990).

So dient der Pädagogikunterricht nicht der Einübung in antizipierte pädagogische Situationen, sondern der Reflexion darüber, welche Bedeutung eine wie zu gestaltende Pädagogik im gesellschaftlichen Ganzen hat (Beyer/Knöpfel/Storck 2002; Knöpfel/Püttmann 2016; Storck/Willemsen/Wortmann 2013).

So dient der Wirtschaftsunterricht nicht der Vermittlung gängiger Begrifflichkeiten und Modelle, sondern befähigt, die Bedeutung des Wirtschaftens für das Gelingen des Lebens zu reflektieren (Liening 2015).

So macht der Informatikunterricht durch Erlernen von Fertigkeiten den einzelnen nicht nur kompetent, das digitale Angebot der Gegenwart zu bedienen, sondern verhilft ihm dazu, sich des Angebots zu bedienen, dieses Angebot zu ordnen und sinnvoll zu nutzen und zu gestalten (Rekus 1988).

So dient der Kunstunterricht nicht der Steigerung von Teilleistungen im motorischen oder optischen Bereich, sondern der Eröffnung bedeutsamer, nicht verzweckter Perspektiven auf reale und mögliche Welten (Krautz 2015).

So ist der Religionsunterricht kein besonders intensives Mittel zur Moralisierung für christliche Werte, sondern die Reflexion darauf, was es für letzte Gründe geben könnte, sich wertend mit der Welt auseinanderzusetzen (Schilmöller 1990).

So dient der Sportunterricht nicht allein dem Erwerb von Fitness, sondern auch der Reflexion von Fairness (Reichmann).

Immer und in jedem Fach ist also zu fragen: Welchen Wert haben unsere Erkenntnisse für die Gestaltung einer menschenwürdigen Zukunft? Verlangt sind nicht Mitmachen oder Nachahmung, auch nicht Aneignung oder Übernahme: Verlangt ist Urteilskraft. (Krämer 2019); denn nur deswegen lernen wir das Erkennen.

Diese Reflexionen sind vermutlich vielen Lehrplänen immanent – aber in der Werterziehung macht der Lehrer sie explizit. Im wertorientierten Unterricht lernen Schüler, explizit nach der möglichen Bedeutung des zu Lernenden zu fragen. Gemeinsam mit dem Lehrer wird über den Wert des Erkannten reflektiert – und zwar im Hinblick auf eine humane Zukunft.

Aber inwiefern betrifft dies den einzelnen Schüler? Es fehlt also noch ein Schritt.

Was soll ich tun? Oder: Die Frage nach dem sittlichen Umgang mit dem Wissen

Die Frage nach den *möglichen* Optionen des Umgangs mit dem Gelernten ist die Frage nach dem, was man wissen muss, um die Welt gut, d.h. menschenwürdig zu gestalten. Aber diese Überlegungen lassen sich nicht einfach in Handlungen umsetzen: So kann man sicherlich aufzählen, was man alles bedenken muss, wenn man im Geographieunterricht nach dem Zweck und den Nebenfolgen von Staudämmen spricht. Aber welche Antwort gibt man als Lehrender, wenn gefragt wird: War der Bau nun richtig oder falsch?

Und zudem: Man kann nicht aus einer Wissenschaft lebensweltliches Handeln ableiten. Will man eine Tafel Schokolade gerecht teilen, so reicht es nicht, mathematische Kenntnisse über das Teilen in gleiche Teile erworben zu haben. Es ist nicht immer gerecht, eine Tafel Schokolade mit 8 Rippen unter 4 Interessenten gleich aufzuteilen: Was, wenn der eine Diabetiker ist, der zweite ein Säugling, der Dritte keine Schokolade mag und der vierte unterernährt? Besteht dann Gerechtigkeit in mathematisch berechneter Gleichheit? Und natürlich verschmutzen Autos unsere Umwelt, die uns wertvoll sein sollte – aber ist der Schutz des Lebens, etwa bei einem Unfall und dem anstehenden Transport im Krankenwagen, nicht auch ein Wert? (Zum Fachunterricht vgl. Rekus 1991, Beispiele: Rekus 1990 (Technik); Ladenthin (Pädagogikunterricht)) Wie also soll man *aktuell* handeln, wenn man die Umwelt schützen und zugleich Leben retten will?

An dieser Stelle müssen wir noch einmal auf Humboldt verweisen: Er hatte darauf aufmerksam gemacht, dass Bildung darin besteht, im Hinblick auf Handlungsherausforderungen abzuwägen (zu bewerten), welche Erkenntnis *wie stark* beachtet wird. Lebensweltliche Entscheidungen sind also immer fächerverbindend: Sie fragen nach dem spezifischen Beitrag vieler Fächer und wägen ihre Gewichtung beim Handeln ab.

Wenn etwa zur Stromversorgung eine Überlandleitung gelegt werden soll, so kann der Sinn dieser Handlung nicht allein physikalisch beantwortet werden, obwohl ohne Erkenntnisse der Physik gar keine Überlandleitung gelegt werden könnte. Es kommen ökonomische Aspekte hinzu: Rechnet sich die Leitung angesichts des widerstandsbedingten Stromverlusts? Es kommen aber auch anthropogeographische Überlegungen hinzu, etwa ob eine Stromtrasse auf Akzeptanz bei den betroffenen Bürgern stößt, durch deren Gärten künftig die Stromleitung verlaufen soll? Es stellt sich die Frage, ob Gemeinnutz immer über Eigennutz geht. So stellt sich die Frage aus politikkundlicher Perspektive, ob und wann ein Staat das Allgemeinwohl über Einzelinteressen stellen darf (juristisch) oder muss (ethisch). Der physikalische Sachverhalt provoziert also eine ethische Reflexion, wenn man ihn aufs Handeln bezieht.

Zur Beantwortung der eingangs gestellten Frage bedarf es der Erkenntnisse unterschiedlicher Wissenschaften und der Abwägung/Gewichtung der einzelnen fachspezifischen Sichtweisen. Fachunterricht wird in diesem Sinne immer „fachüberschreitend" (Rekus 1996 u. 1997).

Aber wonach gewichtet man? Denn alle Sichtweisen einzeln wollen ja der Humanität der Gesellschaft dienen. Die Antwort, die man sucht, muss sittlich zu vertreten sein – also die Würde der Menschen achten.

Die Würde des Menschen hat keinen Zweck – sie ist es, die uns ein Gefühl des Selbstwerts gewährt – ein *Selbstwertgefühl*. Sie ist das Motiv unseres Lebenswillens, unseres Wunsches, geachtet und anerkannt zu werden vor anderen (*Anerkennung*) und vor uns selbst (*Selbstachtung*). Die Würde ist nicht verhandelbar, weil sie keinen Wert hat, an dem sie sich messen lassen könnte.

All das menschliche Handeln muss also an der Würde des Menschen ausgerichtet sein – freilich lässt sich kein Handeln aus dieser Würde ableiten. Erst im Gang durch Erkenntnisse und Handlungsherausforderungen können wir prüfen, ob unsere geplanten Handlungen der Würde des Menschen dienen oder ob sie dies verletzten. Es ist das oberste Kriterium, das Humboldt ansetzte:

> „Die Würde des Menschen ist es also, die er aufzusuchen, und die Frage, die er zu beantworten hat, ist die: was ist dasjenige, wonach, als nach einem allgemeinen Maassstabe der Werth der Dinge für den Menschen, und der Werth der Menschen gegen einander bestimmt werden kann?" (Humboldt 1980b, 507)

Angesichts dieses Kriteriums müssen Kinder in jedem Alter auf spezifische Art lernen, mögliche Handlungsoptionen zu durchdenken: Wie gehe ich in meinem Leben mit der Erkenntnis um, dass ich Sachverhalte kenne, mit denen man Menschen schädigen oder helfen kann? Wie gehe ich mit der Erkenntnis um, dass ich andere Menschen durch kommunikative Strategien überzeugen, aber auch überreden kann? Wie gehe ich damit um, dass ich Leben erzeugen, aber auch verhindern kann?

Jede Umsetzung oder Anwendung von Erkenntnissen in Handlungen stellt also die Frage, ob durch die geplante Handlung die Menschenwürde geachtet oder verletzt wird.

Diese Reflexion kann nicht anwendungsbezogen erfolgen, weil die Schule, als Ort einer kollektiven Verpflichtung und der Verantwortung durch den Schulträger, freie Verantwortung nicht zulassen wird: Verantwortung kann man nur für sich selbst tragen; sie darf nicht im Kollektiv für alle abverlangt werden. Sie ist daher hypothetisch. (Rekus 1999b)

Gelingen des Lebens (Warum soll ich sittlich handeln?)

Es bleibt am Ende zu fragen, warum wir uns überhaupt diese Fragen stellen sollen. Aristoteles verwies zur Beantwortung dieser Frage auf ein in der Natur liegendes und vom Menschen auffindbares Telos, dem wir uns, wenn wir klug sind, fügen. Der Verfasser des Alten Testaments verwies auf den Auftrag eines als gut und gerecht vorausgesetzten Gottes, den die Menschen annehmen müssten. Beide Antworten mögen individuell möglich sein; sie sind aber intersubjektiv nicht durch Gründe verbindlich zu machen und als Grundlage von Wissenschaft zu nehmen. Gleichwohl müssen sie beantwortet werden, weil sie die logische Voraussetzung unseres Handelns beschreiben (Mikhail 2009).

Für die Schüler aller Altersstufen ist diese Frage präsent, sogar meist sehr naheliegend. Oft stellt sie sich als erste Frage. Jede Erkenntnis, die sie gewinnen, wirft nicht nur die Frage auf, was *wahr* ist, sondern zugleich und unabweislich auch die Frage nach dem *Sinn* der Wahrheitssuche. Jede Handlung, die sie mit der neuen Erkenntnis bedenken, stellt nicht nur die Frage nach der Würde des Menschen – sondern dazu auch nach dem Sinn, den es macht, die eigene Würde und die anderer Menschen gleichermaßen zu achten. Lernen misst sich (gerade für Schüler) eben nicht nur am *Erfolg* – sondern auch am *Sinn* des Erfolgs. *Erfolg* bemisst sich an empirischen Kriterien: an der Anzahl richtig gerechneter Aufgaben, an der Schulnote, später am sozialen Status, an der Macht, an der Popularität zum Beispiel. Das *Gelingen des Lebens* bemisst sich daran, ob man mit sich und seinen Erwartungen zufrieden sein soll. Ob aber das eigene Leben gelungen ist, kann man nur selbst beurteilen; da kann niemand ein Urteil für jemanden aussprechen, da hilft keine Statistik, keine Bilanz, kein Wahlergebnis, nicht die Größe der Freundesliste bei Facebook und keine Trefferquote bei Google. Jedes bildende Lernen setzt also voraus, dass man sich die Frage nach dem Sinn des zu Lernenden stellt. (Die PISA-Studien korrelieren gelegentlich den Grad der Lesekompetenz mit der Frage, ob Lesen für den jeweiligen Schüler bedeutsam sei. Das wenig überraschende Ergebnis: Mangelnde Lesefähigkeit korreliert mit mangelnder Einsicht in die Bedeutung des Lesens; vgl. Ladenthin 2003)

Aber wie und wann kann man beurteilen, ob das Leben gelungen und erfüllt ist? Nicht während man es erlebt – sondern nur, wenn man aufs Ganze des Lebens schaut – also wenn man auf das zurückschaut, was man erlebt hat. Seit der Antike ist die Unterscheidung zwischen *Erfolg* und *Sinn* handlungsleitend, insofern, als erst im Rückblick auf das Leben entschieden werden könne, ob es sinnvoll gelebt wurde: „Drum blicke man bei jedem, der da sterblich, auf den Tag,/ Der zuletzt erscheint, und preise selig keinen, eh er denn/ Durchdrungen bis zum Ziel des Lebens, nie von Leid berührt!" (Sophokles 1978, 70) Wer fragt, ob sein Leben gelungen ist, fragt so, *als ob* er es aus einer Zeit nach seinem Leben beurteilte. Dieses „Als-ob" muss gelernt werden. Es ist der Zweifel daran, dass zeitverhaftete Aussagen über die Qualität des Zeitlichen urteilen können. Es ist die Frage: Werde ich letztendlich sinnvoll gehandelt haben? Humboldt hatte ganz in diesem Sinne geschrieben: „dem Begriff der Menschheit in unsrer Person, sowohl während der Zeit unsres Lebens, als auch noch über dasselbe hinaus, durch die Spuren des lebendigen Wirkens, die wir zurücklassen, einen so grossen Inhalt, als möglich zu verschaffen" (Humboldt 1980a, 235).

Auf die Frage „Wozu lerne ich?" muss jeder Unterricht gefasst sein. Diese Frage ist naheliegend – und sie wird jeden Tag gestellt, etwa wenn die Schuldisziplin durchbrochen wird, wenn man nachmittags die Hausaufgaben aufschiebt. Wozu muss man um acht Uhr im Unterricht sein? Wozu muss man das lernen? Diese Fragen sind so drängend, dass Kinder Lernstörungen bekommen oder die Schullaufbahn ohne „Abschluss" (also ohne Sinnfindung) verlassen, wenn diese Fragen nicht angemessen beantwortet wurden.

Wer Kinder und Jugendliche bilden will, muss eine Antwort auf die Frage haben, *wozu* man sich bilden soll. Und wer als Antworten nur bereithält: damit du die Klausur schaffst, damit du einmal Geld verdienen kannst, verschweigt, dass diese Antwort keinem Menschen je genügt hat und keinem Menschen je genügen wird. Die verweigerte Antwort stürzt sowohl Kinder als auch Jugendliche in eine Sinn- und damit auch in eine Lernkrise.

Die Frage nach dem Sinn des Lernens kann nicht so einfach beantwortet werden, wie eine physikalische Problemstellung: Sie stellt sich je neu, in jedem Alter anders – und die Antwort kann man nur „reflektieren", also ausprobieren, hypothetisch erwägen. Lehrer können keine Antwort vorgeben, aber sie können anleiten, diese Frage wachzuhalten und bei dem Reflexionsversuch kundig zu beraten.

So ergeben sich folgende Leitfragen für die Gestaltung eines Unterrichts, der zur Werturteilsfähigkeit führt:

In Fragen formuliert.

1. *Wie muss ich den Unterricht gestalten, damit ich die aktuellen und weiterführenden Fragen der Schüler aufnehmen kann?*
2. *Wie muss ich den Unterricht gestalten, damit die Schüler lernen, selbst zu erkennen?*
3. *Wie muss ich den Unterricht gestalten, damit die Schüler zu reflektieren lernen, welche humanen Möglichkeiten das Erkannte hat?*
4. *Wie muss ich den Unterricht gestalten, damit die Schüler zu reflektieren lernen, welche sittlichen Dimensionen das Erkannte hat?*
5. *Wie muss ich den Unterricht gestalten, damit die Schüler lernen auf methodische Weise nach dem Sinn des Gelernten und Lernens zu fragen?*

Alle fünf Fragen zusammen generieren einen sinnvollen, d.h. gebildeten Umgang mit den erworbenen Erkenntnissen.

Literatur

Abeldt, S.: Das Problem Solidarität. Perspektiven der pädagogischen Ethik und der Kritischen Theorie. In: Zeitschrift für Pädagogik 43, H. 2, 1997, S. 219–238.

Aristoteles: Politik. Nach der Übers. v. F. Susemihl, hg. v. Nelly Tsouyopoulos u. Ernesto Grassi. München 1965.

Aristoteles: Die Nikomachische Ethik. Übers. u. hg. v. Olof Gigon. München 1975.

Beyer, K./Knöpfel, E./Storck, Chr.: Pädagogische Kompetenz: die Basiskompetenz im 21. Jahrhundert. Hohengehren 2002.

Birken-Bertsch, H.: Subreption und Dialektik bei Kant. Der Fehler der Erschleichung in der Philosophie des 18. Jahrhunderts. Bad Cannstatt 2006.

Böhm, W.: Wörterbuch der Pädagogik. Stuttgart 2005.

Bollenbeck, G.: Bildung und Kultur. Glanz und Elend eines deutschen Deutungsmusters. Frankfurt a.M. 1994.

Bundesvereinigung der Deutschen Arbeitgeberverbände/Abt. Bildungspolitik, Gesellschaftspolitik und Grundsatzfragen (Hg.): Bildungsauftrag Werteerziehung. Selbstständig denken, verantwortlich handeln. Berlin 2002.

Doleschal, U.: Das generische Maskulinum im Deutschen. Ein historischer Spaziergang durch die deutsche Grammatikschreibung von der Renaissance bis zur Postmoderne. In: Linguistik online 11, Nr. 2 (2002), S. 39–70.

Engels, F.: Die Entwicklung des Sozialismus von der Utopie zur Wissenschaft [1880]. In: Marx, K./ders.: Werke, Bd. 29. Berlin (Ost) 1973, S. 177–228.

Fees, K.: Werte und Bildung. Wertbildung im Pluralismus als Problem für Erziehung und Unterricht. Opladen 2000.

Frankena, W. K: Analytische Ethik. Eine Einführung. München 1972.

Frost, U. (Hg.): Das Ende der Gesprächskultur. Zur Bedeutung des Gesprächs für den Bildungsprozeß. Münster 1999.

Geiss, P.: War da was? – Historische Bildung im Output-Zeitalter. In: Stomporowski, S./Redecker, A./Kaenders, R. (Hg.): Bildung – noch immer ein wertvoller Begriff? Göttingen 2019, S.133–149.

Gruber, M.: Schulische Werteerziehung unter Pluralitätsbedingungen. Bestandsaufnahme und Empfehlungen auf der Basis einer Lehrerbefragung. Würzburg 2009.

Grunwald, G.: Werttheorie, pädagogische. In: Roloff, Ernst M. (Hg.): Lexikon der Pädagogik, Bd. 5. Freiburg i. Br. 1917, Sp. 797.

Habermas, J.: Was heißt Universalpragmatik? In: ders.: Vorstudien und Ergänzungen zur Theorie des kommunikativen Handelns. Frankfurt/M. 1984, S. 353–440.

Habermas, J.: Theorie des kommunikativen Handelns, 2 Bde. Frankfurt a. M. 1981.

Herbart, J. F.: Über Erziehung unter öffentlicher Mitwirkung [1810]. In: ders.: Kleine pädagogische Schriften, Bd. 2. Bes. v. A. Brückmann. Paderborn 1968., S. 56–64.

Herbart, J. F.: Über die ästhetische Darstellung der Welt als das Hauptgeschäft der Erziehung [1804]. In: Benner, D. (Hg.): Johann Friedrich Herbart: Systematische Pädagogik. Weinheim 1997, S. 47–56.

Humboldt, W. v.: Theorie der Bildung des Menschen. Bruchstück. In: Werke in fünf Bänden. Hg. v. A. Flitner u. K. Giel. Bd. I: Schriften zur Anthropologie und Geschichte. Darmstadt ³1980a, S. 234–240.

Humboldt, W. v.: Über den Geist der Menschheit. In: Werke in fünf Bänden. Hg. v. A. Flitner u. K. Giel. Bd. I. Schriften zur Anthropologie und Geschichte. Darmstadt 1980b, S. 506–518.

Ißler, R. A.: Zeit für Bildung in Zeiten der Effizienzlogik. Ein Gang zum Brunnen oder: Vom Wert kultureller und humaner Bildung für den Fremdsprachenunterricht. Stomporowski, S./Redecker, A./Kaenders, R. (Hg.): Bildung – noch immer ein wertvoller Begriff? Göttingen 2019, S. 177–198.

Kant, I.: Kritik der praktischen Vernunft [1781/1787]. In: Werke in zehn Bänden, Bd. 6. Hg. v. W. Weischedel. Darmstadt 1983, S. 105–302.

Kant, I.: Über Pädagogik [1803]. In: Werke in zehn Bänden, Bd. 10. Hg. v. W. Weischedel. Darmstadt 1983, S. 694–761.

Klaus, G./Buhr, M.: Philosophisches Wörterbuch. 2 Bde. Leipzig 1975.

König, E.: Art. Wert. In: Enzyklopädie Erziehungswissenschaft. Bd. I: Theorien und Grundbegriffe der Erziehung und Bildung. Hg. v. D. Lenzen und K. Mollenhauer. Stuttgart 1983, S. 588–593

Knöpfel, E./Püttmann, C. (Hg.): Bildungstheorie und Schulwirklichkeit. Arbeiten zur Theorie und Praxis pädagogischer Bildung im allgemein- und berufsbildenden Schulwesen. Baltmannsweiler 2016.

Krämer, H.: Bildung und Urteilskraft. Vom Mut zur Ungewissheit. In: Stomporowski, S./Redecker, A./Kaenders, R. (Hg.): Bildung – noch immer ein wertvoller Begriff? Göttingen 2019, S. 111–131.

Krautz, J.: Kunst um der Kunst Willen? Die OECD sucht den Nutzen der Kunstpädagogik – und findet ihn nicht. In: Krautz/Uhlig, B. (Hg.): Lernen. IMAGO. Zeitschrift für Kunstpädagogik 1 (2015), S. 80–83.

Ladenthin, V.: Erziehung durch Literatur? Die moralische Dimension des Deutschunterrichts. Essen 1989.

Ladenthin, V.: Moderne Literatur und Bildung. Hildesheim/New York 1991.

Ladenthin, V.: Problemorientierter Fachunterricht. In: Schulmagazin 5–10, H. 5 (1998), S. 53–56.

Ladenthin, V.: Kinder- und Jugendbücher. Poetik und Autorität. In: Kinder- und Jugendliteraturforschung 1999/2000. Hg. v. H.-H. Ewers, U. Nassen, K. Richter u. R. Steinlein. Stuttgart/Weimar 2000, S. 86–98.

Ladenthin, V.: PISA – Recht und Grenzen einer globalen empirischen Studie. Eine bildungstheoretische Betrachtung. In: Vierteljahrsschrift für wissenschaftliche Pädagogik 79, H. 3, (2003) S. 354–375.

Ladenthin, V.: Werterziehung im Pädagogikunterricht. In: Pädagogikunterricht 25, H. 4, (2005), S. 2–9

Ladenthin, V.: Bildung und Lüge. Reflexionen über eine kategoriale Unvereinbarkeit. In: Müller, J./Nissing, H.-G. (Hg.): Die Lüge. Ein Alltagsphänomen aus wissenschaftlicher Sicht. Darmstadt 2007, S. 103–128

Ladenthin, V.: Werterziehung im Geographieunterricht. In: Praxis Geographie 40, H. 5, (2010), S. 4–6

Ladenthin, V.: Wert Erziehung. Ein Konzept in sechs Perspektiven. Hg. v. A. Redecker. Baltmannsweiler 2013.

Ladenthin, V.: Die zwei Methoden des Pädagogikunterrichts. In: Püttmann, C./Schützenmeister, J. (Hg.): Methoden des Pädagogikunterrichts. Münster/New York 2016a, S. 23–53.

Ladenthin, V.: Zweifeln, nicht verzweifeln. Warum wir Religion brauchen. Würzburg 2016b.

Ladenthin, V.: Bildung. In: Püttmann, C. (Hg.): Bildung. Konzepte und Unterrichtsbeispiele zur Einführung in einen pädagogischen Grundbegriff. Baltmannsweiler 2019a, S. 9–52.

Ladenthin, V.: Demokratie und Bildung. In. Vierteljahrsschrift für wissenschaftliche Pädagogik, Jg. 95, H. 3, (2019b), S. 399–409.

Ladenthin, V./Schilmöller, R. (Hg.): Ethik als pädagogisches Projekt. Grundfragen schulischer Werterziehung. Opladen 1999.

Liening, Andreas: Ökonomische Bildung: Grundlagen und neue synergetische Ansätze. Wiesbaden 2015.

Lietz, H.: Lebenserinnerungen [1920]. Beckenstedt a. H. o. J.

Lietz, H.: Emlohstobba. Roman oder Wirklichkeit. Bilder aus der Vergangenheit, Gegenwart oder Zukunft? [1897]. In: ders.: Schulreform durch Neugründung. Ausgewählte pädagogische Schriften. Hg. v. R. Lassahn. Paderborn 1970, S. 4–31.Lorenz, Konrad: Der Kumpan in der Umwelt des Vogels [1935]. In: ders.: Über tierisches und menschliches Verhalten. Gesammelte Abhandlungen, Bd. I. München 1970, S. 115–282.

Mikhail, Th.: Bilden und Binden. Zur religiösen Grundstruktur pädagogischen Handelns. Frankfurt a. M. 2009.

Mikhail, Th.: Zur Legitimation von Maßgaben pädagogischen Handelns. Unterwegs zu einer transzendental-pragmatischen Pädagogik (TRAPP). In: Breinbauer, I./Krause, S. (Hg.): Im Raum der Gründe. Einsätze theoretischer Erziehungswissenschaft IV. Würzburg 2015a, S. 99–118.

Mikhail, Th.: Zum Praktisch-Werden der Ethik in der Schule. Aktuelle Bestrebungen und Möglichkeiten in der Lehramtsausbildung. In: Maring, M. (Hg.): Vom Praktisch-Werden der Ethik in interdisziplinärer Sicht. Ansätze und Beispiele der Institutionalisierung, Konkretisierung und Implementierung der Ethik. Karlsruhe 2015b, S. 365–382.

Mikhail, Th.: Über das Wesen pädagogischen Handelns. In: Rassegna di Pedagogia, H. 1–2 (2016a), S. 39–54.

Mikhail, Th.: Pädagogisch handeln. Theorie für die Praxis. Paderborn 2016b.

Mikhail, Th.: Verschollen und vermisst: Pädagogische Führung. In: Schirlbauer, A./Schopf, H./ Varelija, G. (Hg.): Zeitgemäße Pädagogik. Verlust und Wiedergewinnung der „einheimischen Begriffe". Wien 2018, S. 114–137

Neill, A. S.: Theorie und Praxis der antiautoritären Erziehung. Das Beispiel Summerhill [1960]. Reinbek 1969.

Nelson, L.: System der philosophischen Ethik und Pädagogik. Aus dem Nachlaß hg. v. G. Hermann u. M. Specht. Göttingen 1932.

Neuner, G.: Allgemeinbildung. Konzeption – Inhalt – Prozess. Berlin 1989.

Neuweg, G. H. Kritische Rationalität und „Werte-Erziehung". In: Zeitschrift für Pädagogik 43, H. 2, (1997), 199–218

Petersen, P.: Der Mensch in der Erziehungswirklichkeit. Mühlheim-Ruhr 1954.

Petzelt, A.: Von der Frage. Eine Untersuchung zum Begriff der Bildung. Freiburg i. Br. 1962.

Petzelt, Alfred: Grundzüge systematischer Pädagogik. Hg. v. Th. Mikhail u. J. Ruhloff. Freiburg i. Br. 2018.

Prange, K.: Rezension: „M. Stein: Allgemeine Pädagogik (2009)". In: Zeitschrift für Pädagogik 56, (2010). S. 449–451.

Regenbrecht, A./Pöppel, K. G. (Hg.): Moralische Erziehung im Fachunterricht, 2 Bde. Münster 1990.

Rekus, J.: Soziales Lernen – Vom Konflikt zur Sozialverpflichtung. Legitimationskritische und prinzipienwissenschaftliche Untersuchungen. Hildesheim/Zürich/New York 1985.

Rekus, J.: Der (un-)heimliche Lehrplan des Computers im Unterricht. Pädagogische Anmerkungen zum bildungspolitischen Konzept „informationstechnische Grundbildung". In: Die Deutsche Schule, H. 1, (1988), S. 104–118.

Rekus, J.: Technikunterricht und moralische Erziehung. Ein Beitrag zur Förderung der Werturteilsfähigkeit im Fachunterricht. In: Regenbrecht, A. /Pöppel, K. G (Hg.): Moralische Erziehung im Fachunterricht, H. 7.2. Münster 1990, S. 101–128.

Rekus, J. (Hg.): Schulfach und Ethik. Fachdidaktische Beiträge zur moralischen Erziehung im Fachunterricht. Hildesheim/Zürich/New York 1991.

Rekus, J.: Zur Einheit von fachlichen und fachüberschreitenden Bildungsaufgaben im Unterricht. In: Engagement – Zeitschrift für Erziehung und Schule, H. 3, (1996), S. 205–219.

Rekus, J.: Werturteils- und Normentscheidungsfähigkeit als fachüberschreitende Zielsetzung des Fachunterrichts. In: Beichel, J. J. (Hg.):

Lehramtsprüfungen 2000. Dokumentation des Fachsymposions zur Unterrichtsevaluation und Lehrerbeurteilung. Karlsruhe 1997.

Rekus, J.: Das Fragen im Prozeß der Bildung. Grundlegende Überlegungen und praktische Orientierungen. In: Bürklin, Th./von Wolzogen, Chr. (Hg.): Gegenwendiges Denken. Hildesheim/Zürich/New York 1999a, S. 157–166.

Rekus, J.: Schule als ethischer Handlungsraum? Möglichkeiten und Grenzen ethischer Erziehung in der Schule. In: Ladenthin, V./Schilmöller, R. (Hg.): Ethik als pädagogisches Projekt. Grundfragen schulischer Werterziehung. Opladen 1999b, S. 251–266.

Rekus, J.: Werterziehung. In: Keck, R. W./ Sandfuchs, U./Feige, B. (Hg.): Wörterbuch der Schulpädagogik. Bad Heilbrunn ²2004, S. 514–515.

Rekus, J.: Werterziehung in Schule und Familie. In: PÄD Forum, H. 2, (2009), S. 71–75.

Rekus, J.: Bildung und Werterziehung. In: Fuchs, Th./Jehle, M./Krause, S. (Hg.): Normativität und Normative (in) der Pädagogik. Würzburg 2013, S. 211–222.

Rekus, J./Ladenthin, V.: Werterziehung als Qualitätsdimension von Schule und Unterricht. Münster 2008.

Rekus, J./Mikhail, T.: Neues schulpädagogisches Wörterbuch. Weinheim/München 2013.

Renz-Polster, H.: Erziehung prägt Gesinnung. München 2019.

Schilmöller, R.: Religionsunterricht und moralische Erziehung: Sinnerfahrung im Glauben. In: Regenbrecht, A./Pöppel, K. G. (Hg.): Moralische Erziehung im Fachunterricht, H. 7.2. Münster 1990, S. 160–193.

Schischkin, A. F.: Grundlagen der marxistischen Ethik. Hg. v. R. Miller. Berlin 1964.

Schleiermacher, F. D. E.: Pädagogik-Vorlesung 1820/1821. Hg. v. Chr. Ehrhardt u. W. Virmond. Berlin/New York 2008.

Schmied-Kowarzik, W.: Ethik mit Berücksichtigung pädagogischer Probleme. Osterwieck a. H. 1932.

Schmoller, G. v.: Die Volkswirtschaft, die Volkswirtschaftslehre und ihre Methode. [1893]. Frankfurt a. M. 1949.

Schneider, P.: Rebellion und Wahn. Mein '68. Köln 2008.

Sophokles: König Ödipus. Kommentierte Ausgabe. Hg. u. übertr. v. W. Schadewaldt. Frankfurt a. M. [3]1978.

Speer, A./Jeschke, Th. (Hg.): Schüler und Meister. Miscellanea Mediaevalia Bd. 39. Berlin/Boston 2016.

Spranger, E.: Vorwort zur dritten Auflage. In: ders.: Kultur und Erziehung. Gesammelte pädagogische Aufsätze. Leipzig [3]1925, unpaginiert.

Spranger, E.: Die drei Motive der Schulreform [1921]. In: Flitner, W./ Kudritzki, G. (Hg.): Die deutsche Reformpädagogik. Bd. 2: Ausbau und Selbstkritik. Düsseldorf/München 1962, S. 9–22.

Standop, J.: Werteerziehung. Einführung in die wichtigsten Konzepte der Werteerziehung. Weinheim u.a. 2005.

Stein, M.: Wertetransmission als Aufgabe der Familie. In: Deutsches Rotes Kreuz e. V. u.a. (Hg.): Werte und Wertebildung in Familien, Bildungsinstitutionen, Kooperationen. Beiträge aus Theorie und Praxis. Berlin 2013, S. 11–24.

Storck, Chr./Willemsen, M./Wortmann, E. (Hg.): Perspektive Pädagogik. H. 5: Erziehung, Moral und Gesellschaft. Stuttgart 2013.

Verfassung der Deutschen Demokratischen Republik vom 6. April 1968 (in der Fassung vom 7. Oktober 1974). URL: http://www.documentarchiv.de/ddr/verfddr.html

Weber, M.: Gesammelte Aufsätze zur Wissenschaftslehre. Hg. v. J. Winckelmann. Tübingen 1973.

Weiss, Y./Kaenders, R.: Die Kompetenzfalle. In: Spektrum der Wissenschaft, H. 9, (2018), S. 80–85.

Wetter, G. A.: Sowjetideologie heute. Bd. 1: Dialektischer und historischer Materialismus. Frankfurt a. M. 1971.

Wildfeuer, A. G.: Art.: Wert. In: Kolmer, P./ders. (Hg.): Neues Handbuch philosophischer Grundbegriffe, Bd. 3. Freiburg i. Br. 2011, S. 2484–2504.

Wortmann, E.: Verantwortung und Methode im wissenschaftspropädeutischen Pädagogikunterricht. Dortmund 1999.

Thomas Mikhail

Positionen der Wert(e)erziehung

Positionen und Konzepte der Wert(e)erziehung[1] gibt es noch nicht allzu lange. Terminologisch erleben sie erst seit Mitte der 1970er Jahre in Zusammenhang mit der sog. Grundwertedebatte ihre Geburtsstunde[2]. Zuvor gebräuchlich waren Bezeichnungen wie moralische Erziehung oder Moralerziehung, auch sittliche Erziehung bzw. Sittlichkeitserziehung oder Charakterbildung.

Im Gegensatz zur Werterziehung sind Gedanken zur Moralerziehung so alt wie das schriftlich fixierte Nachdenken über Erziehung im Allgemeinen. So steht in einem der ältesten und wichtigsten Texte abendländischen Erziehungsdenkens die Frage im Fokus, ob die Tugend lehrbar sei. Gemeint ist Platons Dialog „Menon". Darin wird Platons Sokrates gleich zu Beginn von dem thessalischen Kommandanten Menon mit der Frage konfrontiert, „ob die Tugend gelehrt werden kann? oder ob nicht gelehrt, sondern geübt? oder ob weder angeübt noch angelernt, sondern von Natur sie den Menschen einwohnt oder auf irgend eine andere Art?" (Platon 1991, 70a). In der Folge entfalteten sich aus Anlass dieser Fragen drei Hauptströmungen, in denen sich das Erziehungsdenken über 2.000 Jahre lang positionell verortete. Diese Hauptströmungen strahlen auch bis heute in die Positionen und Konzepte der Werterziehung aus.

---

1   Die Ausdrücke der Werteerziehung und Werterziehung werden im Folgenden synonym verwendet, wenngleich unter der Voraussetzung, dass die jeweiligen Proponenten beider Modelle gute Gründe für die jeweils gewählte Bezeichnung haben.

2   Anders verhält es sich freilich mit dem Wertbegriff, der im ersten Drittel des 20. Jahrhunderts durch die ethische Wertphilosophie in der sog. Südwestdeutschen Schule des Neukantianismus eine Blütezeit erlebt und auch in der Erziehungsphilosophie aufgenommen wird. Explizit von einer Werterziehung war allerdings zu jener Zeit noch nicht die Rede. Vielmehr verwandte man den Begriff des Wertes zur Grundlegung der seiner Zeit aufkommenden „Kulturpädagogik" (vgl. den Beitrag von Wildfeuer in diesem Band sowie Hügli 2004).

Die Diskussion über Grundwerte setzte weltweit u.a. mit Ronald Ingleharts Feststellung eines Wertewandels in westlich-industrialisierten Staaten ein (Ingelhart 1977). Ingelhart konstatierte eine „stille Revolution", die sich, bedingt durch sozioökonomischen Fortschritt, im Umschlag von materialistischen hin zu sog. postmaterialistischen Werten wie dem Wunsch nach Selbstentfaltung und -verwirklichung, Autonomie und Unabhängigkeitsstreben manifestiere. Die Grundwertedebatte in Deutschland wurde in dieser Zeit zudem insbesondere durch die Terroranschläge der Roten Armee Fraktion befeuert. Das Auseinanderklaffen der Generationen hinsichtlich Norm- und Werthaltungen, wie es seit den Jugend- und Studentenunruhen 1968 offen zutage trat, veranlasste die Politik dazu, gemeinsam mit den etablierten Institutionen wie Kirchen, Parteien und Verbänden in einen öffentlichen Diskurs um die moralischen Richtlinien der Gesellschaft zu treten, die erst innerhalb dieser Auseinandersetzung als ‚Grundwerte‘ bezeichnet wurden. Ihren „erkennbaren Höhepunkt" erlebte dieser Streit 1976, der „in zahlreichen Publikationen seinen Niederschlag" fand (vgl. Leder 1979, 7).

Grundwerte werden dabei als „«eiserne Ration» an sittlicher Substanz unserer Gesellschaft" verstanden (Pöggeler 1980, 31) bzw. als „Fundament gemeinsamer inhaltlicher Wertüberzeugungen, das ein pluralistisches Gemeinwesen braucht, um der Anarchie entgehen und auf Dauer bestehen zu können" (Brezinka 1992,150). Im Unterschied oder genauer: in Abhebung zur moralischen oder sittlichen Erziehung sind Fragen der Werterziehung – in sozial- und wirkungsgeschichtlicher Betrachtung – Ergebnis einer politischen Auseinandersetzung um die Grundwerte der Gesellschaft. In das „pädagogische Umfeld" gelangte der Grundwertedisput, insofern man dort „die Weichenstellungen und die Schalthebel für den künftigen Gang der Republik vermutete" (Fees 2000, 91).

Historische Bedeutung im Zusammenhang von Grundwertedebatte und Erziehungsfragen kommt der Schrift „Mut zur Erziehung" (Bonner Forum 1978) zu. Dieser einem gleichnamigen Kongress in Bad Godesberg entstammende Band vertritt in neun Thesen eine explizit wertkonservative Haltung, die sich gegen die ‚Zersetzung‘ und ‚Aufweichung‘ verlässlicher und verbindlicher Wertüberzeugungen stellt – unterzeichnet u. a. von Hermann Lübbe, Robert Spaemann und Golo Mann. An diesem Band und insbesondere an den neun Thesen entfaltete sich ein publizistischer

Grabenkampf, der unmittelbar die Konzeptionierung von (v. a. schulischer) Werterziehung vorantrieb.

Freilich blieb die Grundwertdebatte ein recht kurzes historisches (bildungs-)politisches Ereignis. Es bleibt beschränkt auf die 1970er Jahre und verschwindet bereits in der ersten Hälfte der 1980er Jahre wieder aus dem öffentlichen Diskurs. Verschwunden ist dagegen nicht die Problematik der Wertunsicherheit und -verunsicherung, die sich als eine der markantesten Begleiterscheinungen aus der Pluralisierung und Säkularisierung westlicher Gesellschaften ergibt, wie sie bereits Inglehart soziologisch diagnostiziert hat. Es kann daher nicht verwundern, dass sich Positionen und Konzepte der Werterziehung nicht zusammen mit dem Grundwertedisput verabschiedet haben. Vielmehr erleben sie zu Beginn der 1990er Jahren und im weiteren Verlauf des Dezenniums geradezu einen (schul-)pädagogischen Höhepunkt (vgl. Werner 2002, 25 ff). Während sich allerdings die politische Einbettung anfangs auch in der positionellen Verortung der Proponenten sowie in der konkreten Konzeptionierung bemerkbar machte, erfolgt in dieser Zeit eine Hinwendung zu einem ‚Mehr an Wissenschaftlichkeit‘ und das bedeutet: zu mehr argumentativer, auf Rationalität und Plausibilität gründender Denkarbeit. Prägend für diesen Wandel war u. a. die zu Beginn der 1980er Jahre verstärkt einsetzende Rezeption von Lawrence Kohlbergs Theorie der Moralentwicklung in Deutschland. Kohlbergs Position und weitere an ihn anlehnende Konzepte bilden bis heute eine der einflussreichsten Positionen der Werterziehung.

Kohlberg war es auch, der gemeinsam mit Rochelle Mayer in dem wegweisenden Aufsatz „Development as the Aim of Education“ von 1972 eine Systematisierung erziehungstheoretischer Positionen vornahm (Kohlberg/Mayer 1972). Diese wird in aktuellen Publikationen – wissentlich oder unwissentlich – auch zur Differenzierung von Werterziehungspositionen herangezogen (vgl. z. B. Hackl 2011; Standop 2016, 87 ff). Kohlberg und Mayer unterscheiden drei Strömungen innerhalb der Erziehungstheorie, die sie vornehmlich angesichts je unterschiedlicher Zielperspektiven differenzieren. Die drei Strömungen bzw. Positionen werden als a) ‚Romantizismus‘, b) ‚Kulturtradierung‘ (bzw. Traditionalismus)[3] und c)

---

3   Der Terminologie Hackls und Standops folgend, kann man diese Position auch ‚Technologismus‘ nennen.

‚Progressivismus' bezeichnet. Genau betrachtet, spiegeln sich darin jene drei Positionen, die Platon durch Aufwerfen der Fragen im Menon-Dialog unterscheidet. Der Unterschied besteht lediglich darin, dass Platons Fragen auf das Erziehungsverfahren gerichtet sind, mittels derer die bei Kohlberg und Mayer herangezogenen Zieldimensionen erreicht werden sollen bzw. können.

Auch Fritz Oser und Wolfgang Althof nehmen die trichotome Systematisierung Kohlbergs und Mayers in ihrem umfangreichen Lehrbuch zu „Modellen der Entwicklung und Erziehung im Wertebereich" auf. Darin nehmen sie bei der Systematisierung neben der Ziel- und Verfahrensfrage ebenso das mit der jeweiligen Position verknüpfte Menschenbild in den Blick, um so die Differenzen der Positionen herauszustellen.

Überblickt man die Systematisierungsversuche der (Wert- und Moral-) Erziehungspositionen, dann lassen sich also drei Vergleichsdimensionen herausstellen: zum einen das der jeweiligen Position zugrunde liegende Menschenbild; zum anderen die der Position inhärente Zielperspektive sowie drittens das Verfahren, wie (Wert-)Erziehung praktisch umgesetzt wird bzw. werden soll. Im Folgenden werden die drei von Kohlberg und Mayer differenzierten Strömungen bzw. Positionen der Werterziehung (Romantizismus, Technologismus, Progressivismus) in diesen drei Hinsichten (anthropologische, teleologische und methodische Dimension) dargestellt und gleichsam gegenübergestellt. Jede Darstellung wird mit einer kritischen bzw. problematisierenden Würdigung der jeweiligen Position beschlossen.

Romantische Position

Anthropologische Dimension

Der Romantizismus geht davon aus, dass der Mensch seinem ‚Wesen' nach gut sei. Der Mensch bringe in seinem Inneren die Anlage zum Gutsein qua seines Menschseins bereits mit. Grundlegend dabei ist die Differenz vom Innen und Außen des Menschen. Denn während von der inneren Anlage des Gutseins ausgegangen wird, wird im Außen das Schlechte und Böse, zumindest deren Gefährdung verortet.

Als Patron bzw. Pate dieses Menschenbildes kann Jean-Jacques Rousseau betrachtet werden. Einleitend in seinen „Émile" schreibt er, alles sei gut, wie es aus den Händen des Schöpfers komme, während alles unter Menschenhand entarte. Wörtlich genommen, verbirgt sich dahinter die Annahme, dass der Mensch bei seiner Geburt, also gerade aus des Schöpfers Hand entlassen, gut sei. Erst das Leben und damit der Kontakt mit der äußeren Umwelt, mithin der Gesellschaft lassen ihn aus seiner ursprünglichen Art geraten.

In reformpädagogischen Ansätzen insbesondere zu Beginn des 20. Jahrhunderts ist diese anthropologische Prämisse aufgegriffen und teilweise religiös ausbuchstabiert worden. So betrachtet bspw. Maria Montessori das Kind als den „ewigen Messias", „der immer wieder unter die gefallene Menschheit zurückkehrt, um sie ins Himmelreich zu führen" (2010, 154). Die reformpädagogische(n) Position(en) zusammenfassend bestimmt Andreas Flitner das Kind „als die herrliche Möglichkeit eines immer neuen Anfangs, als Inbegriff der unverdorbenen, vorzivilisatorischen Menschheit" (Flitner 2001, 31). Insbesondere das Kind, weil es noch nicht oder zumindest noch nicht so lange und häufig dem verdorbenen Außen ausgesetzt war, gilt der Zuspruch des Gutseins.

Mit dem natürlichen und wesenhaften Gutsein geht gleichsam – ebenfalls in Anlehnung an Rousseau – die Annahme des prinzipiellen Freiseins des Menschen einher. Vom Wesen her ‚gut sein' und ‚frei sein' sind bei der romantischen Position zwei komplementäre menschliche Wesenseigenschaften. Als absolut freies Wesen handelt der Mensch gemäß seiner natürlichen Anlage gut; und wenn er gut handelt, drückt sich darin seine natürliche Freiheit als Mensch aus. In ihrer Komplementarität begründen das prinzipielle Gut- und das absolute Freisein des Menschen dessen Einzigartigkeit und Individualität. Jeder Mensch ist nach Auffassung der romantischen Position eine einzigartige Person und damit immer schon eine individuelle Persönlichkeit, der sich Werterziehung zuzuwenden habe.

Teleologische Dimension

Das Ziel der romantischen Position liegt entsprechend ihrem zugrunde liegenden Menschenbild im Menschen selbst begründet. Der Mensch ist von Natur aus gut und frei, und er soll auch gut und frei werden bzw. vielmehr bleiben. Was gut und wertvoll ist, muss nicht von außen an den Menschen herangetragen werden. Er findet es in seinem Inneren. „Die Wertfrage wird ins Individuum verlagert" (Oser/Althf 1994, 92). In radikalisierter Perspektive bedeutet dies, dass jegliche äußere bzw. von außen herangetragene Zielsetzung die Gefahr einer Entartung im buchstäblichen Sinne mit sich bringt. Ziel ist somit die Entfaltung der natürlichen ‚guten' Anlagen, die der Mensch als solcher immer schon in sich trägt. Oder anders formuliert: Der Mensch soll werden, was er ist, nämlich gut und frei.

Die teleologische Dimension dieser Werterziehungsposition ist, streng genommen, lediglich ‚konservativ' im buchstäblichen Sinne. Die dem Menschen von Geburt an innewohnende Güte und Freiheit soll bewahrt werden. Seine Einzigartigkeit, seine Individualität und Persönlichkeit sollen ‚bewahrt' bzw. erhalten und nicht durch äußerliche Zielsetzungen überformt werden. So schreibt bspw. Alexander Sutherland Neill, ein prominenter Vertreter der romantischen Position: „Eine der Gefahren für ein autonomes Kind ist das übergroße Interesse der Erwachsenen an ihm, durch das es zu sehr zum Mittelpunkt wird. Wahrscheinlich würde in einer Gemeinschaft von frei über sich verfügenden Kindern kein Kind hervorstechen. Niemand würde ermutigt, sich aufzuspielen. Und es gäbe auch nicht jene Eifersucht, die andere Kinder zeigen, wenn sie sich einem Kind gegenübersehen, das von ihren Hemmungen frei ist" (Neill 1985, 114). Dies sei eine notwendige Einsicht, wenn man „die menschliche Natur für gut hält" (ebd., 113). Die Ziele der Werterziehung, so die Annahme, sind bereits im Heranwachsenden angelegt und brauchen bzw. vielmehr dürfen gar nicht von außen induziert werden.

Angeborene Güte und Freiheit, die die Einzigartigkeit jedes Menschen begründen, führen auch zu einer spezifischen Auffassung des Wertbegriffs. Werte können aus romantischer Perspektive nicht nach objektiven und rationalen Kriterien und Maßstäben, weder gesellschaftlich-konsensuell und erst recht nicht global-universell, bestimmt werden. Sie sind „nur von der Person individuell" als wertvoll bestimmbar (Oser/Althof 1994, 91). Weil das Ziel ausschließlich im Menschen selbst als Anlage verortet ist, weil ausnahmslos jeder Mensch absolut frei und einzigartig ist, ist kein moralischer Metastandpunkt denkbar, der dem Einzelnen vorschreiben könnte, was für ihn wertvoll und was wertlos sei. Dies verweist darauf, dass weder die Gesellschaft noch der Staat, weder Ökonomie noch Kirchen, weder intellektuelle Eliten noch Eltern den Heranwachsenden vorschreiben dürften, was Wert hat oder wertvoll ist. Sie dürfen es nicht, weil sie es nicht (argumentativ) können, ohne den Heranwachsenden durch Machteinwirkung in seiner angeborenen Freiheit zu beschneiden und ihn so zu ‚entarten'.

Werte sind nach romantischer Auffassung Ausdruck subjektiver Güte und Freiheit; sie sind das, worin sich die Einzigartigkeit der Person in moralischer Hinsicht als freiheitliche bzw. freiwillige Handlung zeigt. Für die Werterziehung sind sie damit nicht irrelevant, aber zumindest teleologisch das, was es zu erreichen gilt, weil Werte immer schon im Menschen als subjektive Dispositionen angelegt sind.

Methodische Dimension

Wenn das Ziel der romantischen Position bereits als ‚bewahrend' ausgewiesen wurde, dann gilt dies nicht minder für das Verfahren einer romantischen Werterziehung. Um nochmals Rousseau aufzunehmen, könnte man den methodischen Aspekt der romantischen Position als „negative Erziehung" bezeichnen. Weil von der angeborenen Güte und Freiheit des Menschen ausgegangen wird, die zielperspektivisch bewahrt werden und nicht durch äußere Zielsetzungen ergänzt oder gar ersetzt werden soll, besteht das Verfahren lediglich in der Ermöglichung des natürlichen ‚Wachsenlassens' und ‚Entfaltens' der wesenseigenen Anlagen. Negativ ist Werterziehung insofern, als äußere Störungen dieser ‚Entwicklung' vermieden oder beseitigt, jedoch nichts hinzugesetzt werden muss (‚positiv' von *ponere* – setzen, stellen, legen). Es geht bei einer ‚negativen Erziehung' also nicht um eine – wie es der Alltagssprachgebrauch nahelegt – ‚schlechte' oder ‚minderwertige' Erziehung, sondern um eine solche, die nichts von außen hinzufügt, sondern nur fern- bzw. abhält.

Der Modus einer romantischen Werterziehung ist, ebenso wie das anthropologische und teleologische Prinzip, die Freiheit bzw. nun ‚negativ' formuliert: das Freiseinlassen. Noch einmal kann ein Zitat Neills dies veranschaulichen: „Leben nach eigenen Gesetzen, das ist das Recht des Kleinkindes auf freie Entfaltung, ohne äußere Autorität in seelischen und körperlichen Dingen. Das Kind bekommt zu essen, wenn es hungrig ist, es wird selber sauber und nur, weil es dies wünscht, es wird weder angebrüllt noch geschlagen, sondern immer geliebt und beschützt" (1986, 115). Dem Erziehenden obliegt die Aufgabe, die natürlichen und für gut unterstellten subjektiven Bedürfnissen der Heranwachsenden zu befriedigen. Da das Kind ‚weiß', was gut (für es) ist, muss dies nicht von außen erklärt, durch Belohnung oder Bestrafung ‚eingeflößt' werden.

Erziehung nach romantischer Auffassung ist bemüht, Heranwachsende freiheitlich und ungestört aufwachsen zu lassen. Jeder autoritäre Eingriff in das freiheitliche Handeln der Kinder und Jugendlichen muss als Gefährdung, gar als illegitimer Machteingriff gewertet werden. Weil Erwachsene, die gesellschaftlich sozialisiert wurden, Repräsentanten eines gesellschaftlichen Außen sind, sind ihnen positive Interventionen jeder Art untersagt. Wie ein Gärtner, der seine Pflanzen nur wachsen lassen kann, ihnen nur ein Umfeld bietet, um das natürliche Wachstum zu befördern, so ist Aufgabe der Erziehung, das natürliche Wachstum der Heranwachsenden durch Abhalten störender Einflüsse zu ermöglichen. Der ebenfalls biologische Terminus der ‚Entwicklung' hat für die romantische Erziehungsposition in diesem Kontext seinen systematischen Ort. Die ungestörte Entwicklung ist der Weg, der erzieherisch ermöglicht werden muss. Dabei setzt die ‚Entwicklung' voraus, dass sich das, was sich entwickeln kann, bereits aufgewickelt bzw. im Sich-entwickeln-Könnenden angelegt war. Genau diese Denkvoraussetzung nimmt die romantische Position auch mit der anthropologischen Prämisse der angeborenen Güte und Freiheit vor.

Wenn in positiver, hinzufügender Hinsicht der Werterziehung überhaupt eine Aufgabe gestellt ist, dann ist es die Unterstützung, sich der angeborenen Güte und Freiheit bewusst zu werden, d. h. von der wesenseigenen Freiheit ‚artgerechten' Gebrauch zu machen. Ein weltweit bekanntes Beispiel und in den USA bis heute verbreitetes Verfahrensmodell ist die „Values Clarification", konzipiert von Louis Raths, Merrill Harmin und Sidney B. Simon (vgl. 1976). Die Nestoren gehen davon aus, dass eines der größten gesellschaftlichen Probleme heute „die Verwirrung im Bereich der Werte" sei (ebd., 22). Vor diesem Hintergrund soll das Konzept der „Values Clarification" insbesondere Heranwachsenden, aber auch Erwachsenen bei der Klärung dessen helfen, was sie „eigentlich wertschätzen", nach welchen individuellen Richtlinien und Maßstäben sowie auf welche Ziele hin sie ihr Leben gestalten wollen. Entsprechend der teleologischen Annahme, Werte seien nur subjektiv bestimmbar, unterstützt dieser Ansatz ‚lediglich' die Klärung der inneren Dispositionen und hilft, diese zu Bewusstsein zu bringen. Das für die praktische Anwendung in kleinschrittige Phasen aufbereitete Konzept wird von den Autoren explizit gegen jegliche Form schulmeisterlicher, moralisch überlegener oder indoktrinierender Ansätze abgegrenzt. Paradigmatisch für die romantische Position bietet die „Values Clarification" einzig Unterstützung bei der subjektiven Klärung eigener Präferenzen und Wertungen, ohne dabei fremde Werthaltungen oder Normvorschriften an die Heranwachsenden heranzutragen.

Kritische Würdigung

Die Etikettierung dieser Position als „romantisch" – die ja ursprünglich von Kohlberg und Mayer vorgenommen wurde – kann nicht über die (rational) überzeugenden Aspekte hinwegtäuschen, die damit verbunden sind. Rousseaus anthropologische Prämisse, dass der Mensch ‚gut' zur Welt komme und erst durch gesellschaftliche Einflüsse verderbt werde, wird im „Émile" mehrfach gedankenexperimentell verifiziert. Um nur ein Beispiel zu nennen: Rousseau thematisiert im zweiten Buch erste Möglichkeiten, das Kind moralische Begriffe zu lehren. In diesem Kontext wirft er die Frage auf, „welchen Begriff es von der Verbindlichkeit übernommener Verpflichtungen und ihrem Nutzen bei diesem [belehrenden] Vorgehen gewinnt?" (Rousseau 1993, 81). In der Folge beschreibt er, dass Kinder bspw. nicht ‚von Natur aus' lügen würden. Vielmehr sei das „Laster der Lüge" wie alle moralischen Laster in der Kindheit erworben bzw. erlernt worden. Mit von außen gesetzten Ge- und Verboten, so Rousseau, würden Betrug und Lüge ihren Anfang nehmen. Wer Gebotenes unterlässt oder sich über Verbote hinwegsetzt, wird sanktioniert – dies lernen Kinder bereits sehr früh. Die Sanktion wird als unangenehm bzw. als wertlos empfunden (mit ihr auch die Ge- und Verbote, sofern sie die natürliche Freiheit einschränken). Als Folge davon werden Kinder alles daransetzen, die Strafe zu umgehen. Beim Unterlassen des Gebotenen und Übertreten des Verbotenen komme es zukünftig darauf an – das ist der Lernertrag –, ungestraft davon zu kommen. „Sobald man tun kann, was man nicht darf, will man verbergen, was man nicht tun dürfe. Sobald wir uns Vorteile versprechen, wird man um eines größeren Vorteiles willen Versprechen brechen. Es kommt nur mehr darauf an, es ungestraft zu brechen. Der Ausweg ist natürlich: man verstellt sich und lügt". Und Rousseau schlussfolgert, „die Pflicht zu gehorchen erzeugt die Notwendigkeit zu lügen" (ebd., 81 f) und stellt die skeptische Frage: „Warum soll also euer Kind lügen, wenn es frei und natürlich erzogen ist?"

Rousseaus Beispiel macht darauf aufmerksam, dass gegen die anthropologisch vermeintlich naive Prämisse der natürlichen Güte nicht leichtfertig mit dem Verweis auf faktisch auftretendes unmoralisches Handeln von Kindern argumentiert werden kann. Dass bereits Kinder lügen, dass sie sich schlagen, randalieren usw., ist kein empirischer Beleg für die Unhaltbarkeit der romantischen Auffassung; zumindest nicht, sofern und solange nicht auch empirisch ausgeschlossen werden kann, dass diese unmoralischen Handlungen nicht Resultat vorangegangener Ge- und Verbotssetzungen sind, mithin ‚erlernt' wurden. Dieses Menschenbild ist sicherlich nicht weniger ‚schwärmerisch' und ‚verklärend' als die Vorstellung, man könne aus einem Heranwachsenden machen, was man wolle.

Ebenfalls plausibel erscheint an der romantischen Position die Betonung der Subjekthaftigkeit der Wertsetzung, mithin der Moral. Seit Rousseau, aber insbesondere in der Zeit nach Kants praktischer Philosophie scheint es kaum haltbar, Moral jenseits der Subjektivität zu denken. Ethische Überlegungen, sie mögen noch so konsistent und stichhaltig sein, sind praktisch wertlos, wenn sie nicht ausnahmslos von jedem Einzelnen im Handeln verbindlich gemacht werden. Jeder Einzelne muss sich vor die Aufgabe gestellt sehen, Wertsetzungen vorzunehmen und diese im Handeln verbindlich zu präsentieren. Die romantische Position macht darauf aufmerksam, dass Werte wertvoll für jeden Einzelnen sein müssen, weil sie sonst Gefahr laufen, wertlos zu werden. Wenn das Ziel aller Werterziehungspositionen in unmittelbarem Zusammenhang mit Moral, mit einer moralischen Haltung und Werteauffassung steht, dann kann nicht einfach über diesen in der romantischen Position zentralen Aspekt hinweggegangen werden.

Vor diesem Hintergrund der radikalen Subjekthaftigkeit aller werterzieherischen Reflexion sieht sich die romantische Position allerdings auch einer tiefgreifenden, zunächst theoretisch relevanten Problematik ausgesetzt. Diese Problematik besteht in einer divergenten Sicht auf den Menschen und, damit verbunden, auf Werte. Einerseits wird die Einzigartigkeit der Person betont, was die Unmöglichkeit objektiver und rationaler Wertmaßstäbe und -richtlinien zur Folge hat. Was gut bzw. wertvoll ist, kann nicht objektiv ausgesagt werden, sondern ist nur aus individueller Sicht bestimmbar. Andererseits wird mit der Einzigartigkeit und Freiheit jedes

Menschen davon ausgegangen, dass jeder von Natur aus gut sei bzw. wisse, was wertvoll ist.

Implizit, quasi unausgesprochen, steckt allerdings in der anthropologischen Prämisse der natürlichen Güte bereits eine objektive Bestimmung dessen, was gut ist. Dies wird aber in teleologischer Hinsicht gerade negiert. Der Mensch und mit ihm seine individuellen Werte sind aus romantischer Perspektive immer schon – unausgesprochen – durch eine objektive Maßgabe überformt. Dies ermöglicht in methodischer Hinsicht erst, dass die Freiheit als Modus dienen kann, also dass eine ‚freiheitliche' Entwicklung – die angesichts der Diskrepanz gar nicht mehr ‚wirklich' freiheitlich ist – ermöglicht wird. Streng genommen, ist es ausgehend von der Einzigartigkeit und radikalen Subjektivität des Individuums gar nicht möglich, den Menschen dann zugleich auch als ‚gut' vorzustellen, ohne nicht schon objektiv bestimmt zu haben, was ‚gut' ist und was nicht.

In praktischer Hinsicht führt dies zu dem Umstand, dass tatsächlich alles, ausnahmslos jede Äußerung und Handlung eines Heranwachsenden grundsätzlich nicht beurteilbar würde. Sie wäre letztlich weder gut noch schlecht, sondern sie wäre allein das, was sie ist, nämlich eine Äußerung oder Handlung. Weder Lob noch Tadel wären legitim, weil diese ja nur möglich wären, wenn sie an einem äußeren Maßstab des Erwünschten und Unerwünschten ausgerichtet wären. Aber Äußeres ist nach romantischer Auffassung ohnehin schlecht bzw. nicht artgerecht. Erziehenden bliebe so allein die Aufgabe gestellt, die freie und freiheitliche Entfaltung bzw. Entwicklung der Jugendlichen vor jeglichen äußeren Einflüssen zu schützen. Konsequenterweise wäre nicht einmal die Unterstützung einer Wertklärung legitim, weil ja bereits jede Frage nach den individuellen Präferenzen und Werten bereits einen objektiven Maßstab unterstellt und jede Frage, was der Heranwachsende für wertvoll erachtet, eine äußere Intervention in seine freiheitliche Entwicklung darstellen würde. Man müsste lediglich dafür Sorge tragen, dass man das individuelle Aufwachsen so gegen jede äußere Einflussnahme abschirmt. Rousseau konnte eine solche störungsfreie (Lern-)Umwelt in seinem Gedankenexperiment des „Émile" skizzieren. Praktikabel erscheint dies angesichts gegenwärtiger gesellschaftlicher Bedingtheiten aber kaum.

Technologische Position

Anthropologische Dimension

Die technologische Position geht von einer weitgehend biologistischen Vorstellung des Menschen aus. In älterer Terminologie war metaphorisch von einer leeren Tafel (‚tabula rasa‘) die Rede, die durch Umwelt- und Umfeldeinflüsse beschrieben werden könne. In jüngerer Vergangenheit fokussiert man verstärkt das menschliche Gehirn, dem man beim Erziehen und Unterrichten gerecht werden solle. Im Gegensatz zur Subjektzentrierung der romantischen Position geht der technologische Ansatz verstärkt von der ‚Objekthaftigkeit‘ des Menschen, oder unverfänglicher formuliert: vom Menschen als Naturwesen aus.

Erste Ansätze findet diese anthropologische Vorstellung bereits in der Antike, namentlich bei Aristoteles. Weitaus stärker als sein Lehrer Platon verortet er den Menschen im Naturreich. Pädagogisch-anthropologisch herausragend ist aber vor allem John Locke. In einer längeren Passage heißt es einleitend in seine „Gedanken über Erziehung": „Die kleinen und nahezu unmerklichen Eindrücke auf unsere zarte Kindheit haben sehr bedeutende und dauernde Folgen: es ist wie mit den Quellen mancher Flüsse, wo ein behutsames Anlegen der Hand die lenksamen Wasser in Kanäle leitet, die ihnen einen ganz anders gerichteten Lauf geben; durch diese Leitung, die ihnen gleich zu Anfang an der Quelle gegeben wird, streben sie in verschiedene Richtungen und gelangen endlich zu sehr entfernten und auseinanderliegenden Orten". Dann konstatiert Locke: „Ich stelle mir vor, daß der kindliche Geist wie das Wasser ebenso leicht in diese oder jene Richtung gelenkt werden kann" (1962, 8). Der Mensch ist aus dieser Perspektive zunächst ein amoralisches, gleichwohl lenk- bzw. formbares Wesen. Er kann erst moralisch (wie aber auch unmoralisch) werden, indem moralisch ‚richtig‘ Hand an ihn gelegt wird.

Durch die Aufnahme behavioristischer Lerntheorien gewann dieses Menschenbild im 20. Jahrhundert noch größeren Einfluss auf erziehungstheoretische Kontexte. Der Behaviorismus ging radikal von der Formbarkeit des Menschen aus. So versprach bspw. John B. Watson, man müsse ihm bloß ein Dutzend gesunder Kinder überantworten und er werde jedes von ihnen, ungeachtet seiner Begabungen und Anlagen, dahin bringen, ein Spezialist jeglicher Art zu werden (vgl. Watson 1968, 123). Ebenso wie andere Naturobjekte wie Pflanzen oder Tiere weder als gut noch als böse vorgestellt werden, so geht die technologische Position davon aus, dass man das eine wie das andere im Menschen erst ‚herstellen' bzw. ‚bewirken' müsse, bzw. vielmehr erst bewirken könne. Charakteristisch für dieses Menschenbild ist demnach vornehmlich die Differenz von Passivität und Aktivität. Heranwachsende werden vornehmlich als ‚Produkte' der Erziehung passivisch vorgestellt, die durch diese und jene aktive ‚Behandlung' geformt werden.

Einer der bekanntesten Vertreter der technologischen Erziehungsposition im letzten Drittel des 20. Jahrhunderts im deutschen Sprachraum ist Wolfgang Brezinka. Entsprechend der Form- bzw. Herstellbarkeit von Moral- und Wertbewusstsein im Menschen charakterisiert er erzieherisches Handeln zunächst damit, dass es „etwas Bestimmtes erreichen", d. h. „in einem oder mehreren anderen Menschen eine bestimmte Wirkung hervorbringen" wolle. Und gemäß der Differenz von Aktivität und Passivität will Brezinka „den, der erzieht, «Erzieher« und den, der erzogen wird, »Educand«" nennen; letzterer werde in der pädagogischen Fachsprache auch als „»Erziehungsobjekt« oder »Adressat der Erziehung»" bezeichnet (Brezinka 1978, 42).

Vor dem Hintergrund der Form- und Herstellbarkeit kommt die technologische Position der Werterziehung ohne jegliche natürliche Anlage des Menschen aus. Stattdessen resultiert die Form- und Herstellbarkeit gerade daraus, dass der Mensch weder als von Natur aus ‚gut' noch als ‚böse' vorgestellt wird. Insofern unterstellt diese Position allerdings auch keine Freiheit des Menschen, sondern – eher im Gegenteil – seine Determination oder präziser: seine Determinierbarkeit. Der (erwachsene) Mensch ist letztlich weder so noch so geartet, sondern er ist das, was während seines Heranwachsens aus ihm gemacht wird. In negativer Hinsicht wird der Mensch anthropologisch als Produkt seiner Umwelt und Spielball seines Umfeldes angesehen. Positiv gewendet betont die technologische Auffassung aber erst den hohen Stellenwert der Werterziehung, die in seiner naturgegebenen Amoralität des Menschen und seiner daraus folgenden Erziehungsbedürftigkeit und Erziehungsfähigkeit gründet.

Teleologische Dimension

Weil der Mensch von der technologischen Position weder primär als von Natur aus gut noch als böse vorgestellt wird, muss das Ziel der Werterziehung an den Menschen herangetragen werden. In größerem Maßstab sind das in aller Regel die Werte einer Gesellschaft, die vom Heranwachsenden übernommen werden sollen; in globalem Maßstab die Grundwerte, von denen angenommen wird, dass sie erst humanes (Zusammen-)Leben gewährleisten. Für Locke bspw. gilt fraglos, wie er selbst konstatiert, dass es „die Pflicht eines jeden" sei, „seinem Lande jeden möglichen Dienst zu erweisen" – wer anders denke, so fährt er fort, „unterscheidet sich nicht sehr von seinem Vieh" (1962, 5). Ziel der Erziehung sei es, die in der und von der Gesellschaft als tugendhaft anerkannten Werte zu tradieren.

Nach kleinerem Maßstab ist das Ziel der Erziehung in den Wertvorstellungen des aktiven Erziehers begründet. Bei Brezinka heißt es dazu: „Wer erzieht, will das Gefüge der psychischen Dispositionen des Educanden beeinflussen" (1978, 43). Dabei werden vier Fälle dieser Beeinflussung unterschieden: erstens das Bewirken eines Neuerwerbs von für wertvoll erachteten Dispositionen; zweitens der Erhalt, der Ausbau und die Stärkung vorhandener Dispositionen, die der Erzieher „als gut bewertet"; drittens die Schwächung, der Abbau bzw. die Beseitigung von für schlecht gehaltenen, vorhandenen Dispositionen; und viertens das Verhüten der Entstehung von Dispositionen, die der Erzieher negativ bewertet. Stets geht es um von außen (durch den Erzieher) festgesetzte Ziele, die an den Heranwachsenden herangetragen werden. Brezinka formuliert es allgemein, wenn er schreibt: „Die Wirkung, die der Erzieher im Educanden erreichen will, wird von ihm als wertvoll beurteilt" (ebd.).

Wenn die romantische Zieldimension im buchstäblichen Sinne als ‚konservativ' bezeichnet wurde, kann die technologische – ebenfalls wörtlich – als ‚produktiv' im Sinne von ‚hervorbringend' verstanden werden. Der anthropologischen Formbarkeit des Menschen entspricht teleologisch eine bestimmte Form, die durch Erziehung erst noch ‚hergestellt' oder ‚produziert' werden müsse. Entsprechend der Differenz von Passivität und Aktivität obliegt es dem Erzieher, diese Form zu bestimmen, um sie im ‚Adressaten der Erziehung' hervorzubringen.

Werte werden in der technologischen Position zwar nicht als völlig rational und objektiv begründbare Urteile, aber dennoch als relativ begründbar betrachtet. Den Relationspunkt bzw. den Maßstab finden Werte in dieser Perspektive (meistens) in der Tradition einer Gesellschaft bzw. einer Kultur. Wertvoll ist das, was in einer Gesellschaft bzw. in einer Kulturgemeinschaft als wertvoll anerkannt ist. Insofern haben Werte nach technologischer Auffassung einen quasi-objektiven Status, der sich u. a. mit Verweis auf Beispiele des ‚guten' Zusammenlebens in der Vergangenheit und in der Gegenwart rechtfertigen lässt. Werte sind nach Auffassung dieser Position also das, was innerhalb eines tradierten, mithin gegebenen Zusammenhangs weitgehend als wertvoll gilt. Und es gilt als wertvoll, weil es sich in einem tradierten, mithin gegebenen gesellschaftlich-kulturellen Umfeld als ‚gut' bewährt hat. Insofern bieten Werte die inhaltliche Form, an die sich Heranwachsende anzupassen haben, damit ‚gutes' gesellschaftlich-kulturelles Zusammenleben auch zukünftig sichergestellt werden kann.

Werte sind damit Ausdruck eines gesellschaftlichen bzw. kulturellen Konsenses. In ihnen manifestiert sich das, was mehrheitlich als wertvoll für ein humanes, erstrebenswertes Zusammenleben erachtet und faktisch auch anerkannt wird. Für die Werterziehung bilden sie damit die inhaltlichen Leit- und Zielpunkte, die es den nachwachsenden Generationen zu vermitteln gilt. Sie sollen als quasi-objektive Inhalte in den Heranwachsenden ‚hergestellt' werden.

Methodische Dimension

Die Methodik der technologischen Position erschöpft sich, wie der Name bereits andeutet, in der ‚technischen' Vermittlung von konsensuell festgelegten oder vom Erzieher präferierten Werten. ‚Technisch' meint in diesem Zusammenhang kein bloßes Hantieren an leblosen Objekten, sondern – die antike, ursprüngliche Wortbedeutung des Terminus ‚techné' aufnehmend – ein ‚kunstvolles', stets verbesserbares Verfahren. Technisch sind die Verfahren auch insofern, als sie ein aktives Eingreifen, Beeinflussen bzw. Bewirken vorstellen. Das technische Verfahren der Vermittlung kann dabei in die Mittel der Gewöhnung und Belehrung unterschieden werden. Gewöhnend ist die Werterziehung, indem die erwünschten Werte durch Umwelteinflüsse den Adressaten der Erziehung, sozusagen unbewusst, vermittelt werden; sie ist belehrend, sofern das Umfeld aktiv auf diese einwirkt.

Paradigmatisch für das Mittel der Gewöhnung steht wieder ein Satz von John Locke. Nach dessen Auffassung sei die „Hauptsache, die man bei der Erziehung zu beachten" habe, diejenige, „welche Gewohnheiten man beibringt" (1962, 21). Die Gewöhnung erfolgt durch das Vorleben und Vormachen, insbesondere aber auch durch das Belohnen und Bestrafen. Für wünschenswert und wertvoll erachtete Dispositionen und Verhaltensweisen werden belohnt, unerwünschte und wertlose dagegen bestraft. Ebenso werden anerkannte Werte vorgelebt, unerwünschte Verhaltensweisen dagegen unterlassen. Die Quantität vorgelebter und vorgemachter Verhaltensweisen ebenso wie die Qualität der Steigerung des Lustempfindens oder die Bewirkung eines Unlustempfindens sollen die Werte vermitteln, über deren Werthaftigkeit gesellschaftlich-kultureller Konsens besteht.

Eine prägnante, wenngleich theoretisch differenzierte, wie empirisch gesättigte Gewöhnungstheorie des Bestrafens findet sich bereits in Immanuel Kants Pädagogikvorlesung. Dort unterscheidet er physische und moralische Strafen. Während physische Bestrafungen in der „Verweigerung des Begehrten, oder in Zufügung der Strafen" bestehen, kennzeichnen moralische Strafen, dass man der „Neigung, geehrt und geliebt zu werden, die Hülfsmittel der Moralität sind, Abbruch tut" (1977, A 104). Betont wird in diesem Zusammenhang auch, dass moralische Strafen die Gewöhnungspraxis bestimmen sollen und die physischen lediglich „Ergänzungen der Unzulänglichkeit der moralischen" seien (ebd., A 105). Diese bei Kant angelegte Differenzierung hat im letzten Drittel des 20. Jahrhunderts Erich E. Geißler aufgenommen, weiter entfaltet und in die Unterscheidung von Disziplinar- und Erziehungsstrafen übertragen (vgl. Geißler 1975, 146 ff). Gerade hinsichtlich eines technologischen Verständnisses der gewöhnenden Werterziehung können Geißlers theoretische Überlegungen zu einer begründeten Strafpraxis bis heute als wegweisend betrachtet werden (vgl. auch Mikhail 2016b, 275 ff).

Im Modus der Belehrung zeigt sich die teleologische Bestimmung dessen, was aus Perspektive der technologischen Position charakteristisch für die Werte ist. Indem davon ausgegangen wird, dass Heranwachsende über Wertvorstellungen belehrt werden können, ist die Annahme enthalten, Werte seien quasi-objektive, rational einsehbare Gegenstände. Gemäß dieser Position sind Werte analog zu anderen Gegenständen verbaler Vermittlung im buchstäblichen Sinne ‚Sachverhalte' – im Gegensatz zu subjektiven Ich-Verhalten, wie es durch die romantische Position bestimmt wird. Als solche können sie ebenso wie bspw. mathematische oder physikalische, grammatische oder historische Sachverhalte den Heranwachsenden vermittelt werden. Die Werthaftigkeit von gesellschaftlichen oder kulturellen Werten sei, so die Annahme, verständlich; sie kann erklärt und eingesehen werden. Sie hängt nicht bloß vom einzelnen Subjekt ab, sondern ist intersubjektiv mitteilbar.

Werterziehung im technologischen Verständnis ist die wohl am weitesten verbreitete Auffassung – insbesondere in der Praxis. Sie ist kulturübergreifend und wird als Gewöhnung und Belehrung in Elternhäusern, Kindergärten und Schulen praktiziert. Gerade weil die technologische Position so verbreitet ist, finden sich auch kaum theoretisch ausgearbeitete Handlungskonzepte. Eines der wenigen stellt das vom „American Institute for Character Education" entfaltete „Character Education Curriculum" dar (vgl. Oser/Althof 1994, 98), das an US-amerikanischen Schulen bis heute in mannigfachen Modifizierungen etabliert ist. Werterziehung wird in diesem Konzept vornehmlich daraufhin ausgerichtet, dass die ‚richtigen' Werte insbesondere durch das vorbildliche, vorlebende Handeln der Erziehenden von den Heranwachsenden internalisiert werden können. Entsprechend der technischen Vermittlung wird das ganze Gewicht einerseits auf die Auswahl und Festlegung relevanter Werte, andererseits auf das diese Werte vorlebende Handeln der Lehrperson gelegt.

Belehrend ist es insofern, als Heranwachsende bspw. unter dem Stichwort „define-and-drill" dazu angehalten werden (vornehmlich in der Schule), individuelle und gesellschaftliche Werte wie Ehrlichkeit, Respekt oder Zuverlässigkeit aufzulisten und mit einer Definition zu versehen. Diese Definitionen werden im Anschluss diskutiert und nach Prüfung ihrer Stichhaltigkeit auswendig eingeübt. Dieses Konzept – wie die gesamte technologische Position – beansprucht, rational begründen zu können, welche Werte die moralisch ‚richtigen' und ‚wichtigen' sind. Daher ist es von dieser Warte aus auch legitim, beinahe geboten, diese Werte den Heranwachsenden zu vermitteln.

Kritische Würdigung

Die weite Verbreitung und der faktische Niederschlag in der Erziehungswirklichkeit geben Anlass, die Praktikabilität und Effektivität technologischer Werterziehung anzuerkennen. Salopp formuliert: Die technologische
Werterziehung funktioniert. Sie funktioniert im Grunde schon immer. Sie
setzt sich zunächst dadurch ins Recht des Erziehungsdenkens, dass diese
Position nicht nur gesellschaftlich-kulturelle Werthaltungen tradieren will,
sondern dies faktisch auch tut. Empirischer Ausdruck dieses praktischen
Erfolgs ist nicht zuletzt die Feststellung, dass sich die Werte der Heranwachsenden mit denen ihrer Elterngeneration decken (vgl. den Beitrag von
Fees in diesem Band) und so der häufig geforderte Bestand an gesellschaftlich anerkannten Werten gesichert wird.

Das Menschenbild der technologischen Position, die vorausgesetzte
Erziehungsbedürftigkeit, deckt sich gleichsam mit der (Alltags-)Erfah-
rung, dass Kinder noch keinen Begriff gesellschaftlich anerkannter Werte
wie z. B. Ehrlichkeit, Respekt oder Zuverlässigkeit haben, sondern sich
eher intuitiv ehrlich, respektvoll oder zuverlässig verhalten. Den Begriff
gesellschaftlich anerkannter Werte, d. h. hier Gründe dafür, weshalb man
ehrlich, respektvoll oder zuverlässig sein soll, müssen Kinder – so legt
es zumindest die Erfahrung nahe – erst erlernen. Und sie erlernen dies
zunächst durch habitualisierende Nachahmung. Ebenso wenig wie der
Mensch von Geburt an lesen, schreiben oder rechnen kann, ebenso wenig
kann er Werte begründen und verantwortlich handeln. Daher erscheint die
technische Vermittlung von Werten durch Gewöhnung und Belehrung im
Sinne vorausgesetzter Erziehungsbedürftigkeit geboten.

Dennoch ist diese Position nicht frei von theoretischen Problemen.
So kann die technologische Werterziehungsauffassung nicht den ‚Wen-
depunkt' von der Passivität der ‚Erziehungsobjekte' hin zur Aktivität
erklären. Anders formuliert: Es bleibt unklar, wie (und auch wann) aus
werterzieherisch Behandelten aktiv Handelnde, und obendrein werterzieherisch Handelnde werden können. Die anthropologische Differenz von
Passivität und Aktivität hat ein großes Erklärungsdefizit zur Folge. Zwar
ist diese Differenz hilfreich, um zum Zeitpunkt erzieherischer Einwirkung
zu erklären, was Werterziehung ist und was sie will; was jedoch nicht
erklärt werden kann, ist, wie die Differenz zustande kommt, d. h. weshalb

es passiv Behandelte und aktiv Handelnde gibt, die aber selbst irgendwann behandelt wurden. Besonders deutlich wird dieses Problem in der bereits zitierten Aussage Watsons. Es fragt sich, wie Watson selbst in den Stand gelangen konnte, für andere zu bestimmen, wie sie zu behandeln seien und wozu sie gemacht werden können, wo er doch selbst einmal lediglich als passives Erziehungsobjekt behandelt wurde. Die technologische Position kann angesichts ihrer eigenen anthropologischen und teleologischen Annahmen auf diese Frage nicht plausibel antworten.

In diesem Zusammenhang ist weiterhin problematisch, wie sich pädagogische Überlegungen der Wertevermittlung mit ethischen Reflexionen zur Wertbestimmung vereinbaren lassen. Oser und Althof konstatieren zurecht, dass eine Gesellschaft „ihre Werte nicht aus sich selbst heraus reflektieren" könne (1994, 99). Die Werthaftigkeit von Werten, also das, was Werte erst wertvoll macht, ist nicht deswegen gerechtfertigt, weil diese Werte in einer Gesellschaft gelten und anerkannt sind. Hier liegt nicht bloß die Gefahr eines Sein-Sollens-Fehlschlusses nahe (dass man von etwas Gegebenem auf etwas Sein-Sollendes schließt), sondern es wäre darüber hinaus keine Möglichkeit gegeben, dass es zum Streit in Wertfragen kommen könnte – weder innerhalb einer Generation und schon gar nicht im Generationenverhältnis. Streitfragen um Werte wären verunmöglicht, weil ja gerade die jüngere Generation die gleichen Werte internalisiert hätte, die ihr von der älteren Generation vermittelt worden wären. Über die Generationen hinweg müsste demnach stets ein Wertekonsens herrschen, weil dieser ja gerade Voraussetzung für die teleologische und methodische Dimension der Werttradierung durch Gewöhnung und Belehrung ist. Dieser Aspekt kann durch die lebensweltliche Erfahrung jedoch nicht bestätigt werden.

Zudem werden angesichts dieser widersprüchlichen Voraussetzungsstruktur ethische Begriffe wie (Entscheidungs-)Freiheit und Verantwortung, Schuld und sogar Moral selbst äußerst problematisch, ja, in der radikalen Konsequenz dieser Position müssen sie eigentlich entfallen. Pädagogisch gewendet bedeutet dies, dass sich möglicherweise Wertdispositionen erlernen lassen, dass aber Verantwortung nicht erlernbar ist (weil es diese gar nicht gibt). Ein Heranwachsender, der (auch noch als Erwachsener) diese und jene Werte internalisiert hat, verhält sich eben gemäß dieser erworbenen Wertdisposition, er ist das, was die Werterziehung aus ihm machte. Verantwortung trägt er dafür keine, da er sich ja nicht aktiv für diese und gegen andere Werte entscheiden konnte, sondern letztlich als passiver Adressat nur das wurde, wozu ihn der Erzieher formte.

Vor dem Hintergrund der theoretischen Probleme ist in praktischer Hinsicht problematisch, ein absolut kontrolliertes Umfeld und ein stets vorbildliches Erzieherhandeln zu etablieren. Während die romantische Position der Erziehungspraxis quasi ohnmächtig gegenübersteht, stellt sich die technologische als allmächtig dar. Um die gesellschaftlich anerkannten Werte zu vermitteln, ist es notwendig, ein – im buchstäblichen Sinne – ‚wertvolles‘ Umfeld zu schaffen, in dem ausnahmslos jeder Erwachsene die Werte vorlebt, damit sie die Heranwachsenden imitieren und internalisieren können. Wo Wertfragen der Heranwachsenden aufgeworfen werden, verweist dies auf vorangegangene Fehler der angewandten Erziehungstechnik. Jede abweichende Wertdisposition bei Kindern und Jugendlichen müsste eine Verbesserung der Erziehungskunst nach sich ziehen. Auf moralische Diskussionen müsste vollständig verzichtet werden. In Elternhäusern müsste völlig klar sein, welches die ‚richtigen‘ Werte seien, die man den Kindern vermitteln wolle; in Institutionen wie Kindertageseinrichtungen und Schulen müssten für ausnahmslos alle Handlungssituationen des Alltags- und Berufslebens verbindliche und konsensuell festgelegte Curricula erarbeitet werden, an die sich alle jederzeit zu halten hätten. Dies wäre keine Überforderung, sondern eine notwendige praktische Konsequenz, die aus den theoretischen Grundlagen der technologischen Position gezogen werden muss. Sie erscheint aber kaum praktikabel.

Die progressive Position

Hier bedarf es einer Vorbemerkung: Im Gegensatz zur romantischen und technologischen Position handelt es sich bei der progressiven weniger um eine breit angelegte Position im eigentlichen Sinn, als vielmehr um ein einzelnes Konzept, das lediglich breiteren Anschluss in der Debatte um Werterziehung gefunden hat. Dieses Konzept stammt von Lawrence Kohlberg, der es in Zusammenhang mit seiner moralischen Entwicklungstheorie entfaltet hat. Gleichwohl nimmt Kohlberg darin pädagogisch-philosophische Vorläufer auf wie John Dewey und Immanuel Kant und für die entwicklungspsychologischen Grundlagen insbesondere Jean Piaget. Dennoch ist dieses Konzept in weitaus engeren grundlagentheoretischen Bahnen angelegt als die beiden anderen Positionen. Um sich nicht in einer Exegese der Kohlberg'schen Konzeption festzurennen, sollen eben diese Bahnen nachgezeichnet werden.

Anthropologische Dimension

Der progressiven Position liegt vordergründig und im eigenen Selbstverständnis das (konstruktivistische) Bild des Menschen als eines „Gestalter[s] seiner eigenen Entwicklung" zugrunde, wie sich mit Montada sagen ließe (1987, 77). Implizit, also unausgesprochen, steht dahinter die Vorstellung, der Mensch besitze eine ‚Doppelnatur', d. h. er sei moralisch wie amoralisch zugleich. Erst in der Dualität von zugleich ‚moralisch sein' und ‚amoralisch sein' gründet die Möglichkeit, dass der Mensch sich in seiner Entwicklung zum Guten wie zum Bösen bestimmen bzw. selbst ‚gestalten' kann.

Diese anthropologische Doppelnatur hat Immanuel Kant als einer der ersten präzise herausgestellt und seiner Ethik wie seiner Erziehungstheorie zugrunde gelegt (vgl. Mikhail 2017, 84 ff). Für Kant ist der Mensch sowohl Natur- als auch Vernunftwesen oder in seinen Worten: sowohl „homo phaenomenon" als auch „homo noumenon" (1977a, A 65). Als Naturwesen sei der Mensch kausalen Verhältnissen ausgesetzt und insofern amoralisch. Die Maßgaben für das Verhalten sind die Befriedigung durch Lustempfinden und die Vermeidung von Empfindungen der Unlust. Hingegen als Vernunftwesen sei der Mensch frei von kausalen Einwirkungen und könne sich entsprechend selbst das Gesetz seines Handelns geben. In diesem Sinne könne der Mensch zu äußeren Einwirkungen selbstbestimmt Stellung nehmen. Erst die Gleichzeitigkeit beider Wesenseigenschaften (im Grunde die Synthese aus romantischem und technologischem Menschenbild) führt dahin, dass sich der Mensch (nur) selbst zu dem machen kann, der er ist bzw. sein wird. Selbstgestaltung setzt einerseits die Freiheit des Handelnden voraus wie andererseits, dass es ‚etwas gibt', was freiheitlich gestaltet werden kann. Beide Voraussetzungen – Freiheit und Determination – in ihrer Verschränktheit ‚machen' erst, dass Werterziehung einerseits die Heranwachsenden als Selbstgestalter in den Blick nehmen kann, die dann andererseits durch äußere Beeinflussung ‚erreicht' werden können.

Die Konsequenz dieser anthropologischen Prämissen ist also, radikale Subjektivität und radikale Objektivität als Intersubjektivität denken zu können. Betrachtet man dieses implizite Menschenbild genauer, lässt sich die Differenz von Wirklichkeit und Möglichkeit herausstellen. Als Naturwesen ist der Mensch immer so, wie er aktuell erfahrbar ist bzw. erscheint. Zugleich ist er aber als Vernunftwesen auch immer als Möglichkeit der (aktiven, lernenden, selbstgestaltenden) Veränderung anzusehen. Die Differenz von Wirklichkeit und Möglichkeit zeigt sich auch im Bezug des Menschen zur natürlichen Umwelt und zum sozialen Umfeld einerseits wie in der Möglichkeit, zu beidem selbstgestaltend Stellung zu nehmen, bzw. vielmehr Stellung nehmen zu müssen. „Durch die intensive interaktive Auseinandersetzung mit der sich verändernden Umwelt ergibt sich für Kinder und Jugendliche die Gelegenheit, zunehmend reversibler, differenzierter und komplexer zu denken" (Standop 2016, 91).

Die Differenz von Wirklichkeit und Möglichkeit bzw. von Determination und Freiheit hat zudem – wie in dem Zitat von Standop angedeutet – zur Konsequenz, dass die Reflexivität und die Rationalität des Menschen in den Mittelpunkt gerückt werden. Während die romantische Position auf die naturgegebene Intuition der Heranwachsenden setzt und die technologische Position unter der Prämisse der Form- und Machbarkeit die Aktivität der Erziehungsadressaten negiert, bildet die welt- und selbstbezogene Denkaktivität in der progressiven Position das anthropologische Kernstück. Der Mensch wird wesentlich als denkendes Wesen betrachtet, das sich reflexiv und rational zur ihn umgebenden Umwelt und zu seinem sozialen Umfeld in Beziehung setzen kann. Die Anthropologie der progressiven Position kann vor diesem Hintergrund auch als kognitivistisch bzw. rationalistisch verstanden werden.

In Anlehnung an Piaget geht Kohlberg davon aus, dass bereits Kinder „konsistent auf bestimmte Typen von Denkschritten zurückgreifen und die einzelnen kognitiven Akte sich zu bestimmten Mustern von Denkoperationen fügen" (Oser/Althof 1994, 43). Jedoch ist diese Wesensbestimmung der Reflexivität und Rationalität keine solipsistische Eigenschaft, sondern geradezu die Bedingung der Möglichkeit, den Menschen als „Gestalter seiner eigenen Entwicklung" zu begreifen, der sich denkend zu seiner Determination ins Verhältnis setzen kann und muss, und so für Interaktionen mit anderen Menschen ‚empfänglich' ist. So ließe sich mit Oser/Althof zusammenfassend formulieren: „In diesem Ansatz wird das Kind als Person gesehen, die Verantwortung übernehmen kann, wenn man entsprechende Situationen dafür schafft. Es wird aber auch als Philosoph gesehen, der die Wirklichkeit immer wieder nach moralisch zunehmend reversiblen Gesichtspunkten rekonstruiert" (ebd., 103). Voraussetzung dafür ist die anthropologische Differenz von Wirklichkeit und Möglichkeit, von Determination und Freiheit, mithin die daraus folgende Reflexivität und Rationalität des Menschen.

Teleologische Dimension

Gemäß ihrer kognitivistischen bzw. rationalistischen Anthropologie hat die progressive Position den sukzessiven Aufbau und die Förderung moralischer (Wert-)Urteilsfähigkeit bzw. (Wert-)Urteilskompetenz zum Ziel. Es geht nicht um den Erwerb bestimmter Wertdispositionen, sondern darum, immer differenzierter, reflektierter und das bedeutet: argumentativ begründeter Werturteile fällen zu können. Diese formale Zielperspektive bedeutet nicht, die progressive Position würde materiale Ziele (die Anerkennung bestimmter Werte) als unerheblich oder gleichgültig erachten. Allerdings geht sie davon aus, das Ziel bestehe in der (reflektierten) Interpretation und Auslegung konkreter Werte und nicht in deren Anerkennung. Konkrete kulturgebundene und gesellschaftlich geteilte Werte sollen nicht (wie nach technologischer Position) übernommen und internalisiert, sondern es soll die Fähigkeit entwickelt werden, diese Werte stets prüfen und selbst begründen zu können.

Konkretisieret wird die Zielperspektive der Förderung moralischer Urteilsfähigkeit durch Kohlbergs Theorie der Moralentwicklung von Kindern und Jugendlichen (vgl. Kohlberg 1974 und 2000). In seinen Forschungsstudien stellte Kohlberg drei Stadien der moralischen Entwicklung heraus, die jeweils in zwei Stufen unterteilt sind. Die drei Stadien heißen präkonventionelles, konventionelles und postkonventionelles Stadium. Pointiert lassen sie sich folgendermaßen beschreiben: Im präkonventionellen Stadium urteilen die Kinder nach subjektiv-egoistischen Gesichtspunkten, d. h. noch nicht in Begriffen übergreifender, geschweige denn gemeinschaftlicher Interessenlagen. Im konventionellen Stadium urteilen Heranwachsende sozialbezogen, im Vordergrund steht dabei das sie umgebende gesellschaftlich-kulturelle System. Das postkonventionelle Stadium ist durch eine Loslösung vom Gegebenen und einer Hinwendung zu allgemeingültigen moralischen Prinzipien gekennzeichnet, die für das Urteilen maßgebend sind.

Die sechs Stufen werden häufig mit ihrem moralischen Referenzpunkt benannt (vgl. Standop 2010, 114 f): „Orientierung an Bestrafung und Gehorsam" (Stufe 1); „Naiv egoistische Orientierung" (Stufe 2); „Orientierung am Ideal des Guten Jungen" (Stufe 3); „Orientierung an Aufrechterhaltung von Autorität und sozialer Ordnung" (Stufe 4); „Legalistische Vertrags-Orientierung" (Stufe 5); „Orientierung an Gewissen und Prinzipien" (Stufe 6).

Dieses Stadien- und Stufenmodell ruht selbst nochmals auf einer ethischen Grundlage auf. Die Stadien und Stufen werden ‚regiert' und in ihrer Stufenfolge festgelegt von einem moralischen Hauptprinzip. Dieses ist für Kohlberg das Prinzip der Gerechtigkeit, wie es in Kants deontologischer Ethik angelegt ist, wie es aber insbesondere John Rawls in seiner kontraktualistischen Ethik ausbuchstabiert hat. Gerechtigkeit nach Rawls beinhaltet zwei miteinander verschränkte Aspekte, nämlich einerseits den Zuspruch gleichen Rechts auf möglichst umfangreiche Grundfreiheiten für ausnahmslos jedermann sowie andererseits einen Umgang mit faktischen Ungleichheiten, der zu jedermanns Vorteil ist. Heranwachsende, die Werturteile gemäß dieser Gerechtigkeitsidee fällen, befinden sich nach Kohlberg im postkonventionellen Stadium. Ausgezeichnet ist dieses Stadium gemäß der Gerechtigkeitsidee, wenn die Werturteile verallgemeinerbar sind, weil sich der Urteilende an universalen Moralprinzipien orientiert.

Die progressive Position geht nun davon aus, dass Werterziehung die schritt- bzw. vielmehr stufenweise Sukzession des Urteilens zu befördern habe – daher auch die Bezeichnung „progressiv" im Sinne von ‚fortschreitend' (nicht ‚fortschrittlich'). Bedeutsam in diesem Kontext ist, wie Kohlberg die ‚Einstufung' selbst und damit die stufenweise Entwicklung deutet. Hierzu ein längeres Zitat: „Stufen sind nicht Schachteln zur Klassifikation und Evaluation von Personen. Das Schubladendenken zeigt sich, wenn Menschen, die ein Stufe-2-Denken zeigen, als «Manipulatoren», «instrumentelle Egoisten» usw. aufgefaßt werden. Wenn wir ein Urteilen Stufe 2 nennen, dann meinen wir nicht, daß Personen mit einem solchen Urteilen egoistisch oder manipulativ sind; Richtigkeit und Fairneß sind für sie ebenso von Belang wie für Menschen, die auf Stufe 5 denken. Zu wissen, daß jemandes Denken Stufe 2 ist, bedeutet nicht, daß diese Person sich nicht fair oder moralisch verhielte, es bedeutet, daß man ihren Sinn für Richtigkeit und Fairneß erkennen kann; es hilft, ihren Standpunkt zu verstehen" (Kohlberg 2000, 218). Nach Kohlberg sind die Stufen nicht in dem Sinne hierarchisch angelegt, dass auf den unteren Stufen keine Gerechtigkeitsurteile möglich wären. Die Stufen drücken stattdessen ‚lediglich' ein reflektierteres Gerechtigkeitsverständnis der Urteile aus. So können bspw. zwei Heranwachsende in einer konkreten Situation für den Wert der Ehrlichkeit votieren; der eine, weil er selbst nicht gerne belogen wird, der andere mit der Begründung, dass Ehrlichkeit erst mitmenschliche Verbindlichkeit und Verlässlichkeit begründe. Dennoch handelt es sich bei beiden um moralische Urteile. Werterziehung habe nach progressiver Auffassung daher nicht das Ziel, Heranwachsende zu mehr Gerechtigkeitssinn zu führen, sondern zur Begründung von Werturteilen, die an universalen Prinzipien ausgerichtet sind.

In dieser Zielperspektive zeigt sich zum einen die kognitivistische bzw. rationale Grundstruktur der progressiven Position wie die Differenz von Möglichkeit und Wirklichkeit. Der Kognitivismus und die Rationalität zeigen sich im Ziel der stets differenzierteren und nach universalen Prinzipien begründeten Urteilsfähigkeit. Es geht nicht darum, dass Heranwachsende lernen sollen, diesen und jenen Werten in ihrem Handeln zu folgen bzw. Situationen so und so zu bewerten; Ziel ist es, dass Heranwachsende lernen, ihre Werturteile rational nach formal-ethischen Gesichtspunkten zu fällen. Weder Neigung noch private Vorlieben sollen sie zukünftig leiten, sondern moralische Prinzipien, die erst das Werturteil universalisierbar machen. Die Differenz von Wirklichkeit und Möglichkeit wird offenkundig, indem der Akzent nicht auf Werte, sondern auf Werturteile gelegt wird. Während Werte (nach technologischem Verständnis) erworben bzw. internalisiert werden können, verweist die Wirklichkeit eines situativen Werturteils (der Heranwachsende beurteilt eine Situation so) immer zugleich auf die Möglichkeit, die nächste Situation noch differenzierter und begründeter beurteilen zu können. Werturteile sind (im Gegensatz zu Werten) nie ‚fertig', sondern stets immer wieder aufs Neue gefordert. Demnach bedeutet die Beförderung von Werturteilsfähigkeit einen im Grunde unabschließbaren, aufgabenhaften (Langzeit-)Prozess.

Methodische Dimension

Die methodische Struktur der Werterziehung wird von der progressiven Position auf den Aspekt der Reflexivität und Rationalität der Heranwachsenden ausgerichtet. Werterziehung nach Auffassung der progressiven Position vollzieht sich vornehmlich in der Aufforderung zum begründeten Werturteilen. Sie bietet Anlässe, Kinder und Jugendliche zu einer persönlichen Stellungnahme herauszufordern. Da es das Ziel dieser Position ist, die (Wert-)Urteilsfähigkeit stufenweise zu befördern, verfährt Werterziehung grundsätzlich diskursiv bzw. moralisch argumentierend. Kohlberg sah dafür in sog. Dilemmata das am besten geeignete Erziehungsmittel.

Dilemmata sind moralische Konfliktsituationen, mit denen die Frage einhergeht bzw. aufgeworfen wird, wie in einer konkret beschriebenen Konfliktsituation zu entscheiden ist. Es handelt sich also nicht um irgendwelche beliebigen Handlungssituationen (z. B. wie sehr man sich anstrengen soll, um dies oder jenes zu erreichen), sondern um solche, die so konstruiert sind, dass in einer gegebenen Entscheidungssituation zwei Werte kollidieren bzw. unvereinbar nebeneinanderstehen. Kollision bzw. Unvereinbarkeit der Werte bedeutet, dass in Dilemma-Geschichten eine Kompromissentscheidung unmöglich ist, d. h. die beiden Werte nicht nacheinander oder in Teilen zugleich realisiert werden können. So könnte bspw. bei der Frage, ob eine Familie während der Ferien nach Mauritius oder Ägypten fliegen soll, der Kompromiss geschlossen werden, in diesem Jahr dorthin, im nächsten hierhin zu reisen. Moralische Konfliktsituationen sind dadurch ausgezeichnet, dass nur ein Wert in der Situation handlungsleitend werden kann und der andere somit ausgeschlossen wird. Dies ist bspw. in der Situation der Fall, wenn man sich zwischen der Aufrichtigkeit gegenüber der Klassenlehrerin und der Treue zur Freundin entscheiden muss, die man beim Spicken beobachtet. Solche Wertkollisionen werden zum Anlass genommen, um die Heranwachsenden zu begründeten Werturteilen bzw. Handlungsentscheidungen herauszufordern.

Dass die progressive Position konkreten Werten nicht gleichgültig gegenübersteht, zeigt sich methodisch-didaktisch daran, dass die moralischen Konfliktsituationen „notwendigerweise" in der „eigenen Erfahrungswelt und Kultur" der Heranwachsenden verortet werden (Oser/Althof 1994, 106). Durch die Nähe zur Erfahrung wird eine Veranschaulichung der moralischen Fragen intendiert, die auf jeder Entwicklungsstufe das Bewusstsein für die moralische Relevanz zu schärfen sucht. Kohlberg und die Modifikatoren seines Konzepts sahen in den anschaulichen Dilemmata das primäre Ziel, Heranwachsende zunächst durch die hypothetischen Konfliktsituationen aus ihrer Erfahrungswelt in ihren eigenen moralischen Denkmustern zu irritieren bzw. darin enthaltene Inkonsistenz aufzudecken. Erst die Irritation bzw. die Erkenntnis der eigenen moralischen Inkonsistenz erlaube, durch diskursive Reflexion das Werturteilen in der Folge Stufe für Stufe weiterzuentwickeln. Es wird angenommen, dass der Sinn der Stufenfolge darin besteht, den Leitfaden für die werterzieherische Arbeit zu liefern. Nach der Irritation sei es die Aufgabe des Erziehers, nur Argumente der nächsthöheren Stufe zu bedenken zu geben. Überspringe man eine Stufe, argumentiere man mit Sicherheit am Heranwachsenden vorbei. Dieser könne nämlich nur in der Sukzession der Stufen voranschreiten bzw. seine Werturteilsfähigkeit verbessern.

In der Folge Kohlbergs wurden ausgefeilte Techniken der Implikation von Dilemma-Geschichten entwickelt, insbesondere für den schulischen Unterricht (vgl. z. B. Mauermann 1978 oder Beyer 1981). Allen ist gemeinsam, dass sie die rationale Argumentation von moralischen Konfliktsituationen zugrunde legen und nur von einer stufenweisen Beförderung der Werturteilsfähigkeit ausgehen. Oser und Althof haben das (zunächst von Kohlberg entwickelte, aber auch von seinen Modifikatoren beibehaltene) methodische Vorgehen folgendermaßen schematisch zusammengefasst: Die Dilemmata evozieren eine Irritation und Verunsicherung der moralischen Denkmuster des Heranwachsenden, es erfolgt das Erkennen neuer moralischer Elemente, die ein Aufbrechen bisheriger moralischer Denkmuster zur Folge haben. Erst mit dem Aufbrechen alter Strukturen kann der Einbau der neuen moralischen Einsichten erfolgen, die letztlich zu einer neuen Werturteilsstruktur synthetisiert werden (vgl. 1994, 105). Vorausgesetzt sind dabei die Reflexivität und die Rationalität des Heranwachsenden wie die Rationalität in der Auseinandersetzung mit den Dilemmata.

Kritische Würdigung

Aktuelle Übersichten über Positionen und Konzepte der Werterziehung stimmen darin überein, dass der progressive Ansatz – gerade im Vergleich zur romantischen und technologischen Position – am tragfähigsten theoretisch fundiert und empirisch belegt ist (vgl. hierzu etwa Zierer 2010; Hackl 2011; Standop 2016). Zwei Vorteile seien hier hervorgehoben: Zum einen ist das Menschenbild der progressiven Position, das von einem reflexiven und rationalen Erziehungssubjekt ausgeht, (als Einziges) geeignet, den an Werterziehung immer auch herangetragenen Anspruch des Verantwortungslernens erklären zu können. Nur die Konstitution des Menschen als eines Wesens, das sich autonom zu seiner eigenen kulturellen und gesellschaftlichen, auch kreatürlichen Determiniertheit reflexiv ins Verhältnis setzen und sich damit von sich selbst rational distanzieren kann, erlaubt es, von diesem Wesen anzunehmen, es könne lernen, für sein Denken und Tun zunehmend mehr Verantwortung zu übernehmen. Dies ist weder möglich, wenn der Mensch als grundlegend moralisch gedacht, noch wenn er als besinnungs- und willenloses Objekt vorgestellt wird.

Zum anderen und damit einhergehend ist der teleologische Aspekt der Beförderung von differenzierterer, verallgemeinerbarer Werturteilsfähigkeit geeignet, Werterziehung als zwar asymmetrische, aber dennoch machtfreie Interaktion zu konzipieren, die auf die Symmetrie der Interaktionspartner abzielt. Werterziehung unter Voraussetzung von Rationalität entgeht so der Skylla pädagogischer Ohnmacht und der Charybdis von Allmachtsvorstellungen. Rationalität als Voraussetzung auch in Auseinandersetzung mit moralischen Fragen gewährleistet erst, Erziehung diskursiv anzulegen, d. h. für begründete und besser begründbare Argumentation zu öffnen.

Der große Zuspruch, den Kohlbergs Konzept im wissenschaftlichen Diskurs über (v. a. schulische) Werterziehung erfahren hat, kann allerdings nicht darüber hinwegtäuschen, dass es unter Praktikern weitaus weniger Verbreitung gefunden hat. Grund dafür dürfte wohl der hohe Anspruch sein, der mit der entwicklungspsychologischen Grundlage und den ethischen Implikationen an Erzieher gestellt ist. Hinzu kommt, dass dieses Konzept ausschließlich für den schulischen Kontext entwickelt wurde. Es scheint geradezu unmöglich, die progressive Werterziehung in der Familie zu praktizieren. Nicht nur, dass bereits bei Lehrern stets die „Gefahr des Mißbrauchs der Stufentheorie durch ungenügend informierte Praktiker" besteht (Mauermann 1982, 491), auch der hypothetische Charakter der Dilemmata kann in der Betriebsamkeit familiären Zusammenlebens kaum implementiert werden.

Freilich ist auch die progressive Position nicht frei von theoretischen Problemaspekten. Diese Kritik betrifft u. a. Kohlbergs strukturalistische Stufentheorie (vgl. z. B. Eckensberger/Reinshagen 1978) sowie die im Hintergrund stehende Verhältnisbestimmung von Werturteilen und Handeln (vgl. Blasi 1980), aber auch Einzelaspekte der Werterziehungskonzeption (vgl. Oser/Althof 1994, 113 ff). Im Folgenden soll ein Kritikpunkt herausgestellt werden, der sich in methodischer Hinsicht auftut und daher auch die Einschränkung des progressiven Konzepts auf das Feld der Schule problematisiert.

Die Fokussierung der progressiven Position auf das Erziehungsmittel der Dilemmata steht unter der Annahme, dass es ausschließlich moralische Konflikte seien, die die Werturteilsfähigkeit befördern könnten. Nur mittels Dilemmata können Heranwachsende in ihren moralischen Denkmustern irritiert werden und so selbstreflexiv neue höherstufige Elemente integrieren. Beinahe unausgesprochen geht damit eine Differenzierung von praktischer, d. h. aufs Handeln bezogener Rationalität einher, die zu einer Sondierung handlungsrelevanter Urteile führt. In diesem Sinne werden dann Urteile und „Entscheidungen im Bereich der privaten Lebensführung" unterschieden von Urteilen und „Entscheidungen, die sich auf zwischenmenschliche und allgemeinere soziale Konflikte" beziehen, wie Oser und Althof definitorisch festlegen (1994, 35).[4] Handlungsrelevante Rationalität ist segregiert in eine solche für lebenspraktische Urteile und in diejenige für soziale bzw. moralische Fragen.

Die Konsequenz dieser strikten Trennung ist die Einschränkung der Werturteilsfähigkeit auf moralische bzw. allgemeinere soziale Wertkollisionen. Verkannt wird dabei allerdings, dass auch im Bereich privater Lebensführung Urteile stets Werturteile sind oder anders formuliert: auch Urteile der privaten Lebensführung stehen unter moralischem Anspruch. So mag es zwar in der Frage, wie sehr man sich anstrengen solle, um dieses oder jenes zu erreichen, „klare Nützlichkeitskriterien" geben, die vorschreiben,

---

4   Bei Kohlberg heißt es hierzu: „Moralische Urteile sind Urteile über das Gute und Rechte des Handelns. Nicht alle Urteile über das »Gute« und »Rechte« sind jedoch moralische Urteile; in diese Kategorie gehören auch Urteile über Gutheit und Richtigkeit im ästhetischen, im technologischen Sinne oder im Sinne von Klugheit und Umsicht" (1996, 28).

„welche Handlungsweise diesen Kriterien entspricht und welche eben nicht förderlich ist" (Oser/Althof 1994, 35). Aber dass in dieser Urteilsfrage überhaupt Nützlichkeitserwägungen eine Rolle spielen (und keine andere Kriterienbasis wie bspw. eine ästhetische, welche die Lust an der Anstrengung betont), ist selbst bereits Ergebnis eines Werturteils. Genau betrachtet, kapriziert sich die progressive Position lediglich auf einen Teil dessen, was – bspw. nach romantischem und technologischem Verständnis – in den Bereich der Werterziehung fällt. Es wäre selbst nochmals die Frage, nach welcher (Wert-)Kriterienbasis man diese oder jene handlungsrelevante Entscheidung fällen soll. Werterziehung, die grundsätzlich Werturteilsfähigkeit (also nicht nur eine parzellierte) befördern will, sieht sich mit der Problematik konfrontiert, wie sie Heranwachsende unterstützen will, auch in Fragen der privaten Lebensführung urteilsfähig und damit mündig zu werden. Sie sieht sich gerade dann in Erklärungsnot, wenn es um handlungsrelevante Fragen geht, bei denen moralische mit außermoralischen Werten [5] kollidieren bzw. diese unvereinbar nebeneinanderstehen.

Neben allen Feinaspekten der praktischen Umsetzung liegt hier eine der größten Herausforderungen der progressiven Position. Gerade wenn Werterziehung nicht ausschließlich im schulischen Bereich Anwendung finden soll, sondern auch in informellen und unprofessionellen Kontexten, dann bedürfte die progressive Position sicherlich einer Modifikation, die diesen Aspekt berücksichtigt und weiterentwickelt. Damit ist dennoch keineswegs in Abrede gestellt, dass keine neue Konzeption der Werterziehung die theoretische Fundierung dieses Ansatzes vorschnell beiseite räumen könnte; im Gegenteil: Jedes Reflektieren über neue Konzepte der Werterziehung ist quasi genötigt, die von der progressiven Position gesponnenen grundlagentheoretischen Fäden aufzunehmen und weiterzuspinnen.

Literatur

Beyer, B. K.: Moralische Diskussionen im Unterricht. Wie macht man das? In: Mauermann, Lutz/Weber, Erich (Hg.): Der Erziehungsauftrag der Schule. Donauwörth 1981, S. 183–192.

---

5 Die Unterscheidung von moralischen und außermoralischen Werten stammt von dem analytischen Ethiker William Frankena (vgl. 1972, 100).

Blasi, A.: Bridging Moral Cognition and Moral Action. A Critical Review of the Literature. In: Psychological Bulletin, 88/1, 1980, p. 1–45.

Bonner Forum: Mut zur Erziehung. Beiträge zu einem Forum am 9./10. Januar 1978 im Wissenschaftszentrum Bonn-Bad Godesberg. Stuttgart 1978.

Brezinka, W.: Metatheorie der Erziehung. Eine Einführung in die Grundlagen der Erziehungswissenschaft, der Philosophie der Erziehung und der Praktischen Pädagogik. München/Basel [4]1978.

Brezinka, W.: Glaube, Moral und Erziehung. München/Basel 1992.

Eckensberger, L. H./Reinshagen, H.: Eine alternative Interpretation von Kohlbergs Stufentheorie der Entwicklung des moralischen Urteils. In: Eckensberger, L. H. (Hg.): Entwicklung des moralischen Urteilens. Theorie, Methoden, Praxis. Saarbrücken 1978, S. 27–92.

Fees, K.: Werte und Bildung. Wertorientierung im Pluralismus als Problem für Erziehung und Unterricht. Opladen 2000.

Flitner, A.: Reform der Erziehung. Impulse des 20. Jahrhunderts. Weinheim/Basel 2001.

Frankena, William K.: Analytische Ethik. Eine Einführung. München 1972.

Geißler, E. E.: Erziehungsmittel. Bad Heilbrunn [5]1975.

Hackl, A.: Konzepte schulischer Werteerziehung. In: ders./Steenbuck, O./ Weigand, G. (Hg.): Werte schulischer Begabtenförderung. Begabungsbegriff und Werteorientierung. Frankfurt a. M. 2011, S. 19–25.

Hügli, A.: Werterziehung; moralische Erziehung, Moralpädagogik. In: Historisches Wörterbuch der Philosophie, Bd. 12. Hg. v. J. Ritter u. a.. Basel 2004, Sp. 591–609.

Inglehart, R.: The Silent Revolution: Changing Values and Political Styles among Western Publics. Princeton 1977.

Kant, I.: Immanuel Kant über Pädagogik [1803]. In: ders.: Werke in zwölf Bänden, Bd. 12. Hg. v. W. Weischedel. Frankfurt a. M. 1977.

Kant, I.: Metaphysik der Sitten, Tugendlehre [1797]. In: ders.: Werke in zwölf Bänden. Bd. 8. Hg. v. W. Weischedel. Frankfurt a. M. 1977a.

Kohlberg, L.: Die Psychologie der Moralentwicklung. Hg. v. W. Althof unter Mitarbeit von G. Noeam und F. Oser. Frankfurt a. M. 1996.

Kohlberg, L.: Zur kognitiven Entwicklung des Kindes. Frankfurt a. M. 1974.

Kohlberg, L./Mayer, R.: Development as the Aim of Education. In: Harvard Educational Review, Vol. 42, No. 4, (1972), p. 449–496.

Leder, G.: Zur Sache: Grundwerte. Hildesheim/New York 1979.

Locke, J.: Einige Gedanken über Erziehung [1692]. Übers. und hg. v. H. Wohlers. Bad Heilbrunn 1962.

Mauermann, L.: Theorien und Methoden der Werterziehung in der Schule – ein kritischer Überblick. In: Pädagogische Welt, H. 8, (1982), S. 472–494.

Mauermann, L.: Moral Education – ein englisches Forschungsprogramm zur moralischen Erziehung für die Altersstufen 8–13. In: Die Deutsche Schule 7/8, (1978), S. 488–496.

Mikhail, Th.: Kant als Pädagoge. Einführung mit zentralen Texten. Paderborn 2017.

Mikhail, Th.: Pädagogisch handeln. Theorie für die Praxis. Paderborn 2016.

Montada, L.: Themen, Traditionen, Trends. In: Oerter, R./Montada, L. (Hg.): Entwicklungspsychologie. München/Weinheim ²1987, S. 3–86

Montessori, M.: Das Kind [1941]. In: Böhm, W.: Maria Montessori. Einführung und zentrale Texte. Paderborn 2010, S. 152–163.

Neill, A. S.: Theorie und Praxis der antiautoritären Erziehung. Das Beispiel Summerhill. Reinbek 1985.

Oser, F./Althof, W.: Moralische Selbstbestimmung. Modelle der Entwicklung und Erziehung im Wertebereich. Ein Lehrbuch. Stuttgart ²1994.

Platon: Menon. In: Sämtliche Werke, Bd. III. Griechisch u. Deutsch. Frankfurt a. M./Leipzig 1991.

Pöggeler, F.: Sozialethik der Schule. In: ders. (Hg.): Grundwerte in der Schule. Auf der Suche nach neuer Verbindlichkeit. Freiburg i. Br. u.a. 1980, S. 22–54.

Raths, L./Harmin, M./Simon, S. B.: Werte und Ziele. Methoden zur Sinnfindung im Unterricht. München 1976.

Rousseau, J.-J.: Emil oder über die Erziehung. Paderborn u. a. ¹³1993.

Standop, J.: Traditionelle Ansätze der Werteerziehung. In: Zierer, Klaus (Hg.): Schulische Werteerziehung. Hohengehren 2010, S. 104– 121.

Standop, J.: Werte in der Schule. Grundlegende Konzepte und Handlungsansätze. Weinheim/Basel ²2016.

Watson, J. B.: Behaviorismus. Hg. v. C. F. Graumann. Berlin/Köln 1968.

Werner, H.-J.: Moral und Erziehung in der pluralistischen Gesellschaft. Darmstadt 2002.

Zierer, K.: Schulische Werteerziehung. Hohengehren 2010.

Armin G. Wildfeuer

Geschichte, Problematik und Aktualität der Werttheorie

Die Rede von „Werten" hat Hochkonjunktur in allen Bereichen des Lebens. Denn Werte, so formuliert es ein Nachrichtenmagazin, sind gleichsam „das moralische Navigationsgerät des modernen Menschen". Sie führen „durch den Irrgarten der Möglichkeiten", gelten als „eiserne Reserve", sind „die erbaulichen Grundüberzeugungen der Civil Society", „das Allerheiligste des redlichen Bürgertums, auch Zeitgenossen teuer, die sonst mit Gähnen auf Moralisches reagieren." (Bauer 2006, 101)

Die quasi selbstverständliche und inflationär-ubiquitäre Verwendung des Wertbegriffs für alles, was uns „lieb und teuer" (vgl. Ritsert 2013) ist, kann freilich nicht darüber hinwegtäuschen, dass der Begriff zumeist recht unbestimmt und von seinem Bedeutungsgehalt her durchaus schillernd verwendet wird. Dies hängt im Wesentlichen damit zusammen, dass der Begriff „Wert" – wie die vielfältig mögliche Verwendbarkeit zeigt – ein hoch abstrakter Sammelbegriff oder gar ein modern-postmoderner „Container-Begriff" ist, in den Vieles und Vielartiges, prima vista Zusammenhangloses, wie in einen Container hineingeworfen werden kann: das Wahre, Gute und Schöne, aber auch Familie, Ehre, Treue, Gerechtigkeit, Gesundheit, Reichtum, Freiheit, Leben, Nation, Glaube, Gewissenhaftigkeit, Wahrheit, Bildung, Kultur, Gold und Geld. Hinzu kommt das ungeklärte Geltungsproblem, weil es einerseits Werte zu geben scheint, deren Werthaftigkeit nur für einige und andererseits auch Werte, deren Werthaftigkeit für alle evident ist. Auf den ersten Blick jedenfalls lässt die Rede von Werten wie auch der Wertbegriff in seiner allfälligen Verwendung im Unklaren, was er alles unter sich versammelt, was seine Kontur und seinen Inhalt (Intension) ausmacht und wo die Grenzen seiner korrekten Verwendbarkeit liegen, mithin, wie seine Reichweite (Extension) genau zu bestimmen ist. Gerade die empirische Sozialforschung, die mehr an einer historisch-zeitdiagnostischen Momentaufnahme des von den vielen Subjekten tatsächlich Erstrebten, als an einer Klärung des zentral zugrunde gelegten Begriffs interessiert ist, scheint sich diese Unbestimmtheit in ihren Werteerhebungen (etwa zum

Wertewandel) geradezu methodisch zunutze zu machen. Wo aber inhaltliche Präzision ersetzt wird durch die Intuition in einen bloß unterstellten,
vermeintlich von allen gleichermaßen verstandenen Begriffsinhalt, und wo
infolgedessen auch nicht danach gefragt werden kann, worin die Werthaftigkeit eines Wertes begründet ist, da verliert ein Begriff gerade das, was er
leisten soll: nämlich Orientierung zu geben im Umgang mit Gegenständen,
Handlungen, Qualitäten, Ereignissen, Situationen und Vorkommnissen.

Es braucht daher nicht zu verwundern, dass man der allpräsenten
„Tyrannei der Werte" (Schmitt 1967; ferner Schmitt/Jüngel/Schelz 1979;
Straub 2010) überdrüssig ist. „Wer Wert sagt", so C. Schmitt, „will geltend machen und durchsetzen. Tugenden übt man aus; Normen wendet
man an; Befehle werden vollzogen; aber Werte werden gesetzt und durch-
gesetzt. Wer ihre Geltung behauptet, muss sie geltend machen. Wer sagt,
dass sie gelten, ohne dass ein Mensch sie geltend macht, will betrügen."
(Schmitt 1967, 55)

Soll an die Stelle der grassierenden „Axiophilie" nicht einfach „Axio-
phobie" treten, und will man die Rede von Werten nicht einfach unter
Ideologieverdacht stellen (so etwa bei Gaßmann 2014 und Coelln 1996),
dann muss sich die Philosophie selbst um eine präzise Begriffsbestimmung
im Rahmen einer Theorie der Werte mühen, um „den Wert der Werte" (vgl.
Altmann 2010; Breitsameter 2009; Dettling 2007; Guretzky 2007; Werner 2002) begründungstheoretisch einsichtig zu machen. Denn der Begriff
ist mit Blick auf seine metaphysische Gründungsgeschichte und seine auf
dem Hintergrund seiner Entstehungsgeschichte durchaus problematischen
Definitionsfähigkeit mit einer Vielzahl von historischen wie systematischen
Problemen belastet. Eine Rekonstruktion der philosophiegeschichtlichen
Stationen, in denen sich seit dem 19. Jahrhundert die Konstitution des
Wertbegriffs und die Theoriebildung im Feld der Wertphilosophie bzw.
Werttheorie vollziehen, kann daher Licht in diesen komplexen Problem-
zusammenhang bringen, der in der Frage nach dem Geltungsanspruch
und dem Realitätsstatus von Werten kulminiert. Dass der Wertbegriff
einen schwierigen theoretischen Status hat, weil es sich weder unmittelbar
erschließt, was Werte sind, noch ob es sie überhaupt gibt, das braucht nicht
zu verwundern. Was es aber mit den Werten auf sich hat, ob sie abstrakte
Gegenstände oder Eigenschaften meinen, ob sie objektiv oder subjektiv,
d. h. unabhängig, gar absolut, oder abhängig von und relativ zu unserer

Wertschätzung existieren, und welche sinnstiftende Funktion sie haben, setzt eine Untersuchung der Logik der Wertzuschreibung voraus, wonach sich Werte als notwendig zu denkende Strebenskorrelate bestimmen lassen, die anhand ihres Bezuges zu den Tätigkeitsfelder menschlicher Praxis in ein System objektiver Werte gebracht werden können. Auch wenn die Rede von Werten eine hohe Interpretationsoffenheit bei sich führt, so ist doch festzuhalten, dass es gerade die anthropologische Funktion von Wertorientierungen ist, sinnhafte Korrelate von menschlichen Strebungen zur Verfügung zu stellen, anhand deren sich Weltorientierung und Weltveränderung einsichtig machen lassen. Eine tentativ-definitorische Bestimmung des Wertbegriffs kann mithin nicht am Anfang dieser Darlegungen stehen, sondern ergibt sich erst in deren Verlauf.

Historische und systematische Schwierigkeiten einer Theorie der Werte

Die philosophische Rede von Werten sieht sich einer Vielzahl von historischen und systematischen Schwierigkeiten ausgesetzt, die zum einen etwas mit der historischen Genese des Neologismus „Wert" im 19. Jahrhundert zu tun haben, die zum anderen aber auch am Problem der bleibenden Definitionsfähigkeit des Wertbegriffs hängen.

Die metaphysische Gründungsgeschichte eines Neologismus

Die Gründungs- und Ergründungsgeschichte des Wertbegriffs ist komplex und birgt Untiefen, die den Wertbegriff als Kern jeder Werttheorie in unterschiedlichen Hinsichten problematisch erscheinen lassen.

Insbesondere die Herkunft des Begriffs und seiner Äquivalente „valor" (lat.), „valeur" (frz.) und „value" (engl.) aus dem Bereich der (politischen) Ökonomie des 18. Jahrhunderts nähren den Verdacht, dass der Wertbegriff dann, als er – aus der Umgangssprache kommend – im Rahmen der Erörterung von Geltungsfragen des Werthaften im 19. Jahrhundert zunehmend Eingang findet nicht nur in die Sprache des gebildeten Publikums und der Wissenschaften (wie etwa auch schon in den großen Universallexika des 18. Jahrhunderts von Walch 1968, 1545 ff und Zedler 1962, 570 ff), sondern auch in die der Philosophie, von seinem ökonomischen Ursprungskontext nicht mehr ablösbar ist. Der Begriff, so H. Kuhn, kommt in die

Philosophie gleichsam als „philosophischer Neologismus", „dem seine Herkunft aus dem Bereich der Wirtschaft auf der Stirn geschrieben" (Kuhn 1975, 343) steht. Denn auch etymologisch entstammt der deutsche Begriff „Wert" ursprünglich dem Bereich der Wirtschaft, wie sich schon anhand der Bedeutung des Althochdeutschen *werd* erkennen lässt, das „Preis", „Kaufsumme", „Lohn", „kostbare Ware" meint und dann später in der Bedeutung von „Geltung", „Wertschätzung" und „Qualität" nicht nur auf Gegenstände, sondern auch schon seit dem 19. Jahrhundert – wie etwa im Artikel „Wert" bei den Gebrüdern Grimm (Grimm 1960, 459 ff) – auf Handlungen und Personen übertragen wird.

Ein zweiter Nachteil belastet die philosophische Karriere des Wertbegriffs, nämlich seine Adaption durch die neukantianisch geprägte Wertphilosophie des 19. Jahrhunderts und ihr wissenschaftstheoretisches Programm. Das Ergebnis war die Subsumtion aller Handlungsziele, erstrebenswerten Güter, Beurteilungsmaßstäbe sowie aller Messgrößen unter den Begriff „Wert". Unter der Bezeichnung „Werttheorie", „Philosophie der Werte", „Wertlehre", „Axiologie", „Timologie" u. ä. versteht sich die Wertphilosophie als Gegenbewegung einerseits gegen die Dominanz des rein positivistischen Wissenschaftsideals und das darauf bezogene empirisch eng geführte Methodenverständnis; andererseits gegen die verschiedenen Spielarten des Materialismus. Der Wertbegriff wird, so der nicht unbegründete Verdacht, für dieses Programm gleichsam instrumentalisiert[1]. Denn Werte sollen nun einen metaphysischen Bereich mit eigener Positivität bilden. Der Wertbegriff verdrängt dabei gleichzeitig die ältere, zunehmend als problematisch geltende Terminologie der Zwecke. Teleologie wird durch Axiologie ersetzt. Die Rede von „Sinn und Zweck", wie sie noch bei Kant, Fichte und Hegel in einer auf Zukünftiges gerichteten Weise begegnet, wandelt sich seit H. Lotze in der Wertphilosophie zur Rede von „Sinn und Wert", die mehr präsentisch orientiert ist. Gesichert werden soll damit auch der bedrohte Eigenstand der nun so genannten „Kultur-" oder „Geisteswissenschaften" gegenüber den „Naturwissenschaften", die als wertfrei gelten müssen (vgl. Rickert 1921b, 89 ff). Denn die Grundthese aller Wertphilosophien ist die Selbstständigkeit und Irreduzibilität

---

1   Zur Entstehung des Neukantianismus siehe *Köhnke* 1986 sowie *Schnädelbach* 1983, 198–231.

des Bereichs der Werte gegenüber dem Bereich der Tatsachen, mithin auch die Autonomie der wertsetzenden Vernunft gegenüber empirischen Gesetzmäßigkeiten. Schon H. Lotze (1883) versteht daher die Wertphilosophie insgesamt als Ausfüllung des Vakuums, das die mechanistische Weltsicht hinterlässt.

Ein dritter Nachteil kommt hinzu: Die Wertphilosophie setzt sich auch vom philosophischen Idealismus Hegels und allen sich daran anschließenden Versuchen der Neubegründung des Idealismus ab. Denn dieser, so die Invektive, sehe allein im Vernünftigen den höchsten Wert und tendiere daher ähnlich wie der Materialismus – wenn auch unter anderem Vorzeichen – zu einem monistischen Deutungsversuch der Wirklichkeit. Mithilfe des Wertbegriffs dagegen soll die empirische Komponente der Wirklichkeit, die sich in der Evidenz des „Wertfühlens" zeigt, mit der rationalen Komponente der Realität zur Einheit gebracht werden. Denn sowohl die Naturwissenschaften als auch die Geisteswissenschaften seien „Erfahrungswissenschaften", sodass sich folglich auch der Gegenstand der Geisteswissenschaften erfahren lassen müsse. Dies ist aber, so das Ansinnen, beim Korrelat des Wertbegriffs der Fall (vgl. Rickert 1915, 162). Wenn daher alle Kultur- oder Geisteswissenschaften, im Gegensatz zu den Naturwissenschaften, die Wertannahmen gegenüber indifferent sind, im Kern Wertwissenschaften sind, dann muss – so Rickert – auch die Dominanz des naturwissenschaftlichen Ideals der Wertfreiheit für die Geschichts- und Kulturwissenschaften zurückgewiesen werden. Rickert initiiert damit eine wissenschaftstheoretische Auseinandersetzung, die auf dem Hintergrund der analytischen Trennung zwischen Werturteil und Tatsachenurteil zu Beginn des 20. Jahrhunderts in den „Werturteilsstreit" in der Soziologie mündet, bei dem es um die Frage geht, ob das von M. Weber vertretene Postulat der „Wertfreiheit der Wissenschaft" haltbar ist (vgl. dazu Albert/Topitsch 1979; Zecha 2006; Büter 2012; Schurz/Carrier 2013; Fischer 2014; Schröder 2015; Vanek 2016; Hagen 2018.). Dieser Streit hat im sog. Positivismusstreit zw. Th. W. Adorno und J. Habermas einerseits und K. Popper und H. Albert andererseits eine Fortsetzung gefunden (vgl. Adorno u. a. 1978 sowie dazu Keuth 1989).

Angesichts dieser drei basalen Nachteile des Wertbegriffs braucht es nicht zu verwundern, dass bereits parallel zu seiner wissenschaftsgeschichtlich instrumentalisierten Etablierung die Problematisierung des Geltungs- und

Statusanspruchs des Wertbegriffs, wenn nicht schon dessen Dekonstruktion beginnt. Bereits M. Weber bezweifelt, dass sich die Vielzahl der mit dem Begriff belegten Phänomene auf einen gemeinsamen Nenner bringen lässt, wenn er etwa von einem „Wertpolytheismus" (Weber 1988a, 507) spricht. Andere betrachten das Wertproblem als philosophisches Scheinproblem, weil Werte entweder als Entitäten durch „Fetischisierung" (Marx 1956, insbes. im Eröffnungskapitel: „Der Fetischcharakter der Ware und sein Geheimnis") oder durch „Verdinglichung" von Beziehungen zwischen Menschen entstehen. Die Wertfrage sei, so Th. W. Adorno, das Symptom verdinglichten Bewusstseins und der Wertbegriff selbst das Resultat öko- nomischer Verdinglichung in der modernen Tauschgesellschaft (Adorno 1978, 74). Hinzu kommt der Vorwurf, der Wertbegriff sei letztlich nichts anderes als ein Differenzierungen nivellierendes Surrogat für hohe Begriffe der klassischen Ethik und gerade in deshalb untauglich. In diese Richtung verweist M. Heideggers Diktum, „Wert" sei der „späteste und zugleich schwächste Nachkömmling des agathon" (Heidegger 1947, 37). Zudem nähren die Versuche einer ontologischen Fixierung des Begriffs den Ver- dacht, der Wert und das Werthafte bildeten nichts anderes als einen „posi- tivistischen Ersatz für das Metaphysische" (Heidegger 1964, 209 f).

Tatsächlich kann mit H. Kuhn das Wertdenken des 19. Jahrhunderts als der Versuch interpretiert werden, die nach dem Ende des Idealismus zerfallende Verbindung zwischen dem Seienden und dem Guten, das die Scholastik auf die Formel des „ens et bonum convertuntur" gebracht hatte, zu restituieren, wobei an die Stelle des Seinsanspruchs des Guten der Geltungsanspruch der Werte tritt: „Das Gute erweist sich in der Meta- physik als ein Begriff von höchster systematisierender Kraft. Diese Kons- truktivität ergibt sich aus seiner innigen Verbindung mit dem Begriff des Seins. Mit der Zersetzung des metaphysischen Seinsbegriffes zerfällt auch der Begriff des Guten, und jeder seiner Bestandteile entwickelt die Ten- denz, das ganze Gute darstellen zu wollen. In dieser Parzellierung ver- liert das Begriffswort seinen Rang. [...] Der Statusverlust, den das Gute erleidet, führt schließlich dazu, dass ein Ersatzwort seine Stelle einzuneh- men versucht. Der aus der Nationalökonomie importierte ‚Wert' ist das *caput mortuum* des einst lebendigen Begriffes. Das Gute, losgerissen vom Sein, ontologisch entwurzelt, nicht mehr „über-seiend" wie bei den Pla- tonikern, sondern eher unter-seiend, nur noch „geltend" (wie wir auch vom Dollar oder der Mark sagen, daß sie soundsoviel gelten) – das ist der zu kurzlebigen philosophischen Ehren aufgestiegene Wertbegriff." (Kuhn 1973, 671 f) Diese „metaphysische Gründungsgeschichte des modernen Wertproblems" (Schnädelbach 2004, 259) führt einerseits zur bloßen, sinnfreien Faktizität des Seins, anderseits zur Frage nach der bloßen Geltung der Werte. Denn „Seiendes ist, Werte gelten." (Schnädelbach 1983, 199) Gerade der Geltungsbegriff aber, so H. Schnädelbach, entpuppt sich als „Schwachpunkt der gesamten Wertphilosophie" (Schnädelbach 2004, 259), wie schon M. Heidegger feststellte: „Die Werte gelten. Aber Geltung erinnert noch zu sehr an Gelten für ein Subjekt. Um das zu Werten hinaufgesteigerte Sollen noch einmal zu stützen, spricht man den Werten selbst ein Sein zu. Hier heißt Sein im Grunde nichts anderes als Anwesen von Vorhandenem. Nur ist dies nicht so grob und handlich wie Tische und Stühle vorhanden. Mit dem Sein der Werte ist das Höchstmaß an Verwirrung und Entwurzelung erreicht." (Heidegger 1966, 151 f) Mit den Werten, so seine vernichtende Diagnose, „ist es nichts". Sie sind „Halbheiten" (Heidegger 1964, 239). Was zu einem Wert erklärt werde, werde „seiner Würde beraubt" (Heidegger 1976, 349). Statt dass man es „sein läßt, was es ist", wird es nur noch „als Gegenstand für die Schätzung des Menschen zugelassen". Und Heidegger weiter: „Das Denken in Werten ist [...] die größte Blasphemie, die sich dem Sein gegenüber denken läßt" (ebd., 249 f). Es ist „ein radikales Töten": „Es schlägt das Seiende als solches nicht nur in seinem An-sich-Sein nieder, sondern bringt das Sein gänzlich auf die Seite" (Heidegger 1977, 263 f). In Nietzsches Wertdenken, in dem „der Vorgang der Entwertung der obersten Werte" (Heidegger 1997, 44 f und 54) zu einem Abschluss komme, vollende sich daher die im Nihilismus endende abendländische Metaphysik. „Durch das Wertdenken aus dem Willen zur Macht hält sie sich zwar daran, das Seiende als solches anzuerkennen, aber zugleich fesselt sie sich mit dem Strick der Deutung des Seins als Wert in die Unmöglichkeit, das Sein als das Sein auch nur in den fragenden Blick zu bekommen" (1976, 306; vgl. 340 f). Ein „Denken gegen ‚die Werte' " sei darum angesagt, aber ein solches Denken bedeute nicht, „für die Wertlosigkeit und Nichtigkeit des Seienden die Trommel rühren, sondern bedeutet: gegen die Subjektivierung des Seienden zum bloßen Objekt die Lichtung der Wahrheit des Seins vor das Denken bringen" (Heidegger 1976, 349).

Das Problem der Definitionsfähigkeit

Heideggers Verdikt gegen den Wertbegriff und das Wertdenken hat der Karriere des Wertbegriffs im 20. Jahrhundert keinen Abbruch getan, sodass sich eine Klärung des Begriffs schon als faktische Notwendigkeit erweist. Dies umso mehr, als in der empirischen Werteforschung eine Werttheorie im Sinne einer fundierenden Metatheorie kaum Berücksichtigung findet. Vielmehr wird jedes Objekt der Präferenz als Wert bezeichnet, wobei deskriptive und normative Aspekte nicht selten vermengt werden. In Bezug auf den Wertbegriff herrsche folglich, so wird festgestellt, ein „babylonisches Sprachengewirr" (Kmieciak 1976, 147), das zu einer „anarchischen" (Hessen 1948, 19) Situation für jede Wertlehre führen muss. Schon R. Otto hat im Wertbegriff eine Art „Chamäleon" gesehen, „das bald diese, bald eine andere Farbe zeigt" (Otto 1981, 74). Die von Heidegger in die Philosophie getragene Skepsis gegenüber der philosophischen Validität des Wertdenkens und der Werttheorie überhaupt findet mithin zusätzlich Nahrung durch die Schwierigkeiten, die sich bei dem Versuch ergeben, den Begriff Wert definitorisch zu fassen.

Versucht man sich an die Hinweise der Wertphilosophie selbst zu halten, dann handelt es sich beim Wertbegriff nach H. Rickert um einen Grundterminus, der sich, da er einem System zugrunde liegt, nicht mehr im Sinne einer vorweggenommenen Nominaldefinition bestimmen lässt.[2] Auch lässt er sich, weil es sich um eine einfache, nicht weiter analysierbare Tatsache handelt, nicht mehr durch eine zergliedernde Beschreibung in seine Bestandteile auflösen, so H. Lotze (1928, 510 ff). Abgesehen von mannigfaltigen Umschreibungen fehlt selbst im Werk M. Schelers eine Definition des Wertbegriffs, was freilich konsequent dann ist, wenn Werte als auf emotionalem Wege gegeben gedacht werden (Wertfühlen), sodass sie von vorne herein einer begrifflichen Präzisierung entzogen sind. Bereits N. Hartmann (1949, 23) stellt fest, dass der Wertphilosophie ein Begriff des Wertes bisher noch fehle. Andere verzichten auf eine Definition mit der Begründung, dass dem Wertbegriff als oberstem Begriff – ähnlich wie dem

---

2   Vgl. Rickert 1921c, 113: „Was endlich der Wert selbst für sich ist, läßt sich freilich nicht im strengen Sinn ‚definieren'. Aber das liegt allein daran, daß es sich dabei um einen der letzten und unableitbaren Begriffe handelt, mit denen wir die Welt denken."

Seinsbegriff – das *genus proximum* fehle, sodass sich dessen Gehalt bestenfalls „verdeutlichen" lasse (Hessen 1037, 23). Zudem sei die „Wertsphäre […] eine atheoretische Sphäre" (Hessen 1948, 68).

Gewiss, so wird man sagen müssen, ist der Wertbegriff philosophisch keine originäre Größe und Werte in ontologischer Hinsicht sind auch keine primären Gegebenheiten. Weder ist der Wertbegriff ein denknotwendiges Prinzip oder eine Kategorie des Verstandes oder der Vernunft, noch sind Werte, so ist zu vermuten, eine vom wertfeststellenden Subjekt völlig unabhängige Gegebenheiten. Dennoch lohnt es sich, dem Wertbegriff als einem verwendungsstarken *de facto*-Grundbegriff nachzugehen, zumal der Sache nach und begrifflich reinterpretativ seit Platons und Aristoteles' Frage nach dem höchsten Gut die gesamte abendländische Geistesgeschichte von der Diskussion über den Charakter, die Herkunft, die Existenzweise, die Objektivität oder Subjektivität, die absolute oder relative Geltung von „Werten" geprägt ist, auch wenn der Begriff „Wert" erst im 19. Jahrhundert seine Karriere innerhalb der Philosophie angetreten hat.

Geschichte und Stationen der Werttheorie

Wie bereits festgestellt, ist der Wertbegriff ein historisch „später" Grundbegriff der Philosophie. Um sich in systematischer Absicht seiner Konstitution zu versichern, ist daher ein Blick auf seine Theoriegeschichte unerlässlich, in der auch die Geltungsfrage je unterschiedlich beantwortet wird.[3] Der Wertbegriff begegnet zuerst in der ökonomischen Theorie im Kontext der Bestimmung des Preises einer Sache. Im Rahmen neukantianischer Ansätze wird insbesondere sein Realitätsstatus diskutiert. Während axiologische und phänomenologische Theorien ihn als Korrelat eines intentionalen Aktes bestimmen, wird er im Pragmatismus als Resultat menschlicher Interaktionen konzipiert. In der materialen Wertethik sind Werte objektive Richtmaße sittlichen Handelns. Die Frage nach dem Wesen des Wertes wird in der analytischen Philosophie zur Frage nach dem Sinn wertender Sätze in Form von Werturteilen.

---

3   Hilfreiche Hinweise zur Begriffs-, Ideen und Theoriegeschichte finden sich bei Hügli u.a. 2004; Wildfeuer 2011; Clément u.a. 2015; Hirose/Olson 2015; Joas 2017; Krobath 2009 und 2018; Erpenbeck 2018.

Wert und Preis (Ökonomische Werttheorie)

Ökonomische Werttheorien versuchen seit der Antike mit dem Wertbegriff eine Antwort auf die Frage zu geben, wonach sich das Verhältnis bestimmt, zu dem Güter ausgetauscht werden. Folgt man Aristoteles, dann liegt nur dann ein gerechter Tausch im Sinne der ausgleichenden Gerechtigkeit vor, wenn der Wert der Leistung dem der Gegenleistung entspricht, und mithin deren Äquivalenz in Form einer arithmetischen Proportionalität gewährleistet ist. Das Geld (νόμισμα) als das den Tausch (ἀλλαγή) erst ermöglichende Gleiche, in dem über den angemessenen Preis der Wert der zu tauschenden Leistungen zum Ausdruck kommen soll, hat keinen Wert in sich, sondern fungiert lediglich als verrechenbarer und stellvertretender Ersatz der menschlichen Bedürfnisse (χρεία), die bei allen Bürgern gleich sind (Aristoteles, Nikomachische Ethik, V, 8, 1131 b 33–1133 b 35). Das römische Recht dagegen, demzufolge ein *iustum pretium* das Produkt eines auf freier Übereinkunft beruhenden Tausches auf der Grundlage des gegenseitigen *circumscribere* und *circumvenire* (unter Ausschluss gegenseitiger Übervorteilung und des Preiswuchers) darstellt, verzichtet auf einen objektivierbaren Wertmaßstab. Der solchermaßen ausgehandelte *iustum pretium* wird damit zum ethischen Wertmaßstab für den tatsächlichen Marktpreis und Grundlage entsprechender Überlegungen auch in der patristischen Ethik (vgl. Augustinus, De trinitate XIII, 3). Erst im Mittelalter wird die aristotelische Frage nach einem objektiven Merkmal der Wertäquivalenz wieder aufgegriffen und zu einer ersten Variante einer Kostentheorie ausgebaut, wobei an die Stelle der Gleichheit der menschlichen Bedürfnisse bereits bei Albertus Magnus (Albertus Magnus, Eth. V, tr. II., c. 7.) die gleiche Menge von Arbeit und Kosten (*labores et expensae*), ergänzt um das Transportrisiko bei Thomas von Aquin (S. th. II–II, 77, 1, 4), tritt. Deren Berücksichtigung garantiert eine *justa commutio* und macht die Ermittlung des im *iustum pretium* zum Ausdruck kommenden Wertes (*valor*) erst möglich.

Nur in objektiven Wertlehren können eigentlicher Wert und tatsächlich erzielbarer Marktpreis auseinandertreten und Ersterer zum Maßstab des Letzteren werden. Die damit verbundene Aufwertung der Wertkategorie führt zur Unmöglichkeit der preislichen Verrechnung eines Wertes und damit zur Unabhängigkeit des Wertbegriffs vom Begriff des Preises, wie sich etwa in Kants Rede vom „innern Wert" bzw. der „Würde" des Menschen, zeigt, der sich nicht in einem Preis ausdrücken lässt (Kant, GMS, 434 f).

In der objektiven ökonomischen Werttheorie des 17. und 18. Jahrhunderts werden weitere begriffliche Differenzierungen eingeführt. W. Petty (1963, 144 ff) unterscheidet mit Blick auf die Wertbestimmung des „natural price" (im Unterschied zum „political price") zwischen einem „intrinsick value" und dem „extrinsick or accidental value", eine Unterscheidung, die bei J. Locke durch die Trennung eines „intrinsick natural worth" (der durch die wertschöpfende Arbeit konstituiert wird) von einem „marketable value" aufgegriffen wird (vgl. Locke 1963, 353 ff und 1993, 66). Zur weiteren Klärung des ökonomischen Wertes bilden sich in der Ökonomietheorie frühzeitig zwei gegensätzliche Richtungen heraus, in denen der Wertbegriff in einer doppelten Bedeutung, nämlich als „Gebrauchs-" und als „Tauschwert", begegnet: „The word value, it is to be observed, has two different meanings and sometimes expresses the utility of some particular object, and sometimes the power of purchasing other goods, which the possesion of that object conveys. The one may be called ‚value in use', the other ‚value in exchange'." (Smith 1855, 13) In der von A. Smith begründeten objektivistischen Werttheorie (klassische Kostentheorie, später: Arbeitswerttheorie; D. Ricardo, J. St. Mill, K. Marx) geht man zur Wertbestimmung von den objektiv und real in einer Ökonomie gegebenen technischen Produktionsbedingungen und Produktionskosten (Arbeit, Kapital, Boden) und den gesellschaftlich bestimmten Verteilungsrelationen (Höhe der Löhne und Profite) aus, die den objektiven Wert der Güter als ihren „natural price" und damit ihren Tauschwert bestimmen (vgl. Smith 1855, 5 ff). Das Problem der objektivistischen Werttheorien liegt insgesamt darin, eine überzeugende Lösung der Transformation der Werte in Preise zu finden. Im Gegensatz dazu geht die „neoklassische" subjektivistische Werttheorie (H. Gossen, C. Menger, L. Walras, S. Jevons) bei der Wertbestimmung vom konkreten Nutzen- oder Gebrauchswert (Bedürfnis, Nützlichkeit, relative Seltenheit) bzw. von der Nutzeneinschätzung eines ökonomischen Gutes für einzelne Wirtschaftssubjekte aus: „value depends entirely upon utility" (Jevons 1871, 2). Nach dem Grenznutzentheorem nimmt der Wert knapper Güter für einen Menschen mit größerer verfügbarer Menge ständig ab bis hin zur Sättigung des diesbezüglichen

Bedürfnisses. Im 20. Jahrhundert setzt sich, orientiert am Postulat der „Wertfreiheit", zunehmend eine rein funktionalistische Betrachtung des Preisbildungsprozesses durch (Gleichgewichtstheorie bzgl. Angebot und Nachfrage; funktionale Werttheorie), die auf den Wertbegriff als ehedem zentrale Kategorie verzichtet.

Wert und Wirklichkeit (Wertphilosophie des Neukantianismus)

Im *Neukantianismus* (H. Lotze, H. Rickert, W. Windelband u. a.) wird der Wertbegriff zum zentralen Begriff, mit dem das Wirklichkeitsverständnis aus der im 19. Jahrhundert zunehmend eng geführten Fixierung auf das naturwissenschaftlich Erforschbare befreit werden soll. Seine Etablierung entspricht, wie H. Lotze feststellt, den „Bedürfnissen des Gemütes", der Sphäre der kausal-mechanischen Naturbetrachtung als der Sphäre des Gleichgültigen, eine Sphäre des „an und für sich Werthvollen" gegenüberzustellen (Lotze 1841, 4 ff und 323 ff; vgl. 1923, 605 ff). Sie kann gleichsam als „Idealwelt" (Lange 1898, 546) zur Befriedigung ethischer, ästhetischer und religiöser Bedürfnisse gelten. Werte können daher auch nicht durch den auf die bloße Erscheinung gerichteten, dem Werthaften gegenüber „gleichgültigen" Verstand, sondern nur durch das Gefühl erfasst werden, das von Lust und Unlust begleitet wird. Dabei kommt den qualitativ verschiedenen Inhalten des Lustgefühls eine objektive Bedeutung zu. Sie bilden ein objektives „System mannigfaltiger Glieder, deren jedes seinen besonderen Charakter und seinen besonderen Werth hat, ohne daß der Geist im Stande ist, diese Verteilung zu ändern" (Lotze 1969, § 8). Die spezifische Wirklichkeitsform der Wertvorstellungen ist in Abgrenzung zum „Sein" und „Geschehen" die der „Geltung" (Lotze 1989, 505 ff). Ihre Inhalte „werden nicht erfunden, oder durch Umwertung neu geprägt; sie werden entdeckt" (Riehl 1920, 166).

Die Philosophie hat, folgt man diesen Ansätzen, immer zwei Gegenstandssphären: die der Natur (in der die „Naturgesetze" den Lauf der Wirklichkeit beherrschen) und die der Werte, die als „Normalgesetze" den Maßstab für „Werturteile" bilden (Liebmann 1876, 504 ff). Eine solche „Normalgesetzgebung" liegt allen Arten menschlicher Tätigkeit (Denken, Wollen, Fühlen) zugrunde. Das Wahre (des Denkens für das Gebiet der Wissenschaft), das Gute (des Wollens und Handelns für das Gebiet der

Sittlichkeit) und das Schöne (im Fühlen für das Gebiet der Kunst) sind ihre obersten Werte (vgl. Windelband 1915a, 139 f). Die allgemeingültigen Werte setzen als Maßstab ein transzendentales „Normalbewußtsein" als Inbegriff der überindividuell geltenden Werte voraus (Windelband 1915b, 122). Der Begriff Wert lässt sich dabei, so H. Rickert, „ebenso wenig wie der des Existierens definieren". Er steht für „Gebilde, die nicht existieren und trotzdem ‚Etwas' sind, und wir drücken dies am besten dadurch aus, daß wir sagen, sie gelten" (Rickert 1921a, 229 f). Werte fordern zur Bejahung oder Verneinung auf. Selbst theoretischen Urteile liegt ein wertendes, praktisches Verhalten zugrunde, sodass im Letzten alle Erkenntnis auf die Wahrheit als einen „theoretischen Wert" bezogen ist. Er tritt dem urteilenden Subjekt als ein „transzendentes Sollen" gegenüber, das zu einer Wahr-/Falsch-Stellungnahme auffordert.

Bereits die unmittelbaren Nachfolger stellen die absolute Geltung an sich seiender Werte im Kontext der Etablierung der Sozial- und Geschichtswissenschaften infrage. Mit M. Weber kommen die irrationalen und subjektiven Momente der Wertorientierung und der „Kampf" der unterschiedlichen Wertordnungen ins Blickfeld (Weber 1988b, 603). E. Troeltsch, und W. Dilthey adaptieren den Wertbegriff für die Geschichts- und Geisteswissenschaften und sprechen sich gleichzeitig gegen die Annahme zeitlos geltender Werte aus. Denn eine Vereinigung von Historie und Wertlehre sei nur möglich unter der Maßgabe, dass Maßstäbe zur Beurteilung historischer Dinge aus dem geschichtlichen Leben selbst gewonnen werden (vgl. Troeltsch 1977, bes. 201 ff sowie Dilthey 1992, bes. 241 ff u. 255 ff). E. Sprangers Versuch, die Bindung der Einzelseele auf „historischer Stufe" an „objektive Wertgebilde" zu belegen (Spranger 1921, 14 f und 107 ff), kann nicht mehr verhindern, dass der psychologische Vorgang der Wertung zu Beginn des 20. Jahrhunderts mehr und mehr ins Blickfeld kommt. Die Fixierung auf die objektive Geltungsfrage verflüchtigt sich in den unterschiedlichen Wertpsychologien zunehmend, weil sie primär das wertfühlende (A. Meinong, W. Wundt, A. Döring und J. C. Krebig) oder das wertwollende oder wertbegehrende Subjekt (H. Schwarz und R. Eisler, Ch. von Ehrenfels) in den Blick nehmen.

Wert als Korrelat eines intentionalen Aktes
(Axiologische Schule und phänomenologische Werttheorie)

Der von F. Brentano (1921; dazu Faller 1982; Chisholm 1986; Park 1991) aus der scholastischen Theoriebildung übernommene und über die Psychologie in die Wertlehre eingeführte Begriff der *Intentionalität* dient in der österreichischen axiologischen Schule und dann später in der phänomenologischen Werttheorie dazu, die Entstehung und Konstitution der Werte zu erklären, die nun als Korrelate intentionaler Akte aufgefasst werden. Denn wie Vorstellungen sich auf Anschauungen und Begriffe wie Urteile sich auf die Anerkennung oder Verwerfung vorgestellter Gegenstände beziehen, so gibt es eine dritte Klasse intentionaler Beziehungen, die aus Gemütsbewegungen des Liebens und Hassens besteht, in denen der jeweils aufgefasste Inhalt gutgeheißen oder verworfen wird. Was für Urteilsakte gilt, gilt auch gleichermaßen für Gemütsbewegungen des Hassens und Liebens: Ihr Gegenstand wird zum einen als „richtig" oder „unrichtig" gewertet, zum anderen gibt es darin eine Form der unmittelbar erlebten Existenzevidenz des intendierten Inhalts: Brentano spricht von „höheren Urteilsweisen" und einem durch eine innere Richtigkeit charakterisierten „Gefallen und Mißfallen höherer Art" (Brentano 1921, 19 f), das unmittelbar und zweifelsfrei erlebt wird. Denn „Werthgefühle" sind, wie Meinong (1968) immer wieder betont, im Wesentlichen intuitiv plausible und evidente „Existenz-Gefühle", denen „Existenzurteile" affirmativer oder negativer Art zugrunde liegen: Das Geliebte wird als in der Welt existierend gewollt und seine tatsächliche Existenz erzeugt Freude. Das Gehasste wird als nicht-existierend gewollt und seine Existenz erzeugt Leid. Anders als Brentano, erklärt Meinong die Erfassung des Werthaften (des „Dignitativen" oder „Desiderativen") nicht von Seiten eines auf Evidenzerlebnissen basierenden Aktes, sondern aus der dem Gegenstand zugewandten Inhaltsseite.

Husserl entwickelt in Analogie zur Logik eine „formale Axiologie". In beiden Wissenschaften kommt als Untersuchungsmethode die phänomenologische Methode der „eidetischen Reduktion" (Husserl 1950, 42) zum Tragen. Gegenstände, so Husserl, können grundsätzlich durch logische oder axiologische Prädikate bestimmt werden. Die Wertprädikate kommen dem Gegenstand „zwar in Wahrheit zu, sie zu leugnen wäre verkehrt. Aber sie gehören sozusagen in eine andere Dimension" (Husserl 1988, 262). Denn während axiologische Prädikate vom Gegenstand ohne Veränderung seiner phänomenalen Substanz „weggestrichen" werden können (ebd., 268), gilt dies nicht in gleicher Weise für die logischen Prädikate. Weil es ohne das Werten keine Wertprädikate gibt, setzt die wertende Vernunft die logische Vernunft (Intellekt) voraus und baut darauf auf (ebd., 263). Werte existieren nur aufgrund der den Gegenständen notwendigerweise zukommenden Wertprädikate: „Wir sprechen von Werten, sofern Gegenstände sind, die Wert haben" (ebd., 255). Als Gegebenheiten der Vernunft sind Werte wie andere Gegenstände auch zu behandeln. Einem Objekt kommt entweder ein positiver Wert, ein negativer Wert oder Wertlosigkeit zu. Inhaltlich ist zwischen sinnlichen und geistigen Werten zu unterscheiden, wobei Letztere in keinem Verhältnis der Rangordnung zueinander stehen und sich auf die Gebiete Wissenschaft, Kunst und vernünftige Selbst- und Nächstenliebe beziehen. Sinnliche Werte können immer nur einen Mittelcharakter zur Ermöglichung der geistigen Werte haben. Husserl unterscheidet ferner zwischen Individualwerten und sozialen Werten und hinsichtlich des ontologischen Status eines Gegenstandes oder Sachverhaltes zwischen „Erscheinungswert" und „Wirklichkeitswert". Ästhetische Werte gefallen um der Erscheinungsweise willen und sind Gegenstände der Lust. Ethische Werte stellen eine Anforderung an das Ich in Form eines absoluten Sollens.

Wert als Resultat menschlicher Interaktionen (Pragmatismus)

Folgt man dem *Pragmatismus*, dann sind Werte weder bloß subjektiv, noch liegen sie objektiv gegeben vor. Vielmehr resultieren sie – ebenso wie auch die Auffassung von der ontologischen Gliederung der Welt – aus *sozialen Interaktionen* und werden erst durch diese konstituiert. Die prinzipielle Differenz von Fakten und Werten wird im Rahmen der dem Pragmatismus eigenen naturalistischen Ontologie als aufgehoben betrachtet, weil beide gleichermaßen Resultate eines sozial-interaktiven Konstitutionsgeschehens sind. Auch die Subjekt-Objekt-Spaltung im Wertbegriff wird infrage gestellt, weil – so Ch. S. Peirce (1984, 223 ff) im Rahmen seiner naturalistisch verstandenen Zeichentheorie – Subjekt und Objekt nur Grenzbegriffe eines von keiner Instanz gesteuerten Zeichengeschehens sind, dem Werte handlungsleitend immanent sind und in dem das Subjekt einer Erfahrung im nächsten Schritt als Objekt begegnet. Nach W. James (1903, 189 f) liegen Akte des Wertens immer schon dort vor, wo Lebewesen in einer Welt physischen Empfindens einen körperlichen Zustand einem anderen Zustand vorziehen. Werten muss daher ein objektiver Status zukommen, weil tatsächlich vertretene Ansprüche sich in ihnen manifestieren (vgl. ebd., 190). Eine Gültigkeit von Werten außerhalb von Ansprüchen kann es nicht geben. Der Ausgleich der unterschiedlichen Ansprüche der Beteiligten mit unterschiedlichen Werten konstituiert ein gemeinsames moralisches Universum.

Im Rahmen einer der Sein-Sollens-Dichotomie vorausliegenden naturalistischen Ontologie verankert J. Dewey (1981/dt. 1995; dazu Gouinlock 1972) Werte in der Natur selbst bzw. in natürlichen Prozessen im Leben von Menschen als Naturwesen. Werte werden unmittelbar als unhintergehbares qualitatives Faktum empfunden, das sich dem rationalen Erfassen durch Sprechakte entzieht. Werturteile wie Werte sind immer kontext- und erfahrungsabhängig. Sie resultieren einerseits aus der Interaktion mit der Natur und der sozialen Ordnung, andererseits konstituieren sie diese erst. Werte sind daher „as unstable as the forms of clouds" (Dewey 1981, 298/dt. 1995, 373). Ähnlich sind Werte für G. H. Mead (1950/dt. 1973) Teil der in der Kommunikation geschaffenen Ordnung, wobei sich Selbst- und Sozialordnung gegenseitig ermöglichen. Werte bilden sich daher – wie auch H. Joas (1992 und 1917) betont – im Austausch von Individuum und Gesellschaft dynamisch. Ähnlich urteilt H. Putnam (1981/1982; vgl. 1990, 135 ff) mit Verweis auf die in der Alltagssprache häufig vorkommenden Ausdrücke, die wertend und beschreibend gleichermaßen zu verstehen sind. Diese Position verschärft R. Rorty dadurch, dass er die epistemologische Unterscheidung von Fakten und Werten ganz aufgibt: „So a second characterization of pragmatism might go like this: there is no epistemological difference between truth about what ought to be and truth about what is, nor any metaphysical difference between facts and values, nor any methodological difference between morality and science" (Rorty 1982, 163)[4].

---

4 Zur Rolle der Gemeinschaften in der Ausbildung von Werten des Individuums siehe auch Rorty 1989. Zur Debatte um die Fact/Value-Unterscheidung vgl. als frühes und einflussreiches Statement des Emotivismus vgl. Ayer 1946; ferner

Wert als materiales Richtmaß sittlichen Handelns (Materiale Wertethik)

Die *materiale Wertethik*, derzufolge die Richtmaße sittlichen Handelns als hierarchisch geordnete Werte aufgefasst werden müssen, greift Brentanos Begriff des Wertfühlens ebenso auf wie die Erkenntnisse der Wertphänomenologie Husserls. Sie erfährt durch M. Scheler und N. Hartmann eine jeweils eigene bedeutende Ausgestaltung. Nach Scheler sind Werte als eigenständiges, vom Seienden unabhängiges Apriori aufzufassen, zugänglich im intentionalen Fühlen als dem „emotionalen Apriori" der Erfassung einer objektiv bestehenden Werthierarchie durch das Individuum. Eine intersubjektive Überprüfung von Werten erübrigt sich dadurch. Intendiert ist damit eine Gegenkonzeption zur Kantischen Pflichtethik, deren Formalismus, Subjektivismus, Rationalismus und Universalismus zurückgewiesen wird. Werte sind keine aus dem Verhältnis von Gegenstand und Subjekt sich ergebenden relationalen, sondern materiale, bestimmten Gütern zukommende Qualitäten (vgl. Scheler 1954, 40), die unabhängig vom Subjekt wie von den Gütern, in denen sie sich jeweils realisieren, bestehen. Sie entziehen sich der empirischen Erkenntnis und können nicht aus den anderen Qualitäten eines Gegenstandes erschlossen werden. Sie sind a priori in evidenten Akten des Wertfühlens gegeben, im Letzten in graduellen Akten des Liebens und Hassens (vgl. ebd., 89). Ihre Rangordnung, die alleine aus den Akten des Vorziehens und Nachsetzens erschlossen wird, unterliegt keiner Veränderung (ebd., 109). Ein Wert ist umso höher angesiedelt, a) je dauerhafter, b) je weniger teilbar, c) je weniger fundiert er ist, d) je tiefer die Befriedigung ist, die mit seinem Fühlen verknüpft ist, und e) je weniger sein Fühlen zu Trägern des Fühlens relativ ist (vgl. ebd., 118). Der Modalität nach lassen sich vier Wertarten („Wertmodalitäten") a priori mit ansteigender Höhe unterscheiden (vgl. ebd., 125): die Werte 1) des Angenehmen und Unangenehmen; 2) die des vitalen Fühlens; 3) die geistigen Werte; 4) die Werte des Heiligen und Unheiligen. Da alle

---

aus der Sicht des ethischen Naturalismus Foot 1978; aus der Perspektive des Präskriptivismus Hare 1952. Auf dem Hintergrund der Feststellung, dass Werte keine Fakten sind, die Moralsprache jedoch versucht, Fakten festzustellen, siehe Mackie 1983; sowie als Kritik des Naturalismus und Verteidigung des Nicht-Naturalismus Moore 1993.

wesenhaft verschiedenen Akte im „Sein der Person", das allen Akten vor-
hergeht, „fundiert" (ebd., 394) sind, ist ein ethischer Relativismus, der
Werte vom einzelnen Ich, vom Leben oder von der Kultur abhängig macht
(vgl. ebd. 278 ff und 318), von vorneherein ausgeschieden. Unterschiedliche Ethos-Formen sprechen nicht gegen ein Reich der objektiven Werte,
sondern setzen dieses geradezu voraus (vgl. ebd., 307).

N. Hartmann (1949; dazu Baumgartner 1964 und Buch 1982;
1987) verstärkt die Lehre M. Schelers insofern, als er die Systematisierung und Konkretisierung eines an sich bestehenden Reiches von hierar-
chisierten, „unberührt von Subjekten" existierenden Werten unternimmt.
Werte bestehen als wesenhafte Entitäten unabhängig vom Bewusstsein und
haben – wie mathematische und logische Gebilde – kein reales, sondern
ein ideales Ansich-Sein, das unabhängig vom individuellen Dasein Gegenstand einer Erkenntnis a priori ist (vgl. ebd., 150). Werte haben den Charakter der Allgemeinheit, der Notwendigkeit und der Objektivität (vgl.
ebd., 155) und erschließen sich uns in einem Wertgefühl, das Objektivität
wie eine mathematische Einsicht beanspruchen kann. Begleitet wird das
Wertgefühl von einem Gefühl der Werthöhe, die in jedem einzelnen Akt
jeweils neu gefasst werden muss (vgl. ebd., 287 und 275). Gegenüber der
Annahme und der genaueren Bestimmung eines obersten Wertes als eines
einheitsstiftenden Prinzips des gesamten Wertesystems bleibt Hartmann
skeptisch, denn er könnte „sehr wohl etwas anderes als ein Wert sein"
(ebd., 292). Dem ontologischen Status der Werte nach ist Werterkenntnis immer „Seinserkenntnis" (ebd., 16). Die Unfähigkeit, aufgrund des
Fehlens des Wertgefühls Werte zu erfassen, oder sich darin zu täuschen,
ist immer „Wertblindheit" als „das Fehlen des Wertgefühls" (ebd., 157).
Obgleich Werte objektiv gegeben und völlig unabhängig von den konkreten Wertschätzungen des Subjekts bestehen, so sind sie doch relativ „auf
die Person als solche" (ebd., 140) hin, ohne dass sie von Personen in die
Welt gebracht würden. Denn „die Relativität der Güter auf das Subjekt –
z. B. ihr Angenehm-Sein für das Subjekt – ist gar keine Relativität des
Wertwesens" (ebd., 141).

Die sich auf die Evidenz des Wertfühlens gründende und einen ontologischen Sonderstatus der Werte postulierende phänomenologische Wertlehre sieht sich seit ihren Anfängen mit dem Einwand konfrontiert, sie
würde die Einsichtigkeit ihrer Wertesysteme bloß behaupten und ihre

(teilweise) Plausibilität lediglich dem Anschluss an faktische Wertungstraditionen verdanken. Vor allem die Verbindung der Wertwahrnehmung mit Intuition und Gefühl wird als hochproblematisch eingeschätzt. Die entscheidende Kritik an der materialen Wertethik erfolgt durch die sprachanalytisch reflektierten Theorien der Normbegründung, nach denen die Berufung auf Gefühle keine Begründung für verbindliche Forderungen oder für die Geltung objektiver Werte sein kann. Bereits im Rahmen der wertethischen Begrifflichkeit haben Autoren wie R. Reininger (1939) die Gründung einer subjektunabhängigen Wertordnung auf das Wertfühlen kritisiert und demgegenüber die Subjektivität der Werterkenntnis, die sich als Selbsterkenntnis des Wertenden darstellen lässt, herausgearbeitet. Auch D. von Hildebrand (1933 und 1969) gründete seine Wertethik nicht auf eine subjektunabhängige Wertrangordnung, sondern auf den Gegensatz von Wert und „für mich Wichtigem". Jeder Wert besitzt dabei seine ideal ihm gebührende Antwort (z. B. Bewunderung, Begeisterung, Liebe, Realisieren-Wollen etc.). Ein neues System phänomenologischer Wertethik entwarf H. Reiner (1974), der das sittlich Gute auf ein Vorziehen „objektiv bedeutsamer" vor den nur „subjektiv bedeutsamen" Werten zu gründen suchte, der Wertrangordnung aber Bedeutung für das (vom Guten zu unterscheidende) „sittlich Richtige" beimaß. Von einem „Impersonalismus" aus, der die Erfüllung der Pflicht unter Ausschaltung jeglicher Ichbezogenheit einfordert, erörterte D. H. Kerler (1925) die Probleme der Wertethik. M. Reding (1949) und J. de Finance (1968) haben eine Verbindung zwischen scholastischer Seins-Ethik und Wertethik zu ziehen versucht.

Wert und Werturteile (Analytische Philosophie)

Die *analytische Philosophie* interpretiert die Frage nach dem Wesen des Wertes zur Frage nach dem Sinn wertender Sätze und dem Geschehen in Werturteilen um. Beim allgemeinsten Wertbegriff „gut" handelt es sich nach G. E. Moore um eine undefinierbare, weil einfache, nichtnatürliche genuine Eigenschaft, die nicht auf natürliche Eigenschaften reduziert und auch nicht durch Bezug auf andere nichtnatürliche oder metaphysische Eigenschaften definiert werden kann. Die Verwechslung eines Begriffs mit Eigenschaften, die der darunterfallenden Entität zukommen, wird als

„naturalistischer Fehlschluss" moniert (vgl. Moore 1993, bes. 26 ff, 58–62, 72 ff, 91–95, 173 ff). Nach W. D. Ross (1930), der dem Wertrealismus Moores weitgehend folgt, sind Werte Eigenschaften zweiter Ordnung („a dependent or consequential characteristic") in Abhängigkeit nicht von einzelnen Eigenschaften erster Ordnung, sondern von der Gesamtbeschaffenheit des betreffenden Objekts („toti-resultant property", ebd. 119 ff). Gegenüber einer solchen *objektivistischen* Wertkonzeption wird im Logischen Empirismus eine *subjektivistische* Position vertreten. Werte, so M. Schlick (1930, 6), hängen von empirisch gegebenen Gefühlsdispositionen des Subjekts ab, die zusammen mit der Umgebung den Wert in gewisser Weise determinieren. Insofern können sie bedingt objektiv genannt werden. Werte sind über die Prädikatsstrukturen mittels Kennzeichnungen definierbar. Der Sinn jeder Aussage über den Wert eines Gegenstands besteht immer darin, „daß dieser Gegenstand oder die Vorstellung von ihm einem fühlenden Subjekt Lust- oder Unlustgefühle bereitet" (ebd. 88).

Nicht auf Lustgefühle, sondern auf volitive Zustände führt B. Russell Werte zurück: „we may define ‚good' as ‚satisfaction of desire'" (Russell 1992, 55). L. Wittgenstein wendet gegen Schlick ein, dass „das Wesen des Guten nichts mit den Tatsachen zu tun hat und daher durch keinen Satz erklärt werden kann" (Waismann 1965, 13; dazu Wittgenstein, Tractatus, 6.41). Die Idee eines absolut Guten wie überhaupt objektiv gegebener, mithin von Neigungen unabhängiger Werte sei purer Unsinn („nonsensicality", vgl. Wittgenstein 1965). Nach R. Carnap sind Wertsätze, in dieser Hinsicht metaphysischen Behauptungen ähnelnd, nicht verifizierbare Scheinsätze und mithin sinnlos. Die in ihnen vorkommenden Termini können nicht durch empirische Kennzeichen ersetzt werden (vgl. Carnap 1931, 237). Vielmehr sind Wertsätze im Kern durch eine „misleading grammatical form" (Carnap 1935, 24) verschleierte Befehle. Der spätere Carnap mildert dieses Verdikt und steht Wertsätzen, in denen immer Entscheidungen, Aufforderungen und Präferenzen zum Ausdruck kommen, eine „optativische Bedeutung" zu: Sie bringen dauerhafte Einstellungen gegenüber Sachverhalten zum Ausdruck, deren Wahrheitswert bekannt ist (vgl. Carnap 1963). Auch nach A. J. Ayer (1946, 136 ff) lässt sich die Sinnhaftigkeit von nicht-propositionalen Wertaussagen mit Blick auf die non-kognitive Funktion der Sprache, nämlich Gefühle auszudrücken oder zu evozieren, belegen. Als Gefühlsexpressionen (und nicht bloß Behauptungen über mentale Zustände) sind sie einer Analyse zugänglich. An die emotive Funktion der Sprache knüpft auch die psychologische Bedeutungstheorie C. L. Stevesons an. Wertausdrücke erlauben es im Gegensatz zu bloßen Imperativen viel subtiler, affektive Veränderungen herbeizuführen (Stevenson 1944, 37 ff). Evaluationen bauen sich nach V. Kraft dreistufig auf: Es muss erstens eine aus Gefühl und Streben resultierende, ggf. auch affektive Stellungnahme vorliegen (Kraft 1937, 28 ff u. 58 ff). Zweitens wird in Evaluationen die eigene Stellungnahme durch Wertbegriffe „ausgezeichnet" und gelangt damit zum Bewusstsein (ebd., 42 ff). Und drittens ermöglichen Werturteile eine „unpersönliche" Form der Auszeichnung (ebd., 55 ff), die gegenüber der Stellungnahme des Adressaten Aufforderungscharakter hat (ebd., 152 ff).

Gegen die emotive Grundlegung von Evaluationen wie deren Aufforderungscharakter wendet R. M. Hare ein, dass Werturteile wie deskriptive Urteile auch ihrem Rezipienten einen Sachverhalt kommunizieren – wenn auch im Modus des Empfehlens („commending"), um Handlungsentscheidungen zu leiten (Hare 1952, 12 ff). Wertaussagen haben daher primär eine „präskriptive" und keine „deskriptive" Bedeutung, auch wenn viele Wertbegriffe evaluative wie deskriptive Komponenten gleichermaßen enthalten (ebd., 111 ff).

Gegen das vielfach verfeinerte metaethische Programm einer Analyse der Logik wertender Sätze wird eingewendet, dass sich substanzielle Einsichten in das Wesen der Werte nicht mittels Begriffsanalysen gewinnen lassen. Vielmehr mache, so J. L. Mackie (1983, 59 ff), die Verwendung der alltäglichen moralischen Begriffe immer eine wertrealistische Sicht erforderlich, auch wenn sich ontologische Implikationen philosophisch als Irrtum und „Projektion" erweisen (vgl. ebd., 30 ff u. 42 ff).

Die quaestio vexata der Werttheorie: der Realitätsstatus von Werten und das Geltungsproblem

Je nachdem, wie der Geltungsstatus der Werte, ihr Realitätscharakter und ihr Bezug zum werterkennenden, werteverwirklichenden und wertesetzenden Subjekt bestimmt wird, können zwei grundsätzliche Geltungspositionen unterschieden werden: der *Wertobjektivismus* und der *Wertsubjektivismus*. Eine dritte Position, die der Entgegensetzung von

Wertobjektivismus und Wertsubjektivismus zu entkommen sucht, begründet Werte als plausible Setzungen der praktischen Vernunft.

Wertobjektivismus

Der *Wertobjektivismus* (auch „moralischer Realismus") versucht argumentativ mit Blick auf die Moralbegründung zu belegen, dass es eine von den Strebungen, Motiven und Wünschen des jeweiligen Betrachters unabhängige moralische Realität gibt, in der Werte oder Gesetze eine ausschlaggebende Rolle spielen, die den Anspruch auf objektive Geltung erfüllen (vgl. zu diesem Argumentationstyp in der Ethik McNaughton 1988/dt. 2003; Brink 1989; Schaber 1997; Ernst 2008). Denn etwas muss, so wird argumentiert, auch bestimmte Eigenschaften besitzen, um für jemanden gelten zu können; und genau diese Eigenschaften machten die Objektivität des Geltenden aus – also auch der Werte. Werte sind demnach solche Eigenschaften, die subjektunabhängig existieren und von uns nur erfasst werden müssen.

Zu den objektivistischen Positionen zählt der sog. *Wertrealismus* bzw. die metaphysische Wertlehre, die Sein und Wert miteinander identifiziert bzw. untrennbar verbindet, sodass Werte den Charakter der Notwendigkeit haben. Werte gelten als Qualität des Seins und legen in ihrer Vollendung das Sein und dessen metaphysische Ordnung aus. Sie korrespondieren dem Guten im Sinne des *„ens et bonum convertuntur"* und verweisen auf einen höchsten Wert (*„summum bonum"*). Im *Wertidealismus* dagegen werden Sein und Wert als unterschiedliche Wirklichkeitsbereiche getrennt, wobei Werte als objektive Qualitäten, mithin als absolut verstanden werden. Folgt man dem *Platonismus*, dann existieren Werte in Form ontologisch realer, wenngleich überweltlicher Ideen. Die Wertewelt, die als Parallelwelt der sichtbaren Welt der Dinge als die eigentlich wirkliche Welt kontrastiert, gipfelt in der Idee des Guten. Im *Neukantianismus* erscheinen Werte als formales, als solches aber überindividuell geltendes Sollen. Als Werte gelten demnach verallgemeinerbare moralische Handlungsregeln, die überindividuelle Geltung deswegen beanspruchen können, weil sie widerspruchsfrei die Form eines Gesetzes (kategorischer Imperativ) annehmen können. Im Gegensatz zum rein formalen Wertebegriff des Neukantianismus bilden nach den verschiedenen Ansätzen der *Phänomenologie*, insbesondere der materialen Wertethik M. Schelers, Werte das Reich inhaltlich-materialer Qualitäten. Über die Moralität einer Handlung entscheidet der Inhalt der Handlung, der als Wert durch die Handlung verwirklicht wird bzw. der als Gut durch eine Handlung hervorgebracht wird. Werte sind demnach keine Eigenschaften von Dingen oder Menschen, sondern Phänomene des moralischen Bewusstseins bzw. des Gewissens, die als „ideale Objekte" gegeben sind und deren „Materie" eine geistige, objektive Qualität von zeitloser Dauer ist (vgl. Scheler 1954, 35 ff).

Objektivistische Positionen können zu unterschiedlich großen Graden der Unabhängigkeit zwischen Werten und menschlichen Interessen, Anliegen und Bedürfnissen tendieren. *Extreme Objektivisten* argumentieren, dass Werthaftigkeit keine spezifisch auf menschliche Anliegen, Interessen und Bedürfnisse bezogene Kategorie ist, sondern der Wert einer Sache davon völlig unabhängig bestimmt werden muss. Werte haben einen objektiven und absoluten Status und sind daher auch nur überpersönlich zu rechtfertigen. *Moderate Objektivisten* würden zugestehen, dass „Wert" eine anthropozentrische Kategorie ist, und Werthaftigkeit all denjenigen Dingen zugeschrieben werden muss, die sich für das Gelingen des Lebens als gut erweisen, sodass diesen auch objektivierbare, nicht willkürliche oder rein subjektive, sondern in der Natur des Menschen liegende Bedürfnisse und Interessen korrespondieren. Ihre Werthaftigkeit verdanken solche Komponenten des guten Lebens mithin einer normativ-anthropologischen Überlegung, mit der ihre objektive Gutheit behauptet wird. Sie verdanken ihre Werthaftigkeit aber nicht dem bloßen Faktum, dass sie erstrebt werden oder gar Gegenstand bloßen menschlichen Wünschens sind. Wertobjektivisten behaupten mithin eine aus objektiven Werten konstituierte normative Realität, die unabhängig von konkreten Wünschen und Interessen der Menschen existiert und einen davon unabhängigen Realitätsstatus hat. Damit einher geht die anthropologische These, dass Menschen über die adäquate Fähigkeit verfügen, objektive Werte hinreichend zuverlässig zu erkennen und wahrzunehmen und von Gegebenheiten, denen keine Werthaftigkeit zukommt, zu unterscheiden. Wertobjektivistische Positionen sehen sich zurecht einer dreifachen Kritik ausgesetzt:

a) Aus ontologischen Gründen wird gefragt, um welchen Typ von Realität es sich bei Werten handelt, die die *Zuschreibung von Realität* tatsächlich verdient. Als problematisch erweist sich vor allem die Zuschreibung normativer Eigenschaften in die ontologischen Voraussetzungen der Beschaffenheit der Welt, weil Werte im von menschlichem Wünschen und Streben unabhängigen Gefüge der Realität keine Rolle spielen. Insbesondere der Wertrealist gerät – so die Feststellung v. Kutscheras – mit Blick auf die Frage nach den Realzusammenhängen zwischen Werttatsachen und neutralen Tatsachen in ein Dilemma: „Entweder gibt es keine solchen Zusammenhänge und Werttatsachen bleiben ohne Einfluß auf den Lauf der Dinge. Dann gerät man zwar einerseits nicht in Konflikt mit den Naturwissenschaften, die ja das Geschehen ohne Rekurs auf Werttatsachen beschreiben, andererseits bleibt die Wertwirklichkeit dann schattenhaft und unwirksam; der Realist gerät in Schwierigkeiten, zu erklären, was für eine Art von Wirklichkeit seiner Wertewelt zukommt und wie sie sich noch von simpler Fiktionalität unterscheidet. Oder aber es gibt Zusammenhänge und Prinzipien, nach denen das, was faktisch geschieht, auch vom Wert des Geschehens oder seiner Folgen abhängt. Dann sind Werttatsachen zwar wirksam und damit zweifellos real, der Realist gerät jedoch in einen Konflikt mit den Naturwissenschaften, in dem er von vornherein als Verlierer feststeht." (von Kutschera 1999, 244)

b) Aus erkenntnistheoretischen Gründen wird gefragt, wie und mit welchen „Organen" wir Zugang zu dieser Realität haben und wie sich die Existenz sehr unterschiedlicher, sich teilweise ausschließender moralischer Ansichten erklären lasse. Das Problem der *Werterkenntnis*, das sich aus dem Bezug zwischen Wert und Subjekt ergibt, wird dabei unterschiedlich gelöst: als rationales Wert-Erkennen, als spekulativ-emotionales Wert-Fühlen sowie – im Versuch der Synthese aus beidem – als intellektuelles Wert-Erfassen. Tatsächlich ist die Annahme, dass der Mensch über ein besonderes Sensorium der Wertewahrnehmung verfügt, problematisch, wie Mackie zurecht hervorhebt: „Gäbe es objektive Werte, dann müßte es sich dabei um Wesenheiten, Qualitäten oder Beziehungen von sehr seltsamer Art handeln, die von allen anderen Dingen in der Welt verschieden wären. Und entsprechend müßte gelten: Wenn wir uns ihrer vergewissern könnten, müßten wir ein besonderes moralisches Erkenntnis- oder Einsichtsvermögen besitzen, das sich von allen anderen uns geläufigen Erkenntnisweisen unterschiede."

(Mackie 1983, 43 f) Eine anerkannte Methode, mit der man moralische Wertwahrnehmung überprüfen könnte, liege nicht vor.

c) Schließlich stehen dem Wertobjektivismus *praktische Gründe* entgegen, da die Annahme einer zusätzlichen Realität oder Realitätsschicht keinerlei Orientierungsfunktion haben kann. Denn selbst wenn es neben anderen Entitäten auch moralische Entitäten wie Werte gäbe, dann würde sich daraus in keiner Weise ergeben, wie wir uns dazu verhalten sollten, außer man nimmt wie schon Platon einen ethischen Intellektualismus an, demzufolge die moralische Einsicht in moralische Tatsachen notwendig zu einem entsprechenden Handeln führt. Wie Werte situatives Handeln motivieren sollen, das bleibt auch in den Ausführungen der Wertobjektivisten weitgehend im Dunkeln. In den Ausführungen der Wertobjektivisten selbst lassen sich bezüglich des Weges von der behaupteten Realität der Werte zu unseren moralischen Urteilen nur vage Beschreibungen und Vorgehensanalogien etwa zu naturwissenschaftlich-empirischen Erkenntnisvorgängen finden. Es ist daher zu vermuten, dass der Wertobjektivismus in allen Spielarten auf einem fundamentalen Kategorienfehler beruht, weil – wie schon der Vorwurf gegen den klassischen „naturalistischen Fehlschluss" (siehe Hume 1978 sowie Moore 1993) aufdeckt – Seins- und Sollens-Aussagen ineinander vermengt werden. Evaluative Urteile können daher nicht als Faktizitätsaussagen (pure statements of facts) begriffen werden. Denn es gibt, so J. Mackie (1983, §§ 1–2), keine Werte „in der Welt", die als Teil der faktisch vorhandenen und deskribierbaren Realität gelten können. Wäre dies der Fall, dann müsste gerade die Nichtexistenz von Werten gefordert werden, um die faktische Existenz des in Werturteilen sich manifestierenden moralischen Dissenses überhaupt erklären zu können. Folgt man existentialistischen Ethikentwürfen, dann ermöglicht gerade die Nicht-Faktizität von Werten radikale Wahlfreiheit, wie sie für den Menschen kennzeichnend ist.

Wertsubjektivismus

Im Gegensatz zur Position des Wertobjektivismus wird im *Wertsubjektivismus* der Wert und seine Geltung relativ auf ein werterkennendes, werteverwirklichendes und wertesetzendes Bewusstsein bestimmt bzw. von diesem abhängig gemacht. Wertsubjektivisten behaupten mithin, dass Werte nicht als Gegenstände einer vom Subjekt unabhängigen Realität vorgefunden werden, sondern erst als Antwort auf Interessen, Bedürfnisse und Wünsche mit Blick auf Vorstellungen gelungenen Lebens und durch Bezug auf konkrete Lebenspläne vom Subjekt konstituiert werden, mithin auch nur mit Blick auf diese gelten. Tatsächlich ist mit dem Anspruch, dass Werte gelten, immer auch schon der Bezug zu einem Subjekt, für das ein Wert gilt, gegeben; denn was gilt, gilt nicht „an sich", sondern immer *für jemanden* – oder es gilt überhaupt nicht. Und weil jemandem etwas immer nur *als etwas* gilt und mithin von einem bestimmten Kontext abhängig ist, so können Werte per se keine absolute Geltung haben. Sie sind daher in einem primären Sinn immer schon relativ, nämlich auf ein wertendes Subjekt bezogen. Von *Wertrelativismus* ist allerdings erst dann zu sprechen, wenn kontingente historische, sozioökonomische oder kulturelle Bedingungen wesentlich zur Konstitution dessen beitragen, was als Wert erstrebt wird. Der *Wertpositivismus* behauptet gar, dass Werte nur dann Werte sind, wenn sie empirisch manifest werden, d. h. sie müssen im tatsächlich vorkommenden Wertstreben von Individuen und Gruppen als erstrebte Objekte verankert sein. In diesem Sinne sind Werte als das de facto Erstrebte Ausgangspunkt für jede auf Umfragen beruhende empirische „Werteforschung" geworden (Erforschung von Kaufpräferenzen, Lebenszielforschung, politische Einstellungsforschung). Ihr liegt die simple Wertdefinition zugrunde, wie sie in dem Grundlagenwerk der modernen Axiologie, in „General Theory of Values" (1926) von R. B. Perry, getroffen wird: als „value" gilt „any object of interest" (Perry 1950, 4). Dass dieses wertpositivistische Konzept in der Werteforschung nicht durchgehalten werden kann, sondern auch auf normativ-präskriptive Wertkonzeptionen zurückgreifen muss, das wird offenkundig in der für die Werteforschung wichtigen Studie „Varieties of Human Value" (1956) von Ch. Morris, der „operative values" (die im faktischen Wahlverhalten sich äußernden Werteinstellungen), und „object values" (das, was begehrenswürdig wäre, auch wenn es de facto weder zur Kenntnis genommen noch begehrt wird), unterscheidet (Morris 1956, 9 ff).

Mit dem Verweis auf Werte wird oftmals zugleich behauptet, dass nur durch den Bezug auf verbindlich Geltendes menschliches Leben einen „Sinn" bekommen könne. Gerade das Gegenteil behauptet der

Wertnihilismus: „Was bedeutet Nihilismus?", so fragt Nietzsche. „Dass die obersten Werte sich entwerten. Es fehlt das Ziel. Es fehlt die Antwort auf das ‚Wozu'." (Nietzsche 1960, 557) Ausschließlich die rein subjektiven, völlig autonom gewählten Präferenzen, so diese radikalste Form des Wertsubjektivismus, können Anspruch darauf erheben authentische Werte zu sein.

Rechtfertigung von Werten aus praktischer Vernunft

Ein jenseits von Objektivismus und Subjektivismus liegender dritter Weg zur Bestimmung der Geltung von Werten wird im Anschluss an Kants Konzeption der praktischen Vernunft beschritten. Entschiedener als Th. Nagel (1992, 239 ff) und anders als McNaughton/Rawling (1995) besteht Chr. Korsgaard auf einer Gleichsetzung – einer „direkten Entsprechung" – von Werten und normativen, d. h. praktischen Gründen: „I have assumed an equivalence or at least a direct correspondence between values and practical reasons: to say that there is a practical reason for something is to say that the thing is good, and vice versa." (Korsgaard 1996a, 276; vgl. 1983, 1986 und 1996b) Die Objektivität von Werten besteht folglich in der rationalen Plausibilisierbarkeit ihrer allgemeinen, durch die praktische Vernunft geprüften Geltung. Subjektive Interessen geben dabei nur den Anlass, rationale Gründe für Wertzuschreibungen zu suchen, die dann im nächsten Schritt einer formalen Überprüfung unterzogen werden, ob sie ausreichen und geeignet sind, zu den Zielen zu führen, die die praktische Vernunft einem Handelnden vorschreibt. Wenn diese Gründe den Test überstehen, dann wird der Gegenstand des subjektiven Interesses als wertvoll und werthaft beurteilt. Werte werden daher nicht einfach vorgefunden, sondern aus praktischer Vernunft gerechtfertigt.

Zur Logik der Wertzuschreibung

Versucht man einen Überblick über die historisch vielfältig begegnenden, im Letzten nicht zur Deckung zu bringenden Beschreibungen und Ausformulierungen dessen zu gewinnen, was mit dem Begriff „Wert" bezeichnet wird, und berücksichtigt man die Debatten um objektivistische bzw. subjektivistische Werttheorien, dann bleibt selbst eine rein formal getroffene generelle Bestimmung des Wertbegriffs problematisch. Dennoch ist es nicht möglich angemessen über den Wertbegriff zu sprechen, ohne zumindest den Versuch einer Definition zu unternehmen, wenn er nicht einfach dunkel und obskur bleiben soll. Dazu ist auch der Akt des Wertens genauer in den Blick zu nehmen, der der Wertfeststellung zugrunde liegt, um daraus ein Setting von terminologischen Differenzierungen und axiologischen Klassifikationen zu entwickeln. Dabei stellt sich heraus, dass Werte zureichend als Strebenskorrelate verstanden werden können, deren Vielzahl sich durch Bezug auf die unterschiedlichen Strebevermögen des Menschen in eine systematische Ordnung bringen lässt.

Versuch einer Begriffsbestimmung

Eine tentative Bestimmung des Begriffs „Wert" könnte eingebettet in einen systematischen Gesamtrahmen (vgl. Wildfeuer 2011) prima vista folgendermaßen lauten:

> Wert (im Singular) ist ein Zuschreibungsbegriff, mit dem in generellster Weise das aus einem Akt der Wertens resultierende Korrelat der Wertschätzung bezeichnet wird, das dazu dient, die strebende Hinwendung des Subjekts auf ein als werthaft eingeschätztes Objekt einerseits als aktiv veranlasst, andererseits als rational begründet zu deuten.

Das, dem „Wert" zugeschrieben wird bzw. dessen Werthaftigkeit festgestellt ist und das demnach Wert „hat", wird zum konkreten Gegenstand des Strebens, mithin zum Strebensziel, wobei das eigentlich intentionale Korrelat des Strebens dessen in einem Akt der Wertschätzung festgestellte Werthaftigkeit ist, die einer Sache als Eigenschaft (z. B. gut, gerecht, schön etc.) prädiziert wird. Die Tatsache, dass etwas die Eigenschaft „Werthaftigkeit" hat, wirkt gleichsam wie eine zusätzliche Qualität, die wir dem Korrelat unseres Strebens als Grund des Angestrebtwerdens zuschreiben. Die Werthaftigkeit eines Wertes liegt mithin nicht als objektives, subjektunabhängiges Faktum vor und ist von diesem gleichsam neutral abzulesen. Sie kann sich folglich auch nicht aus dem Gegenstand des Strebens selbst ergeben, sondern steht immer in Bezug zu dem anstrebenden Subjekt, zu dessen Eigentümlichkeiten und zu dessen Bewertungsmaßstab. Anders gewendet: Wir bezeichnen als Wert immer etwas, was einen Wert *für uns* hat, das mithin in den Akten der Wertschätzung in seiner Werthaftigkeit erst konstituiert wird. Werthaftigkeit hat mithin seinen Ursprung nicht „ in der Welt", sondern im Menschen. Dies zeigt sich schon bei der Frage nach der Geltung von Werten. „Gelten" ist, wie H. Schnädelbach (2004) betont, ein zumindest dreistelliger Ausdruck: „etwas gilt für jemanden als etwas". Ein subjektunabhängiges Gelten ist mithin auf dem Hintergrund einer Grammatik des Geltens im Kontext von Werttheorien (dazu Mackie 1983, 261 f) grundsätzlich ausgeschlossen.

Der Wertbegriff ist daher im Letzten eine anthropologische Kategorie. Denn er ist im Grunde abgeleitet – aus einer Deutung des Menschen, seiner Vermögen und Eigentümlichkeiten und seinem Selbst-, Welt- und Sozialbezug und der darauf bezogenen Einschätzung der ihm zur Verfügung stehenden und als zuträglich eingeschätzten, geistigen und materiellen Objekte. Bei diesen kann es sich sowohl um Gegenstände und physische Güter, als auch um Willensqualitäten wie Tugenden oder auch soziale Strukturgegebenheiten (z. B. Familie) etc. handeln. Weil grundsätzlich alles ein Gegenstand des Strebens von Subjekten werden kann, sich aber nicht alles als zuträglich erweist und einem rationalen Werturteil standhält, bleibt mit der Zuschreibung von Werthaftigkeit immer auch die Frage der Geltung und deren Begründung verbunden, zumal sich die Werthaftigkeit des Wertes als der Grund der Wertzuschreibung dem Anspruch nach rational und intersubjektiv nachvollziehbar darlegen lassen muss. Mit Blick auf die Begründung des Geltens eines Wertes müsste man die von Schnädelbach vorgetragene Geltungsformel: „etwas gilt für jemanden als etwas" daher noch um ein begründendes „wegen etwas" erweitern. Denn dass „etwas" „als etwas" (mithin als „schön", „gut", „angenehm", „nützlich", „gerecht", „sicher", „bequem", „aufregend", „edel" etc.) gilt, das bedarf der plausibilisierenden tieferen Begründung. Diese Begründung erfolgt bei Werten, die einen Mittelcharakter haben, durch die Prädikation höherer Werteigenschaften, bei Zielwerten, die, wie G. E. Moore mit Blick auf das Prädikat „gut" gezeigt hat, durch kein anderes Prädikat mehr definiert werden können, durch die Angabe eines plausibilisierenden theoretischen Bezugsrahmens. Diese im Einzelfall urgent werdende tiefere Begründung der Werthaftigkeit eines Wertes ergibt sich mithin nicht mehr aus der Prädikation weiterer Wertbegriffe, sondern macht im Letzten den Rückgriff auf die Deutung anthropologischer Strukturen, ethischer Grundeinsichten oder anderer Rahmentheorien notwendig. Diese können aber je nach Theorieperspektive variieren, sodass man für die Anwendung des Wertbegriffs wie zur Feststellung der Werthaftigkeit eines Wertes nicht von vorneherein auf eine ganz bestimmte Anthropologie oder eine ganz bestimmte Ethik festgelegt ist. Der Streit um einzelne Werte und ihre Geltung ist mithin im Letzten immer ein Streit um die fundierenden Bezugsgrößen und Rahmentheorien. Nach dem Ende der großen metaphysischen Entwürfe im 19. Jahrhundert macht gerade diese mit dem Wertbegriff verbindbare Begründungspluralität die besondere Attraktivität des Wertbegriffs, aber gleichzeitig auch seine eigentümliche Schwäche aus.

Angesichts der Vielfalt der vorkommenden Anwendungskontexte der Rede von Werten und unter Berücksichtigung der Offenheit des Begriffs für divergierende Begründungsstrategien wird man „Werte" (im Plural) daher am besten generell von ihrer Funktion her bestimmen:

> Unter (konkreten) Werten versteht man im allgemeinen grundlegende, konsensuelle Zustimmung einfordernde, normierend und motivierend gleichermaßen wirkende Zielvorstellungen, Orientierungsgrößen und Qualitäten, die – weil sie sich mit Bezug auf anthropologische Grundkonstanten als unabdingbar oder mit Blick auf kontingent (historisch, situativ, kulturell) bedingte Bedürfnis- und Handlungskontexte als zuträglich erwiesen haben und erweisen – auch tatsächlich angestrebt und gewünscht werden, so dass sich Individuen und Gruppen von ihnen bei ihrer Handlungswahl und ihrer Weltgestaltung leiten lassen.

Diese ebenfalls formal gehaltene Bestimmung von Werten macht den Wertbegriff im Bereich vieler Diskussionen außerhalb der Philosophie – gerade auch in seiner Offenheit und Unbestimmtheit – flexibel und gerade dadurch für einzelwissenschaftliche Sozial- und Geschichtsforschung hinreichend anschlussfähig und interdisziplinaritätsaffin.

Der Akt des Wertens

Geklärt ist mit diesen Definitionsversuchen noch nicht die Logik der Wertzuschreibung, d. h. die Art und Weise, wie die Zuschreibung von Werthaftigkeit in Akten des Wertens und Bewertens bzw. der Wertschätzung (*aestimatio*) vor sich geht (vgl. Cicero, De fin. III, 6, 20; 10, 34, sowie Suárez, De bonitate II, 2, 7.15). Die primäre Funktion von Wertzuschreibungen besteht in der Bildung von Präferenzen, die das Ergebnis einer abwägenden Wertung sind. Ein Akt des Wertens impliziert mithin immer einen Akt des Vorziehens und Nachsetzens. Dass solche Präferenzbildungen angesichts einer Vielzahl von möglichen Strebenszielen, für die wir uns entscheiden können, für die gelingende Gestaltung des Lebens unerlässlich sind, erweist sich als notwendig schon alleine aus der intuitiven Einsicht in die Endlichkeit des Horizonts, innerhalb dessen endliche Subjekte ihr Leben gestalten müssen und der sie zwingt, dem einen den Vorzug vor dem anderen zu geben, soll das Leben unter endlichen Raum- und Zeitbedingungen gelingen. Wertende Akte zielen folglich immer auf solche Präferenzbildungen und intendieren die Bevorzugung einer Handlung vor einer anderen bzw. allgemein eines Gegenstandes oder eines Sachverhaltes vor einem anderen.

Funktionslogischer Ort von Werten sind mithin Wertungen oder wertende Akte, in denen Werte sowohl als Grund (oder Maßstab) wie auch als Ergebnis von Wertungen fungieren können. Denn zum einen spielen Werte in Wertungen als der ausschlaggebende Grund oder Maßstab eine Rolle, der als Präferenz des wertenden Subjekts fassbar ist und mit Rücksicht auf den das eine dem anderen vorgezogen wird. Zum anderen kann auch das Ergebnis einer Wertung selbst als Wert bezeichnet werden, insofern diesem mit Bezug auf den Wertungsmaßstab Werthaftigkeit zugesprochen und es dadurch als erstrebenswertes Ziel anerkannt wird.

Terminologische Differenzierungen und axiologische Klassifizierungen

Mit Blick auf die vielfältigen Korrelate von Werturteilen und Wertzuschreibungen lassen sich – wiederum rein formal – unterschiedliche Werttypen, Wertkategorien, Wertebenen, Wertbereiche und Wertkonkretisierungsstufen unterscheiden. Die konkrete Benennung von Werten oder Wertgruppen ist dabei immer eine aktive Konstruktionsleistung.

Mit Bezug auf die Ausdehnung, Allgemeingültigkeit, Rechtfertigbarkeit und Geltung können *subjektive* (individuelle, nicht verallgemeinerbare, private) von *objektiven* (transsubjektiven, intersubjektiven, verallgemeinerbaren) Werten unterschieden werden. Ferner findet sich die Unterscheidung von *intrinsischen* und *extrinsischen Werten*, deren Brauchbarkeit heftig diskutiert wird (vgl. Ayer 1922; Lemos 1994; Zimmerman 2001; Bradley 2006; Rønnow-Rasmussen 2015; Olson 2015). Nach G. E. Moore kommt ein intrinsischer Wert denjenigen Dingen zu, die selbst Quelle ihrer eigenen Werthaftigkeit sind, während extrinsisch werthafte Dinge ihre Werthaftigkeit einer außer ihnen liegenden Relation verdanken. „The truth is, I believe, that though, from the proposition that a particular kind of value is ‚intrinsic‘ it does follow that it must be ‚objective‘ the converse implication by no means holds, but on the contrary it is perfectly easy to conceive theories of ‚goodness‘ according to which goodness would, in the strictest sense, be ‚objective‘ and yet would not be ‚intrinsic‘." (Moore 1993, 282) Allerdings hat die Unterscheidung von intrinsischen und extrinsischen Werten auch Unschärfen: Für Kants Theorie des Glücks, beispielsweise, ist Glück ein extrinsischer, nicht in sich werthafter Wert, der nichtsdestotrotz das Endziel von Subjekten ist.

Eine wichtige Unterscheidung ist die zwischen „Wertobjekten" und „Objektwerten" (Heyde 1926, 7). „Wertobjekte" sind Werte als konkrete oder abstrakte Gegenstände (Gold, Familie, Leben etc.). „Objektwerte" sind dagegen Werteigenschaften, durch deren Besitz Objekte erst zu Wertträgern werden (wahr, gut, schön, etc.), die allerdings zumeist im Diskurs wie Gegenstände behandelt werden (das „Wahre", das „Gute", das „Schöne" etc.). H. Schnädelbach empfiehlt daher „die Wertbegriffe adjektivisch zu verstehen – nicht als Eigennamen von idealen Gegenständen, sondern als Kennzeichnungen von Eigenschaften oder Merkmalen, die wir Gegenständen, Zuständen, Handlungen oder Menschen zu- oder absprechen, wenn wir wertend über sie reden. Die vergegenständlichende Redeweise [...] sollte uns nicht in Versuchung führen, unsere Welt dort mit ‚höheren‘ Gegenständen zu bevölkern, wo es sich nur um eine abgekürzte Redeweise handelt. Wir sollten uns also von ‚den‘ Werten verabschieden, ohne zu befürchten, dass wir dann ganz ohne Wertbegriffe dastünden." (Schnädelbach 2004, 263 f) Folgt man dieser Einschränkung des Wertbegriffs, die auch M. Scheler präferiert, dann wären nur „Objektwerte" Werte im eigentlichen Sinn, sodass man sagen müsste: „Wertobjekte" haben einen Wert, „Objektwerte" sind ein Wert.

Mit dieser Unterscheidung durchaus kompatibel zu machen ist eine am Zweck-Mittel-Schema orientierte Einteilung von Werten, der zufolge grundsätzlich *Ziel- und Dienstwerte* unterschieden werden können. Ziel- oder Terminalwerte bilden die obersten und letzten Gründe von Wertungen. Sie werden Selbst- oder Eigenwerte genannt und sind absolut dann, wenn sie „an sich selbst" werthaft sind, mithin auch ohne Bezug auf übergeordnete Werte Grund von Wertungen sein können. Sie „haben" (wie „Objektwerte") keinen Wert, sondern sie „sind" ein Wert. Folgt man

I. Kant (GMS, 434 ff), dann haben nur Personen, da sie „als Zweck an sich" (Selbstzweck) existieren, bereits mit ihrem Dasein einen absoluten Wert, der qua Würde über allen Preis erhaben ist. Absolute Werte entziehen sich also, sollte es sie geben, einer Güterabwägung. Dienst- oder Nutzwerte dagegen sind weniger abstrakt und umfassend und schon gar nicht letztbegründend. Sie verdanken sich einem kontingenten, durch Schätzung und Abwägung entstandenen Übereinkommen zwischen Menschen über das ihnen Zu- bzw. Abträgliche. Sie sind nicht werthaft an sich, sondern relativ insofern, als sie in Wertungen Grund einer Bevorzugung nur durch Bezug auf einen übergeordneten Wert sind, z. B. als Mittel zu einem Zweck (instrumentaler Wert), als Teil zu einem Ganzen (partieller Wert), als Verfahren zur Realisierung und Konkretisierung von Zielwerten (Verfahrenswerte), als Folgerung aus einer Voraussetzung (hypothetischer Wert) oder als förderliches Element für den Zustand eines Systems (funktionaler Wert).

Zielwerte, die auch *Grundwerte* genannt werden, lassen sich zweifach bestimmen: als solche, die auf die eigene Person bzw. auf den eigenen Zustand fokussieren („personal values"), und als solche, die auf andere fokussieren („social values"). Ebenso lassen sich *instrumentelle Werte* zweifach unterteilen: solche, die bei Verletzung Unbehagen oder gar Schuld provozieren („moral values") und solche, die bei Verletzung Scham oder Enttäuschung über das persönliche Unvermögen ausdrücken („competence" oder „self-aktualization values"). Zusammen machen sie das Ethos von Gemeinschaften aus.

Folgt man der Engführung des Wertbegriffs auf „Wertobjekte" nicht, dann lassen sich mit Bezug auf unterschiedliche *Wirklichkeitsbereiche* geistige Werte (moralisch-sittliche, intellektuelle, ästhetische, religiöse) und nicht-geistige Werte (psychische [z. B. Lust], biologische [z. B. Gesundheit], materielle Werte [Sachwerte]) unterscheiden, wobei Letztere ihre Werthaftigkeit immer dem Bezug auf geistige Werte als ihrem eigentlichen Worumwillen verdanken. Ebenfalls orientiert am Ziel-Mittel-Schema lassen sich Werte auch zu Wertgruppen zusammenfassen, die sich jeweils um einen zentralen Basis- oder Zielwert gruppieren: so sind logische Werte auf das Wahre, ökonomische Werte auf den langfristigen Gleichgewichtspreis, technisch-pragmatische Werte auf das Richtige, ästhetische Werte auf das Schöne, moralisch-sittliche Werte auf das Gute und religiöse Werte auf das

Heilige bezogen. Es lassen sich aber auch politische, demokratische, christliche, liberale, etc. Werte zu Wertgruppen zusammenfassen und um einen oder mehrere Basis- oder Grundwerte gruppieren, die sektorales Wertverhalten erst ermöglichen.

Eine besondere Rolle spielen die *moralisch-sittlichen Werte*. Da jede Handlung als wertrealisierender Akt gedeutet werden kann, kommt moralisch-sittlichen Werten (im allgemeinen Sinn) eine besondere Bedeutung zu. Folgt man einer grundlegenden, zumeist vernachlässigten inhaltlichen Differenzierung, dann müssen Willensqualitäten als moralisch-sittliche Werte im engeren oder eigentlichen Sinne von objektiv vorgegebenen Gütern als Werte im „präsittlichen" oder weiteren Sinn unterschieden werden. Mit Werten i. e. S. („*bonum morale*") sind bestimmte stereotype Werthaltungen (klassisch: Tugenden wie Gerechtigkeit, Treue, Solidarität etc.) gemeint, die nur als Qualitäten des Willens in Form fester Willenshaltungen als real existent angesehen werden können. Sie leiten als nicht-materielle Strebensziele den wertrealisierenden Akt. Als solche sind sie für das menschliche Handeln nicht nur objektiv vorgegeben und verpflichtend, sondern auch unverzichtbar. Bei Gütern (Werte i. w. S.) dagegen („*bonum physicum*") handelt es sich immer um reale Gegebenheiten, die unabhängig vom persönlichen Denken und Wollen existieren oder als objektiv gegeben gedacht werden müssen, mithin auch nicht in der freien Selbstbestimmung des Menschen ihren Ursprung haben. Weil sie unabdingbare Voraussetzung gelungenen (Zusammen-)Lebens sind und daher verantwortlichem menschlichen Handeln zur Beachtung aufgegeben sind, kann unser individuelles und zwischenmenschliches Handeln an ihnen nicht vorbeigehen. Denn Güter sind lediglich in den konkreten Realisationsformen, nicht aber in ihrem Anspruch kultur- und geschichtsvariant. In der Rechtsphilosophie spricht man meist von Rechtsgütern wie Leben, leibliche Integrität, das geistige wie das materielle Eigentum, ferner jene objektgerichteten Wertschätzungen, die sich mehr auf konkrete Aspekte und Bereiche des soziokulturellen Lebenszusammenhanges beziehen (z. B. Gesundheit, Umweltschutz, Familie), aber auch die sog. Freiheiten des Gewissens, der Meinungsäußerung etc. oder institutionelle Größen wie Ehe, Familie, Staat. Diese Güter als objektiv vorgegebene Ziele des Handelns sind nicht der Grund der sittlichen Verpflichtung, sondern sie sind „Gegenstände", Objekte verantwortlichen Handelns. Als solche sind sie

„nicht-sittliche" oder besser „präsittliche" Werte. Sie sind meist im Grund-
rechtskatalog moderner Staaten festgeschrieben (z. B. GG Art. 1–19).
Werden mit Werten wie Freiheit, Gerechtigkeit, Solidarität etc., die sich
als Leitbilder der freiheitlichen Demokratie herausgebildet haben, nicht
innere Willensqualitäten, sondern – im Sinne von „realer freier Entfaltung
aller", einer „gerechten" oder „solidarischen Ordnung" – real in sozialen Strukturen herzustellende und durch politisches Handeln zu ermöglichende Gegebenheiten gemeint, dann haben sie mehr den Charakter von
„Gütern" oder „Objektwerten".

Im Sinne einer begründungslogischen, ebenfalls am Zweck-Mittel-
Schema orientierten Rangordnung der Werte ergibt sich ein tendenziell
hierarchisch strukturierbares *Wertesystem* (Werthierarchie, Axiologie),
anhand dessen einzelne Werte als „höher" oder „niedriger" eingestuft
werden können. In der Wertehierarchie wird ein Wert umso höher angesiedelt, je unabdingbarer er als für die Erreichung von Zielwerten betrachtet
wird. Solche Wertaxiologien, wie sie etwa in der „formalen Axiologie"
N. Hartmanns oder in der materialen Wertethik M. Schelers vorliegen,
versuchen das Gesamtsystem der objektiven Werte in ein Ordnungsschema
zu bringen, wobei das Prinzip der Ordnung sich z. B. anthropologischer
Einteilungsschemata (Intellekt, Wille, Sinnlichkeit) bedient, aus denen sich
die einzelnen Sektoren des Erstrebenswerten und darauf bezogene Wert-
hierarchien ableiten lassen. Die zur Erreichung eines Zielwertes notwen-
digen Dienstwerte lassen sich dabei in habituelle Werte bzw. Tugenden,
instrumentelle Werte und institutionelle Realisationswerte unterteilen. So
ist etwa für das intellektuelle Streben das Wahre der höchste Zielwert, zu
dessen Realisierung habituelle Werte (Wissenschaft, Weisheit, Kontemp-
lation, Neugierde), instrumentelle Werte (wie Konsistenz, Widerspruchs-
freiheit, Fruchtbarkeit und Diskursivität) und institutionelle Werte (wie
die „scientific community") erforderlich sind. Für das volitive Streben
wäre das Gute der individuellen oder kollektiv-politischen Praxis der ausschlaggebende Zielwert, auf den entsprechende habituelle, instrumentelle
und institutionelle Dienstwerte hingeordnet sind. Physisch-materielle
Güter können in solchen Wertehierarchien zwar als durchaus fundamen-
tales (wie etwa das „Leben"), aber nicht als das höchste Gut gelten, weil
sie grundsätzlich nicht als das letzte, in sich werthafte Ziel menschlicher
Existenz gelten können, sondern bestenfalls lediglich dessen physische

Voraussetzung darstellen und mithin immer Dienstwerte sind. Das Phänomen des Wertewandels wird heute zumeist als Änderung der Reihenfolge vorgezogener Werte gegenüber der zuvor eingenommenen Wertrangfolge gedeutet, mithin als Wandel der Werthierarchie (vgl. Kmieciak 1976, 6 u. Rokeach 1973, bes. 11 ff und 26 ff).

Die Ordnung der Strebenskorrelate – Versuch einer axiologischen Systematisierung

Werte, so könnte man das bisher Gesagte zusammenfassen, lassen sich insgesamt als Strebenskorrelate explizieren:

> Werte sind Gegenstand menschlichen Strebens. Sie verdanken ihre Werthaftigkeit mithin dem de facto Erstrebtwerden. Auch wenn der Begriff des Strebens ein typischer „Schwellenausdruck" ist, der ähnlich wie die ihm nahestehenden Begriffe „Neigung", „Wunsch", „Begehren", „Sympathie" etc. „deutlich zu einer analogisierend-anthropomorphisierenden Verwendung" tendieren (vgl. Trappe 1998), so handelt es sich seit Aristoteles doch um einen „Grundbegriff humaner Praxis" (vgl. Höffe 1979, bes. 317ff), der nicht nur an die Philosophie der Neuzeit und Moderne, sondern auch für die Human- und Sozialwissenschaften anschlussfähig ist.

Als Strebenskorrelate haben Werte keinen, von menschlichen Subjekten und ihren Intentionen unabhängigen „ontologischen" Status. Die Werthaftigkeit einer Sache, die dessen Wert als erstrebenswertes Ziel konstituiert, existiert nicht außerhalb des intentionalen Angestrebtwerdens humaner Subjekte. Oder anders gewendet: die Werthaftigkeit eines Strebenszieles liegt in der anthropologischen Konstitution des werterstrebenden Subjekts.

Werte sind daher grundlegende, konsensuelle Zustimmung einfordernde, normierend und motivierend gleichermaßen wirkende sinnstiftende Zielvorstellungen, die der Mensch als nicht-festgestelltes, aber auf eine Ordnung der Welt und des Lebens angewiesenes Lebewesen mit der Intention erstrebt, sein Leben und das Zusammenleben mit anderen gelingen zu lassen.

Weil der Mensch grundsätzlich alles erstreben kann, unabhängig davon, ob sich das Erstrebte tatsächlich als unverzichtbar und zuträglich erweist, müssen subjektive, vom Einzelnen zu beliebigen Zwecken erstrebte und objektive Werte unterschieden werden.

Werte können dann als „objektiv" bezeichnet werden, wenn sie sich mit Bezug auf anthropologische Grundkonstanten, wie sie sich in den verschiedenen, auf spezifische Tätigkeitsfelder des menschlichen Subjekts gerichtete Strebevermögen zeigen, als unverzichtbar, für das Gelingen des Lebens als zuträglich und mit Blick auf ihre Geltung als rational begründbar erweisen lassen.

Die primäre Orientierungsleistung von Werten besteht dabei in der Bildung von Präferenzen, d.h. Vorzugsurteilen bzw. -regeln und „Wertungen", die es erlauben, ein Kriterium oder einen Maßstab dafür zu formulieren, warum der eine Wert/das eine Gut einem anderen vorzuziehen ist. Die Geltung von objektiven Werten sowie deren inhaltliche Bestimmung sind grundsätzlich diskursfähig, d.h. sie sind rational und intersubjektiv zu begründen. Die genaue Bestimmung der Werthaftigkeit eines Wertes ist dabei Gegenstand eines fortwährenden Diskurses und dessen sich kontinuierlich wandelnden Rahmenbedingungen. Die Werthaftigkeit von Werten muss daher beständig neu expliziert und in bestehende Theoriebildungen integriert werden.

Grundsätzlich stehen Werte untereinander in einem Beziehungsverhältnis, das sich anhand der Klassifikationen „Ziel-" und „Dienstwerte" explizieren lässt. Dabei können „Dienstwerte" wiederum in habituelle, instrumentelle und institutionelle Werte unterschieden werden. Mit Blick auf die unterschiedlichen Tätigkeits- und Strebensfelder menschlicher Praxis (Theorie, Praxis, Poiesis, Aisthesis, Transzendenz), denen seit Aristoteles bestimmte Strebevermögen (Intellekt, Wille, Sinnlichkeit, Transzendenzsinn) und je eigene Strebensziele (das Wahre, das Gute, das Werk, das Schöne, das Heilige) zugeordnet werden können, lassen sich die zur Erreichung der Zielwerte notwendig zu erstrebenden habituellen, instrumentellen und institutionellen Dienstwerte benennen. Das Beziehungsverhältnis dieser unterschiedlichen Typen von Werten als Strebenskorrelate lässt sich in Form einer kohärenten Wertehierarchie bzw. Werteordnung (Axiologie) darstellen:

Ordnung der (objektiven) Werte als Strebenskorrelate

	Theorie	der individuellen Praxis	der sozialen Praxis / politische Praxis	der ökonomischen Praxis	Poiesis	Aisthesis	Religion / Weltanschauung
Tätigkeitsfeld	Theorie	Praxis i. w. S / Praxis i. e. S.		Poiesis		Aisthesis	Religion Weltanschauung
Strebendes Vermögen	\(V e r n u n f t\) Intellekt	Wille				Sinnlichkeit Geschmack	Religiöser Sinn
Höchstes Gut	Freiheit und Glück — Glückswürdigkeit i.w.S.						Glückseligkeit
Höchste Zielwerte	das Wahre (das Wissen)	der individuellen Praxis Moralität (die gute Tat)	der sozialen Praxis: soz. Gerechtigkeit und Friede / der politischen Praxis Freiheit und Gemeinwohl	der ökonomischen Praxis Wohlstand	das Werk	das Schöne und Erhabene	das Heilige
Dienstwerte							
Habituelle Werte bzw Tugenden	Verstandestugenden: Wissenschaft Weisheit Kontemplation Neugierde	Moralische Tugenden: Gerechtigkeit Klugheit Tapferkeit Mäßigung	Gemeinsinn Solidarität Toleranz Subsidiarität Kompromissbereitschaft	Marktorientierung Freigebigkeit Hochherzigkeit Nachhaltigkeit	Können Fertigkeit Effektivität	Sinn für das Schöne und Erhabene	Glaube Liebe Hoffnung
Instrumentelle Werte	Konsistenz Widerspruchsfreiheit, Fruchtbarkeit Diskursivität	Sekundärtugenden	Strukturprinzipien: (Solidarität, Subsidiarität) Macht Recht und Vertrag Wohlfahrt Demokratie	Materielle Güter Eigentum Wettbewerb Gewinn Wachstum	Funktionalität Brauchbarkeit Wirksamkeit Nachhaltigkeit	das Kunstwerk und das Naturschöne	Offenbarung (Hl. Schriften) Glaubensüberlieferung Rituale (Sakramente)
Institutionelle Werte	„scientific Community" Schule Akademische Einrichtungen	Gewissen als innerer Gerichtshof	Ehe und Familie Freiheitlich-demokratischer Rechts- und Sozialstaat	Markt als Ort freien Wirtschaftens	Produktionsstätte	Landschaft Kulturstätten: Garten/Park (Musik-) Theater Museum	Glaubensgemeinschaft (Kirche)
Fundamentale, aber nicht höchste Güter	Leben und Umwelt						

Anthropologische Funktion und Orientierungsleistung von Werten

Nach dem Ende der großen Wertphilosophien hat die Frage nach der anthropologischen Funktion von Wertzuschreibungen die nach der Geltung von Werten weitgehend verdrängt. Nach N. Rescher (1993, 2006, 2017) zeigt sich menschliche Rationalität insbesondere in der Fähigkeit, Probleme zu lösen, mithin „von der eigenen Intelligenz Gebrauch machen, um herauszubekommen, was in den jeweiligen Umständen am besten zu tun ist" (Rescher 2007, 1 f). Je nach Entscheidungskontexten braucht es dazu nicht nur eine kognitive Vernunft, die Thesen akzeptiert oder ablehnt, und eine praktische Vernunft, die sich für Handlungen entscheidet, sondern auch eine evaluative Vernunft, die Bewertungen vornimmt und sich dabei an

Werten orientiert. Denn um sich in der Natur bzw. in der Welt zurechtzu-
finden, sei der Mensch („homo optans") gleichsam gezwungen, Entscheidungen zu treffen und dabei als „homo aestimans" bzw. „homo valuens"
(Rescher 2007, 10) eigene Bewertungen vorzunehmen. Jenseits aller
Geltungs- und Begründungsfragen, so könnte man daher im Anschluss an
die Einsichten der Anthropologie des 20. Jahrhunderts formulieren, tragen Wertorientierungen mithin in entlastender Weise (Entlastungsfunk-
tion) zur Kompensation der „Instinktreduktion" des Menschen (Gehlen
1940 u. 1961) und der hieraus resultierenden Verhaltensverunsicherung
bei. Werten korrespondieren daher basale Bedürfnisse (Wiggins 2013),
wenngleich das konkrete Zuordnungsverhältnis schwer zu bestimmen sein
dürfte. Dennoch erbringen Werte eine – wenngleich vielfach historisch und
kulturspezifisch variable, folglich auch bewusst gestaltbare und vielfach
nur pragmatisch gültige – Selektionsleistung (Kluckhohn 1951) für die
Erkenntnis, das Erleben und das Wollen, indem sie das Kontinuum von
Bedeutsamkeiten für die Individuen hierarchisch strukturieren (Parsons
1964, 12) und mithin Orientierung ermöglichen. Nach Kluckhohns durchaus umstrittener Definition sind Werte „Konzeptionen des/Auffassungen
vom Wünschenswerten", die sich als eine Art von nachhaltiger (gerichteter) Überzeugung („enduring belief" nach Rokeach 1973, 5) auf das private Leben, auf die Gesellschaft oder jede Art von Gemeinschaft beziehen
können. Werte sind daher ein Element eines gemeinsamen Symbolsystems
(„shared symbolic system"), das als Kriterium oder als Selektionsstandard
bei den in einer Situation innerlich als offen erscheinenden („intrinsicly
open") Alternativen der Orientierung dient. Als solche Standards können
aber Werte nur funktionieren, wenn sie auf der subjektiven Ebene definiert
werden, gleichermaßen für das Erwünschte (desired) wie für das Wünschbare (desirable). Oder wie Kluckhohn definiert: „Ein Wert ist eine (implizit
oder explizit) unterscheidende Vorstellung (conception), [und zwar] für
die Unterscheidung von Individuen oder Gruppen über das Wünschbare
(desirable), das die Auswahl der verfügbaren Handlungsweisen (modes),
Handlungsmittel (means) und Handlungsziele (ends) beeinflußt." (Kluckhohn 1962, 395)

Werte lassen sich daher auch als „Beziehungsbegriffe" (Kraft 1951;
Stern 1967) bestimmen, in denen Relationen zwischen Subjekten und
Sachverhalten als Präferenzmodelle (Scholl-Schaaf 1975) zum Tragen

kommen. Dabei ist in der wertphilosophischen Diskussion strittig, ob sich die im Werturteil zum Ausdruck kommende Beziehung eines Sachverhaltes zu Werten einer Relation zu subjektiven Einstellungen von Personen (Gefühlen, Interessen usw.) oder zu objektiven Werten verdankt. Unstrittig ist, dass Werte im Sinne von Zielvorgaben normierend (Rintelen 1930) für die Personen wirken, die unter ihnen handeln. Sie fundieren und rechtfertigen daher in sinngebender Weise die mehr konkret ausgeprägten sozialen Normen, die für ein gegenseitig abgestimmtes, berechenbares Verhalten der Angehörigen einer Gesellschaft in den mannigfaltigen Situationen des Alltagslebens unerlässlich sind (Legitimationsfunktion). Insofern Werte dabei als Standards selektiver Orientierung für Richtung, Ziele, Intensität und Auswahl der Mittel des Handelns wirken (Orientierungsfunktion), können sie als „Orientierungsstandards" und „Zielgaranten (Rokeach 1973 u. 1976) bezeichnet werden. Sie können mithin auch als Regeln der Identifizierung von Zwecken begriffen werden, also als Regeln des Strebens, die in bestimmten situativen Kontexten Ziele des Handelns (auch des Erkennens) selektieren (Hubig 1985). Aufgrund der unausweichlichen Wertbezogenheit unserer Weltdeutung ist der Mensch, so R. Nozick, seiner Natur nach ein „value-seaker" (Nozick 1981, 437), mithin ein Wesen, dem die kosmische Rolle zukommt, „to aid in the realization of value, in the infusion of value into the material and human realm" (ebd. 519). An der Annahme, dass Werte objektive Realität haben, die wir treffen oder verfehlen können und die sich nicht auf „some other kind of objective fact" (Nagel 1986, 139/dt. 1992, 240) reduzieren lassen, sollten wir, so die Empfehlung Th. Nagels, aus einer unpersönlich-objektiven Sicht, dem „view of nowhere", ähnlich wie an der Annahme einer externen Welt solange festhalten, als ihre Unmöglichkeit nicht erwiesen ist (1986, 143/dt. 1992, 247). Und selbst wenn es sie nicht gibt und sie vielleicht nichts anderes als „Interpretationskonstrukte" (vgl. Lenk 1994) sind: wir brauchen sie (vgl. Sommer 2016), weil wir auf die Bindungskraft universell gültiger Werte immer schon Bezug nehmen (vgl. Gabriel 2020) und erst dadurch so die Welt der Gesellschaften und Kulturen zusammenhalten (vgl. Mohn 2007; Assmann 2012).

Literatur

Adorno, Th. W.: Der Positivismusstreit in der deutschen Soziologie. Darmstadt/Neuwied [6]1978.

Albert, H./Topitsch, E.: Werturteilsstreit. Darmstadt [2]1979.

Altmann, P.: Vom Wert der Werte. Was im Leben wirklich zählt. Hünfelden 2010.

Assman, H.-D.: Normen, Standards, Werte – was die Welt zusammenhält. Baden-Baden 2012.

Ayer, A. J.: Language, truth and logic [1936]. London [2]1946.

Ayer, G. E.: The Conception of Intrinsic Value. In: ders.: Philosophical Studies. London 1922.

Bauer, U. u. a.: Die Werte (Titelstory). In: Focus 51/2006 vom 23.12.2006.

Baumgartner, H. M.: Die Unbedingtheit des Sittlichen. Eine Auseinandersetzung mit N. Hartmann. München 1964.

Bradley, B.: Two Concepts of Intrinsic Value. In: Ethical Theory and Moral Practice, 9 (2006), p. 111–130.

Breitsameter, Chr.: Individualisierte Perfektion. Vom Wert der Werte. Paderborn 2009.

Brentano, F.: Vom Ursprung sittlicher Erkenntnis [1889]. Hg. v. O. Kraus. Hamburg 1921.

Brink, D. O.: Moral Realism and the Foundation of Ethics. Cambridge 1989.

Buch, A. J.: Wert, Wertbewusstsein, Wertgeltung. Grundlagen und Grundprobleme der Ethik Nicolai Hartmanns. Bonn 1982.

Buch, A. J.: Nicolai Hartmann – 1882–1982. Bonn 1987.

Büter, A.: Das Wertfreiheitsideal in der sozialen Erkenntnistheorie. Objektivität, Pluralismus und das Beispiel Frauengesundheitsforschung. Berlin 2012.

Carnap, R.: Überwindung der Metaphysik durch logische Analyse der Sprache. In: Erkenntnis 2 (1931), S. 219–241.

Carnap, R.: Philosophy and Logical Syntax I, 4. London 1935.

Carnap, R.: Replies and Systematic Expositions. In: Schlipp, A. (Ed.): The Philosophy of R. Carnap. LaSalle (Ill.) 1963, p. 999–1013.

Chisholm, R. M.: Brentano and Intrinsic Value. Cambridge u. a. 1986.

Clément, F./Deonna, J. A./Fehr, E./Vuilleumier, P. (Ed.): Handbook of Value: Perspectives from Economics, Neuroscience, Philosophy, Psychology and Sociology. Oxford 2015.

Coelln, H.: Von den Gütern zu den Werten. Versuch einer Kritik aller Wertphilosophie. Essen 1996.

Dettling, W.: Vom Wert der Werte, oder: Der Standortdebatte zweiter Teil. In: Mohn, L. (Hg.): Werte. Was die Gesellschaft zusammenhält. Gütersloh 2007, S. 67–79.

Dewey, J.: Experience and Nature, Chicago/London (1925). In: The later Works, hg. v. J. A. Boydston, Bd. 1. Carbondale 1981, p. 295–326 (dt. Erfahrung und Natur, Frankfurt a. M. 1995, 369–407).

Dilthey, W.: Der Aufbau der geschichtlichen Welt in den Geisteswissenschaften [1910]. In: Gesammelte Schriften, Bd. 7. Stuttgart ⁸1992.

Ernst, G.: Die Objektivität der Moral. Paderborn 2008.

Erpenbeck, J.: Wertungen, Werte. Das Buch der Grundlagen für Bildung und Organisationsentwicklung. Unter Mitarbeit von W. Sauter. Geleitwort von N. Rescher. Berlin 2018.

Faller, T. M.: Axiologie in der phänomenologischen Ethik von F. Brentano. Wien 1982.

Finance, J. de: Grundlegung der Ethik. Freiburg i. Br. 1968.

Fischer, I.: Der Werturteilsstreit. Kritische Würdigung der Position Max Webers. München 2014.

Foot, P. F.: Virtues and Vices. Oxford 1978.

Gabriel, M.: Moralischer Fortschritt in dunklen Zeiten. Universale Werte für das 21. Jahrhundert. Berlin 2020.

Gaßmann, B.: Kritik der Wertphilosophie und ihrer ideologischen Funktion. Über die Selbstzerstörung der bürgerlichen Vernunft. Garbsen 2014.

Gehlen, A.: Der Mensch. Seine Natur und seine Stellung in der Welt. Berlin 1940.

Gehlen, A.: Anthropologische Forschungen. Zur Selbstbegegnung und Selbstentdeckung des Menschen. Reinbek b. H. 1961.

Gouinlock, J.: Dewey's Philosophy of Value. New York 1972.

Grimm, J. und P.: Deutsches Wörterbuch, Bd. 14/I, 2. Leipzig 1960.

Guretzky, B. v.: Vom Wert der Werte. Berlin 2007.

Hagen, K.: Sind Sozialwissenschaftler berechtigt Werturteile abzugeben? Der Werturteilsstreit und die besondere Rolle der Sozialwissenschaften. München 2018.

Hare, R. M.: The Language of Morals. Oxford 1952.

Hartmann, N.: Ethik, Berlin/Leipzig ³1949.

Heidegger, M.: Platons Lehre von der Wahrheit. Mit einem Brief über den Humanismus. Bern 1947.

Heidegger, M.: Nietzsches Wort ‚Gott ist tot'. In: Holzwege. Frankfurt a. M. ⁴1964.

Heidegger, M.: Einführung in die Metaphysik. Tübingen ³1966.

Heidegger, M.: Brief über den „Humanismus" [1949]. In: Heidegger Gesamtausgabe [= GA] I/9. Frankfurt a. M. 1976.

Heidegger, M.: Nietzsche II (1939–1946). In: GA I/6, 2. Frankfurt a. M. 1977.

Heidegger, M.: Nietzsches Wort ‚Gott ist tot' [1943]. In: GA I/5. Frankfurt a. M. 1977.

Hessen, J.: Wertphilosophie. Paderborn 1937.

Hessen, J.: Lehrbuch der Philosophie, Bd. II: Wertlehre. München 1948.

Heyde, J. E.: Wert. Eine philosophische Grundlegung. Erfurt 1926.

Hildebrand, D. v.: Sittliche Grundhaltungen. Mainz 1933.

Hildebrand, D. v.: Die Idee der sittlichen Handlung Sittlichkeit und ethische Werterkenntnis. Darmstadt 1969.

Hirose, I./Olson, J. (Ed.): The Oxford Handbook of Value Theory. Oxford 2015.

Höffe, O.: Kategorie Streben. In: ders. (Hg.): Ethik und Politik. Grundmodelle und -probleme der praktischen Philosophie. Frankfurt a.M. 1979, S. 311–333.

Hubig, Chr.: Handlung – Identität – Verstehen. Weinheim 1985.

Hügli, A. u.a.: Wert. In: Historisches Wörterbuch der Philosophie. Hg. v. J. Ritter u. a., Bd. 12. Basel 2004, Sp. 556–583.

Hume, D.: A Treatise of Human Nature [1739/49]. Hg. v. L. A. Selby-Bigge, rev. v. P. H. Nidditch. Oxford ²1978.

Husserl, E.: Ideen zu einer reinen Phänomenologie und phänomenologischen Philosophie [1913], Bd. 1. In: Husserliana, Bd. 3. Den Haag 1950.

Husserl, E.: Vorlesungen über Ethik und Wertlehre 1908–1914. In: Husserliana, Bd. 28. Den Haag 1988.

James, W.: The Moral Philosopher and the Moral Life [1891]. In: The Will to Believe and Other Essays in Popular Philosophy. New York 1903.

Jevons, W. S.: The Theory of Political Economy. London/New York 1871.

Joas, H.: Die Kreativität des Handelns. Frankfurt a. M. 1992.

Joas, H. Die Entstehung der Werte. Frankfurt a. M. [7]2017.

Kant, I.: Grundlegung zur Metaphysik der Sitten [1785]. In: Akademieausgabe, Bd. IV. Berlin 1900ff, S. 385–464 (abgek.: GMS).

Kerler, D. H.: Weltwille und Wertwille. Leipzig 1925.

Keuth, H.: Wissenschaft und Werturteil. Zu Werturteilsdiskussion und Positivismusstreit. Tübingen 1989.

Kluckhohn, C.: Values and Value-Orientation in the Theory of Action. An exploration in definition and classification. In: Parsons, T./Shils, E. (Ed.): Toward a General Theory of Action. Cambridge (Mass.) 1951, p. 388–433.

Kluckhohn, C.: Culture and Behavior. Cambridge (Mass.) 1962.

Kmieciak, P.: Wertstrukturen und Wertwandel in der Bundesrepublik Deutschland. Göttingen 1976.

Köhnke, K. Ch.: Entstehung und Aufstieg des Neukantianismus. Die deutsche Universitätsphilosophie zwischen Idealismus und Positivismus. Frankfurt a. M. 1986.

Korsgaard, Chr.: Two Distinctions in Goodness. In: Philosophical Review 92 (1983), p. 27–49.

Korsgaard, Chr.: Aristotle and Kant on the Source of Value. In: Ethics 96 (1986), p. 486–505.

Korsgaard, Chr.: Creating the Kingdom of Ends. Cambridge 1996a.

Korsgaard, Chr.: The Sources of Normativity. Cambridge 1996b.

Kraft, V.: Die Grundlagen einer wissenschaftlichen Wertlehre. Wien [2]1951.

Krobath, H.: Werte. Ein Streifzug durch Philosophie und Wissenschaft. Würzburg 2009.

Kuhn, H.: Art. „Das Gute". In: Handbuch philosophischer Grundbegriffe. Hg. v. H. Krings u. a. München 1973, Sp. 657–677.

Kuhn, H.: Werte – eine Urgegebenheit. In: Gadamer, H. G./Vogler, P. (Hg.): Neue Anthropologie, Bd. 7. Stuttgart 1975, S. 343–373.

Kutschera, F. v.: Grundlagen der Ethik. Berlin ²1999.

Lange, F. A.: Geschichte des Materialismus und Kritik seiner Bedeutung in der Gegenwart [1866], Bd. 2. Leipzig ⁶1898.

Lemos, N.: Intrinsic Value. Cambridge 1994.

Lenk, H.: Werte als Interpretationskonstrukte. In: ders.: Von Deutungen zu Wertungen. Eine Einführung in aktuelles Philosophieren. Frankfurt a. M. 1994, S. 161–190.

Liebmann, O.: Zur Analysis der Wirklichkeit. Philosophische Untersuchungen. Straßburg 1876.

Locke, J.: Some Considerations of the Consequences of the Lowering of Interest, and Raising the Value of Money. London 1692 (ND 1993).

Locke, J.: Two Treatises of Government London [1689]. In: Works, Bd. 5. London 1823 (ND 1963).

Lotze, H.: Grundzüge der Logik. Leipzig 1883.

Lotze, H.: Metaphysik. Leipzig 1841.

Lotze, H.: Mikrokosmos. Ideen zu einer Naturgeschichte und Geschichte der Menschheit, Bd. 3. Leipzig 1856ff, ⁶1923.

Lotze, H.: Grundzüge der praktischen Philosophie. Leipzig 1882 (ND 1969).

Lotze, H.: Logik. Drittes Buch. Vom Erkennen. Leipzig 1880 (ND hg. v. G. Gabriel, Hamburg 1989).

Mackie, J. L.: Ethik. Die Erfindung des moralisch Richtigen und Falschen (Orig. Ethics. Inventing Right and Wrong, 1977), Stuttgart 1983.

Marx, K.: Das Kapital [1867]. In: Marx/Engels Werke, Bd. 1. Berlin 1956.

McNaughton, D.: Moral Vision. An Introduction to Ethics. Oxford 1988 (dt. Moralisches Sehen. Eine Einführung in die Ethik. Heusenstamm 2003).

McNaughton, D./Rawling, J. P.: Value and Agent-Relative Reasons. In: Utilitas 7 (1995), p. 31–47.

Mead, G. H.: Mind, Self, and Society from the Standpoint of a Social Behaviorist. Chicago/London ⁸1950 (dt. Geist, Identität und Gesellschaft. Frankfurt a. M. ²1973).

Meinong, A.: Psychologisch-ethische Untersuchungen zur Werttheorie [1894] u. Über emotionale Präsentation [1916]. In: Gesamtausgabe, Bd. 3: Abhandlungen zur Werttheorie. Graz 1968.

Mohn, Liz (Hg.): Werte. Was die Gesellschaft zusammenhält. Gütersloh 2007.

Moore, G. E.: Principia Ethica [1903]. Cambridge 1993.

Morris, Ch. W.: Varieties of Human Value. Chicago 1956.

Nagel, Th.: The View from Nowhere. Oxford 1986 (dt. Der Blick von nirgendwo. Frankfurt a. M. 1992).

Nietzsche, F.: Nachlaß. In: Werke in drei Bänden. Hg. v. K. Schlechta, Bd. III. München ²1960.

Nozick, R.: Philosophical explanations. Oxford 1981.

Olson, J.: Doubts about Intrinsic Value. In: Hirose, I./Olson, J. (Ed.): The Oxford Handbook of Value Theory. Oxford 2015, p. 44–59.

Otto, R.: Aufsätze zur Ethik. München 1981.

Park, Ch.-Y.: Untersuchungen zur Werttheorie bei F. Brentano. Dettelbach 1991.

Parsons, T.: The Social System. London ²1964.

Peirce, Ch. S.: Some Consequences of Four Incapacities [1868]. In: Writings, Bd. 2: 1867–1871. Hg. v. E. C. Moore. Bloomington 1984.

Perry, R. B.: General Theory of Values. New York 1926 (ND Cambridge 1950).

Petty, W.: A Treatise of Taxes and Contributions [1662]. In: ders.: The Economic Writings, Bd. 1. Hg. v. Ch. H. Hull. New York 1963.

Putnam, H.: Reason, Truth and History. Cambridge 1981 (dt. Vernunft, Wahrheit und Geschichte. Frankfurt a. M. 1982).

Putnam, H.: Beyond the Fact/Value Dichotomy. In: Realism with a Human Face. Hg. v. J. Conant. Cambridge/London 1990, 135–141.

Reding, M.: Metaphysik der sittlichen Werte. München 1949.

Reiner, H.: Die Grundlagen der Sittlichkeit. Meisenheim ²1974.

Reininger, R.: Wertphilosophie und Ethik. Die Frage nach dem Sinn des Lebens als Grundlage einer Wertordnung. Wien/Leipzig 1939.

Rescher, N.: Rationalität. Eine philosophische Untersuchung über das Wesen und die Begründung der Vernunft. Würzburg 1993.

Rescher, N.: Studies in Value Theory. Frankfurt a. M. 2006.

Rescher, N.: Error. On our predicament when things go wrong. Pittsburgh 2007.

Rescher, N.: Value Reasoning. On the Pragmatic Rationality of Evaluation. Cham 2017.

Rickert, H.: Der Gegenstand der Erkenntnis. Einführung in die Transzendentalphilosophie. Tübingen 1915.

Rickert, H.: Der Gegenstand der Erkenntnis. Einführung in die Transzendentalphilosophie. Tübingen [5]1921a.

Rickert, H.: Kulturwissenschaft und Naturwissenschaft. Freiburg i. Br. [5]1921b.

Rickert, H.: System der Philosophie. 1. Teil: Allgemeine Grundlegung der Philosophie. Tübingen 1921c.

Riehl, A.: F. Nietzsche. Der Künstler und der Denker. Stuttgart [6]1920.

Rintelen, F.-J. v.: Die Bedeutung des philosophischen Wertproblems. Regensburg 1930.

Ritsert, J.: Wert. Warum uns etwas lieb und teuer ist. Wiesbaden 2013.

Rokeach, M.: The Nature of Human Values. New York 1973.

Rokeach, M.: Beliefs, Attitudes and Values. San Francisco 1976.

Rønnow-Rasmussen, T.: Intrinsic and Extrinsic Value. In: Hirose, I./Olson, J. (Ed.): The Oxford Handbook of Value Theory. Oxford 2015, p. 29–43.

Rorty, R.: Consequences of Pragmatism. Essays: 1971–1980. Minneapolis 1982.

Rorty, R.: Contingency, Irony, and Solidarity. Cambridge 1989 (dt. Kontingenz, Ironie und Solidarität. Frankfurt a. M. 1989).

Ross, W. D.: The Right and the Good. Oxford 1930.

Russell, B.: Human Society in Ethics and Politics [1954]. London 1992.

Schaber, P.: Moralischer Realismus. Freiburg i. Br./München 1997.

Scheler, M.: Der Formalismus in der Ethik und die materiale Wertethik [1913/1916]. Bern [4]1954.

Schlick, M.: Fragen der Ethik. Wien 1930.

Schmitt, C.: Die Tyrannei der Werte. In: Säkularisation und Utopie. Stuttgart/Berlin/Köln/Mainz 1967, S. 37–62.

Schmitt, C./Jüngel, E./Schelz, S. (Hg.): Die Tyrannei der Werte. Hamburg 1979.

Schnädelbach, H.: Philosophie in Deutschland 1831–1933. Frankfurt a. M. 1983, S. 198–231.

Schnädelbach, H.: Werte und Wertungen. In: ders.: Analytische und postanalytische Philosophie. Vorträge und Abhandlungen 4. Frankfurt a. M. 2004, S. 253–278.

Scholl-Schaaf, M.: Werterhaltung und Wertsystem. Bonn 1975.

Schröder, Th.: Max Weber – Der Werturteilsstreit. München 2015.

Schurz, G./Carrier, M. (Hg.): Werte in den Wissenschaften. Neue Ansätze zum Werturteilsstreit. Berlin 2013.

Smith, A.: An Inquiry into the Nature and Causes of the Wealth of Nations. London ⁴1855.

Sommer, A. U.: Werte. Warum man sie braucht, obwohl es sie nicht gibt. Stuttgart 2016.

Spranger, E.: Lebensformen. Geisteswissenschaftliche Psychologie und Ethik der Persönlichkeit. Halle ²1921.

Stern, A.: Geschichtsphilosophie und Wertproblem. München 1967.

Stevenson, C. L.: Ethics and Language III. New Haven/London 1944.

Straub, E.: Zur Tyrannei der Werte. Stuttgart 2010.

Trappe, T.: Art. Streben. In: Historisches Wörterbuch der Philosophie, Bd. 10. Hg. v. J. Ritter u. a.. Basel 1998, Sp. 269–295.

Troeltsch, E.: Der Historismus und seine Probleme. In: Gesammelte Schriften, Bd. 3. Tübingen 1922 (ND 1977).

Vanek, S.: Sein und Sollen. Unterscheidung im Werturteilsstreit. München 2016.

Waismann, F.: Notes on Talks with Wittgenstein (1929–30). In: Philosophical Review 74 (1965), p. 12–16.

Walch, J. G.: Philosophisches Lexicon. Leipzig ⁴1775 (ND 1968).

Weber, M.: Der Sinn der Wertfreiheit der soziologischen und ökonomischen Wissenschaften [1922]. In: Gesammelte Aufsätze zur Wissenschaftslehre. Tübingen ⁷1988a, S. 489–540.

Weber, M.: Wissenschaft als Beruf [1917/1919]. In: Gesammelte Aufsätze zur Wissenschaftslehre, Tübingen ⁷1988b.

Werner, F.: Vom Wert der Werte. Die Tauglichkeit des Wertbegriffs als Orientierung gebende Kategorie menschlicher Lebensführung. Eine Studie aus evangelischer Perspektive. Münster 2002.

Wiggins, D.: Needs, Values, Truth. Essay in the Philosophy of Values. Oxford ³2013.

Wildfeuer, A. G.: Art. Wert. In: Kolmer, P./ders. (Hg.): Neues Handbuch philosophischer Grundbegriffe, Bd. 3. Freiburg i. Br. 2011, Sp. 2484–2504.

Windelband, W.: I. Kant (1881). In: ders.: Präludien. Aufsätze und Reden zur Philosophie und ihrer Geschichten, Bd. 1. Tübingen ⁵1915a.

Windelband, W.: Kritische oder genetische Methode [1883]. In: Präludien. Aufsätze und Reden zur Philosophie und ihrer Geschichte, Bd. 2. Tübingen ⁵1915b.

Wittgenstein, L.: A lecture on Ethics (1929–30). In: Philosophical Review 74 (1965), p. 3–12.

Zecha, G.: Werte in den Wissenschaften. 100 Jahre nach Max Weber. Tübingen 2006.

Zedler, J. H.: Großes vollständiges Universal-Lexicon aller Wissenschaften und Künste, Bd. 55. Leipzig 1748 (ND 1962).

Zimmerman, M.: The Nature of Intrinsic Value. Lanham 2001.

Konrad Fees

Empirische Werteforschung

Einleitung

Die akademische Beschäftigung mit Werten in pädagogischem Kontext findet entsprechend der Natur der Werte auf zwei Feldern statt: auf dem philosophischen und auf dem empirisch-sozialwissenschaftlichen (vgl. den Beitrag von Wildfeuer in diesem Band). Im Felde der Philosophie geht es darum, welche ideelle Qualitäten als Werte gelten können – in der hergebrachten Wertphilosophie, der Axiologie, ist Wert häufig nur eine andere Vokabel für „Idee" (vgl. Fees 2000, 139 ff; Fees 2014, 121 ff). Werte können hier auch einen absoluten Status haben, völlig unabhängig davon, ob jemand einen Wert anerkennt oder nicht. Die große Konjunktur der philosophischen Werteforschung ist allerdings schon längst vorbei. Nunmehr beherrscht eher die empirische bzw. die sozialwissenschaftliche Werteforschung das Feld. Von der Sache her handelt es sich hierbei allerdings um etwas ganz anderes: Gefragt wird hier nicht nach absoluten ideellen Qualitäten, sondern konkret danach, welche faktischen Gegebenheiten für Menschen wichtig sind und etwa individuelles situatives Handeln oder auch Verhalten auslösen können. Absolute Werte sind unabhängig von der Zustimmung von Personen; bei den empirischen Werten verhält sich das genau umgekehrt: als Wert gilt nur das, was empirisch nachweislich, als ein solcher von Individuen, Gruppen oder Kollektiven als solcher anerkannt wird. Der philosophische Werteforscher fragt beispielsweise nach der Schönheit als Idee und ob diese etwa einen höheren Rang einnehmen müsse oder könne als etwa der Wert der Wahrheit. Der empirische Werteforscher fragt hingegen danach, welche Kleidung, Frisuren, Gesichter von Menschen als schön oder schöner empfunden werden. Bei den philosophischen Werten handelt es sich um prinzipielle Werte, bei den empirischen um faktische.

Da Wertediskurse Dauerkonjunktur haben, ist es wichtig, diesen Unterschied auch zu kennen. Nicht immer, wenn über Werte gesprochen wird, ist geklärt, welche Art von Werten jeweils gemeint ist. Im Folgenden soll der Ansatz der empirischen Werteforschung eingeholt und die beiden jüngsten Beiträger der empirischen Jugendforschung vorgestellt und auf ihren Ertrag hin befragt werden.

Empirische Werteforschung als Teilbereich der Soziologie

Insofern sich die empirische Soziologie mit der Konstitution, dem Wandel und den Veränderungen von Gesellschaft befasst, liegt die empirische Werteforschung nahe. Wie die Vokabel Wert bereits sagt, sind Werte, Güter materieller oder immaterieller Natur, die von Menschen angestrebt werden. Empirische Werteforschung ist dabei nichts anderes als die Erhebung darüber, welche Güter für Menschen eine Bedeutung haben, von diesen begehrt werden. Dass diese Thematik einen Kernbereich der Soziologie darstellt, ist evident. Daher hat die Diskussion über Werte und Lebenseinstellungen auch „keine Konjunkturflaute" (Ziebertz/Riegel 2008, 82). Ob es um Fragen einer deutschen Leitkultur, nach dem Verhältnis zur Ökologie im Zusammenhang mit Nachhaltigkeit geht, berührt stets die Frage nach grundlegenden Orientierungen und Ausrichtungen, also um Werte.

Konzeptionelle Problematik

In der empirischen Werteforschung sind Werte nur ein anderes Wort für Wertungen, Bevorzugungen, Präferenzen, Prioritäten, Motive, Positionierungen. Empirische Werteforschung bedeutet, mit sozialwissenschaftlichen Methoden zu eruieren, welche materiellen oder immateriellen Güter von Individuen, Gruppen oder Kollektiven angestrebt werden.

Was die empirische Werteforschung unter Werten versteht, kommt in der folgenden Definition zum Ausdruck: „Unter Werten werden individuelle wie auch kollektive geistige Orientierungen verstanden, die in ihrer Gesamtheit das System sinnkonstituierender Leitlinien und Ordnungsaspekte des gesellschaftlichen Zusammenlebens verkörpern" (vbw 2017, 35). „Geistige Orientierungen" bedeutet nichts anderes, als dass die angestrebten Güter in den Vorstellungen der Individuen oder Kollektive eben als Vorstellungen, also als psychische Repräsentationen von etwas existieren, was außerhalb der Individuen und Kollektive liegt, aber eben von diesen angestrebt wird. Wert bedeutet, dass das individuelle oder überindividuelle Subjekt das jeweilige Gut kennt, eine konkrete Vorstellung davon hat, und diesem einen hohen Rang zuweist.

Als „Orientierung" kommt dieser Vorstellung aber nicht nur der Rang eines Wissenselementes zu, man weiß beispielsweise, nicht nur, was Toleranz ist, sondern man misst der Toleranz eine hohe Bedeutung bei. Wert in diesem Sinne beinhaltet also zweierlei: das Wissen um ein Gut und die persönliche Zuweisung einer positiven Rangstufe. Ein Wert ist somit das Ergebnis einer Doppelcodierung: die Vorstellung von etwas und die dazugehörige Bewertung. Man hat nicht nur einen Begriff davon, was Toleranz ist, sondern man hält die Toleranz auch für wichtig.

Die Frage sei an dieser Stelle schon einmal aufgeworfen, ob es überhaupt wissenschaftsmethodisch möglich ist, solch komplexe, abstrakte Rangzuweisungen per Fragebogen zu erheben: „Werte sind ein eigentümlicher Stoff. Sie lassen sich weder stehlen noch übertragen oder kreditieren" (Dubiel 1995, 36). Empirie ist das der sinnlichen Wahrnehmung Gegebene; bei den Werten in diesem Sinne geht es aber nicht um sinnlich messbare Gegenstände oder Vorgänge, sondern um gedankliche Zuschreibungen, die zudem noch ständig im Fluss sind und über die sich, die jeweiligen Betroffenen möglicherweise selbst kaum im Klaren sind.

Die empirische Werteforschung steht also vor dem Hindernis, dass sie sich anschickt, etwas empirisch einzuholen, was sich aber dem eigentlichen Sinn der Empirie entzieht. Abgesehen von allen methodischen Schwierigkeiten, die damit gegeben sind, kommt damit ein Changieren zwischen idealer und faktischer Ebene in Gang, welche immer wieder zu beobachten ist. So können beispielsweise „geistige Orientierungen" auch in ihrer Gesamtheit nichts „verkörpern", das könnten allenfalls lebende Menschen als Repräsentanten von Werten, z. B. der jeweils amtierende Präsident des Bundesverfassungsgerichts als Inkorporation der Werte des Grundgesetzes. Diese Metapher ist somit unglücklich gewählt und gibt einen Hinweis darauf, wie wenig die empirischen Werteforscher den Gegenstand ihres Erkennens tatsächlich semantisch ermessen haben.

So kommt auch die empirische Werteforschung eben nicht umhin, die Empirie völlig zu verlassen: Im Sinne „geistiger Orientierungen" bzw. als „sinnkonstituierende Leitlinien" können Werte als „inhaltlich spezifizierte Standards" (Ziebartz/Riegel 2008, 82) bzw. als „potenzielle Orientierungsmuster" (Fritzsche 2000, 97) verstanden werden. Sie geben dem Individuum oder den sozialen Gruppen eine „Orientierung" (Ziebartz/Riegel 2008, 82), weil das betreffende individuelle oder überindividuelle Subjekt das jeweilige Gut als solches identifiziert hat und mit ihm eine konkrete Vorstellung verbindet.

Die sozialwissenschaftliche Werteforschung geht eben nicht von A-priori-Werten aus, sondern erhebt per Umfrage – das ist die Empirie –, welche Gegenstände als werthaltig wahrgenommen werden. Allerdings ist die wertphilosophische Tradition so mächtig, dass auch sozialwissenschaftlich ausgerichtete Autoren gelegentlich hinter ihre eigene Position zurückfallen: „Werte können dem Einzelnen Sinnpotentiale erschließen und soziale Gemeinsamkeit fördern oder herstellen. Aus diesem Grund erfüllen Werte eine wichtige gesellschaftliche Funktion und sind nicht nur dem Belieben des Einzelnen überlassen" (Ziebartz/Riegel 2008, 83). Wenn sie nicht dem „Belieben des Einzelnen überlassen" bleiben dürfen, haben sie also einen A-priori-Status. Dann ist aber die empirische Ebene verlassen und der prinzipielle Wertehimmel betreten worden.

Auch bei der folgenden Aussage wird die empirische Ebene verlassen: „Werte werden im allgemeinen durch Institutionen oder Symbole verstärkt und sind insbesondere in relativ stabilen sozialen Situation zu verorten. Bei Werten stützen kognitive Überlegungen, Emotionen und voluntative Handlungsziele sich gegenseitig" (vbw 2017, 35). Hier handelt es sich um kulturell und per Sozialisation gefestigte Konventionen: Beispielsweise ist der Wert der Gesundheit sozial, politisch und per Konvention so hoch angelegt, dass hierfür ein ganzes Gesundheitswesen aufgebaut wurde mit allen institutionellen Verästelungen. Dieser Wert gilt aber nicht überall: in den USA gibt es bis heute keine allgemeine verpflichtende Krankenversicherung. Gesundheit wird dort nicht in gleicher Weise als Wert betrachtet wie in unserer deutschen Gegenwartskultur. Die konventionellen Werte sind historisch-sozial gewachsen, juristisch kodifiziert und auf diese Weise relativ unabhängig von aktuellen Meinungsbildern. Hieraus wird deutlich: In der sozialen Realität existieren ganz unterschiedliche Kategorien von Werten. Die empirische Werteforschung darf von diesen aber nur jene Güter zur Kenntnis nehmen, welche Individuen bei Befragungen individuell als Objekt des Begehrens markieren.

Werte und Wertungen

Der als Gut ausgewiesene Gegenstand ist aber nicht deshalb ein Wert, weil das Subjekt ihn a priori als solchen perzipiert hat, sondern das Subjekt hat einem Gut selbst die Eigenschaft zugemessen, werthaltig zu sein. Einem faktischen Wert geht also stets ein impliziter oder auch expliziter Wertungsakt voraus. Ein Wert ist das Ergebnis einer Wertzumessung: im Vorgang einer Doppelkodierung wird einem Gegenstand die Qualität Wert zugewiesen, damit wird er zum Gut bzw. zum Wert. Dies kann spontan geschehen, ist häufig aber das Ergebnis langer Sozialisationsprozesse. Werteorientierungen von Individuen werden nicht nur in geplanten formalen Erziehungsprozessen entfaltet, denn die gesamte Lernumgebung und die nicht-intendierten Sozialisationsprozesse beeinflussen die Werteentwicklung jedes einzelnen Individuums.

In der sozialen Realität verhält sich das aber eben auch so, dass Individuen ihre Werte eben nicht nur selbst ausbilden, sondern per Sozialisation einfach erwerben können. Man übernimmt Wertungen bzw. Werte, weil es sich um per Tradition gewachsene Usancen handelt, die man sich anders nicht vorstellen kann. In der Vormoderne beispielsweise sind unsere Vorfahren in eine geschlossene normative Welt hineingeboren worden, die kaum hinterfragt werden konnte oder durfte. Der christliche Glaube war als normativer Rahmen gegeben; wer sich anschickte, diesen zu problematisieren, konnte in eine lebensbedrohliche Lage geraten. Ein Beispiel hierfür ist etwa Jean-Jacques Rousseau, der nach der Veröffentlichung des Émile in einen riskanten Konflikt mit der katholischen Kirche geriet.

Die unhinterfragten Wertungen sind ideengeschichtlich der Ansatzpunkt für das sokratische Gespräch. Sokrates, so die Legende, sei auf dem Marktplatz von Athen herumgegangen und habe Passanten beiläufig in Diskussionen um scheinbare Gewissheiten verwickelt. Die scheinbaren Gewissheiten sind die unhinterfragten Wertungen bzw. Werte, deren Brüchigkeit Sokrates mit geschickten Fragen zutage förderte. Jedes Gemeinwesen ruht auch auf solchen, unhinterfragten normativen Grundlagen, den „kleinen Ideologien" (Brezinka 1971, 11), deren Infragestellung häufig aber eben nicht erwünscht ist. Man denke an das Ende von Sokrates.

Empirische Werteforschung

Gesellschaftlicher Wandel ist immer mit einem Wandel dessen verbunden, was empirisch ‚gilt‘, was ‚angesagt ist‘, was angestrebt und abgelehnt wird. Insofern ist kein gesellschaftlicher Wandel ohne Wertewandel vorstellbar, bzw. konstituiert sich sozialer Wandel im Inneren einer Gesellschaft als Wertewandel. Als Erster hat Friedrich Nietzsche dies mit seinen Überlegungen im Kontext seines Schlagwortes der „Umwerthung aller Werte“ erkannt, und damit den bis in die Gegenwart anhaltenden wertrealistischen bzw. wertrelativistischen Diskurs eröffnet (Nietzsche 1889/1988, 55).

   In älteren sozialwissenschaftlichen Untersuchungen wurde der Wertewandel aber häufig als Werteverfall diagnostiziert. Der in den westlichen Ländern nach dem Zweiten Weltkrieg feststellbare steigende Lebensstandard, d.h. der Zuwachs an medialen Beeinflussungen, Kaufkraft, Wohnraum, Konsumgütern habe zu einem Werteverlust geführt unter starker Ausprägung von hedonistischen und konsumorientierten Haltungen. Bereits im Jahre 1950 legt David Riesman eine Studie zum Wandel des Sozialcharakters vor, der zu folge die Macht einer „innengeleiteten“ Lebensführung zerbrochen sei, und zwar zugunsten einer außengeleiteten, am Konsum und am (wechselnden) Beifall der anderen orientierten Lebensweise. Hier taucht bereits die Vokabel Hedonismus auf als etwas, was eben als negativ zu verwerfen sei (Riesmann 1950).

   In eine ähnliche Richtung gehen zwei Jahrzehnte später Daniel Bells Überlegungen, eine nachlässige Erziehungskultur, die Aufwertung konsumtiver, auf die Freizeit gerichteter Verhaltensweisen und die wachsende räumliche und soziale Mobilität für einen Werteverfall verantwortlich zu machen. Er konstatiert einen Widerspruch zwischen einem auf rationaler Effizienzsteigerung beruhendem Beschäftigungssystem und dem an grenzenloser Selbstverwirklichung orientierten Konsum- und Freizeitsystem, welcher zu einer massenhaften Ausbildung von hedonistischen Orientierungen führe (Bell 1975).

   Großen Einfluss auf die Wertedebatte hatte die in den 1970er Jahren entstandene These einer eindimensionalen Wertesubstitution: in einem sozio-ökonomischen Erklärungsansatz auf der Basis empirisch vergleichender internationaler Studien hat insbesondere Ronald Inglehart die These einer „stillen Revolution“ vertreten, die in westlichen Industrie- und

Dienstleistungsgesellschaften einen Wandel von materialistischen zu post-materialistischen Werteorientierungen unterstellt. Bei Ersteren geht es um die Sicherung der äußeren Lebensverhältnisse, nationale Ordnung, wirtschaftliche und militärische Sicherheit, bei Letzteren um Mitspracherecht, freie Meinungsäußerung, kulturellen Fortschritt. Beide sind aufeinander bezogen und voneinander abhängig: Wächst der Wohlstand, geht der Trend in Richtung postmaterialistischer Werte und umgekehrt. Für die 1970er Jahre konstatiert Inglehart einen Wertwandel dahin gehend, dass die postmaterialistischen Werte zunehmen (Inglehart 1977).

Ursache für diesen Wertewandel seien unter anderem der Einfluss materieller Absicherung und die Sättigung von materiellen Bedürfnissen, was aber dazu führe, dass sich immer mehr junge, gut ausgebildete Menschen von traditionellen, an physischen, materiellen und auch militärischen Sicherheitsbedürfnissen orientierten Werten abwenden (vbw 2017, 37).

Zur Erklärung dieses Wandels werden zwei Hypothesen diskutiert: Während die Mangelhypothese besagt, dass die lange Phase ökonomischer Prosperität und die Erhöhung des Lebensstandards zu einer deutlichen Zunahme ästhetischer, partizipatorischer und ökologischer Werte führe, hebt die Sozialisationshypothese hervor, dass sich die Grundwerte eines Menschen in einem langen Prozess, aber vor allem in der primären Sozialisation der Kindheit und Jugend relativ stabil herausbilden. Da die jüngere Generation ihre formativen Jahre unter anderen sozio-ökonomischen Bedingungen verbringt als die ältere Generation, ist die Zunahme postmaterialistischer Werteorientierungen bei den Jüngeren sehr viel stärker ausgeprägt, insbesondere bei den höheren Bildungsgruppen. Allerdings wurde schon in den 1980er Jahren festgestellt, dass nur bei den Mitgliedern der Institutionen des höheren Bildungswesens die postmaterialistischen Orientierungen überwiegen (Tippelt 1990).

In der deutschen Soziologie sind Peter Kmieciak und Helmut Klages durch entsprechende Untersuchungen aufgefallen (Kmieciak 1976; Klages/ Kmieciak 1979; Klages 1984). Ersterer konstatiert einen Wertewandel von eher bürgerlich-traditionellen hin zu privat-hedonistischen Werte, letzterer spricht von einem Übergang von den Pflicht- und Akzeptanzwerten im Sinne der hergebrachten bürgerlichen Tugenden wie Disziplin, Leistung, Selbstbeherrschung und Treue gegenüber Werten wie Emanzipation, Autonomie, Selbstverwirklichung und Partizipation. In der pluralistischen

Kultur gebe es nach Klages eine Gleichzeitigkeit beider Wertkategorien. Es vollziehe sich auch kein Wertewandel von der einen zur anderen Gruppe, sondern die Hinwendung zu Selbstentfaltungswerten steige quer durch alle Gesellschaftsschichten stetig an. In gleichem Maße nehme die Wertschätzung der Pflicht- und Akzeptanzwerte ab. Beide Wertegruppen schließen sich aber nicht gegenseitig aus, sondern lernen, diese Kategorien miteinander in Beziehung zu setzen („Wertsynthese", Klages 1984). Damit wurde auch die Kategorie des Werteverfalls verlassen.

Klages unterscheidet in späteren Publikationen neben Pflicht-/Akzeptanzwerten zwischen hedonistisch-materialistischen und idealistischen Selbstentfaltungswerten (Klages 1993, 33; Klages 1998, 706). Um eine pluralistische Gesellschaft beschreiben zu können, bedarf es noch weitere differenzierte Kategorien. So entwickelt er fünf Wertetypen: 1. Konventionalisten mit hohen Pflicht- und Akzeptanzwerten und niedrigen Selbstentfaltungswerten; 2. perspektivenlose Resignierte mit niedriger Ausprägung aller drei Dimensionen; 3. aktive Realisten mit hoher Ausprägung aller drei Dimensionen, 4. hedonistische Materialisten mit hoher hedonistisch-materialistischer Selbstentfaltung und geringen Werten der beiden anderen Dimensionen und 5. non-konforme Idealisten mit hoher idealistischer Selbstentfaltung und niedriger Ausprägung der beiden anderen Wertebereiche.

Noch jüngere Forschungen zum Wertewandel gehen über die dreigliedrige Struktur von Klages hinaus (Fritzsche 2000, Hillmann 2001, Ziebertz/ Kalbheim/Riegel 2003). Eine pluralistische Gesellschaft lasse sich nicht auf zwei oder drei Kategorien abbilden. Hillmann schlägt einen breiten „Werteraum" vor, der aus insgesamt 17 Wertkategorien besteht (Hillmann 2001). Ziebertz, Kalbheim und Riegel weisen in ihrer Studie sechs faktoranalytisch gewonnene Wertdimensionen aus: autonome, eudaimonistische, materialistische, soziale, familiale und religiöse Werte (Ziebertz/ Kalbheim/Riegel 2003).

Die empirische Werteforschung kann nur das als Werte eruieren, was sie selbst als solche voraussetzt bzw. selbst als solche zuvor identifiziert hat. Dies lässt sich allerdings nicht empirisch realisieren, sondern nur hermeneutisch oder phänomenologisch. Sie vermag also mit dem eigenen methodischen Ansatz das Objekt ihres Suchens semantisch mitnichten einzugrenzen. Wie die immer offener werdenden Wertekategorien zeigen, haben die Werteforscher erkannt, dass sich hinter den Werten mehr verbergen muss als das, was sich durch eine einfache duale oder ternäre Unterteilung wiedergeben lässt. Aber auch eine Unterteilung in beispielsweise Achter- oder Elfergruppen bricht so etwas Komplexes wie Gesellschaft auf eine sehr schlichte Struktur herab. Solch starre Systematiken mögen zwar das Bedürfnis des Publikums nach Übersichtlichkeit befriedigen; ob dies allerdings die Komplexität und vor allem auch die Dynamik von Gesellschaft zutreffend abbildet, ist eine ganz andere Frage.

Shell-Studie

Die Shell-Jugendstudien erscheinen seit dem Jahre 1953 und erheben nach eigenen Angaben empirisch, auf welche Weise junge Menschen in Deutschland die sich ihnen stellenden Herausforderungen bewältigen und welche Verhaltensweisen, Einstellungen und Mentalitäten sie damit herausbilden; damit handelt es sich bei diesen um die ältesten Jugendstudien überhaupt. Bekannt wurde diese Reihe auch durch prägnante Etikettierungen wie „Skeptische Generation", 68er, Hippies, Punks, Wessis, Ossis, Generation X und Generation Y. Für vorliegende Überlegungen wurde die jüngste 17. Shell-Jugendstudie ausgewählt.

Innerhalb der verschiedenen Bereiche, die in der 17. Shell-Jugendstudie erhoben werden, wird eigens noch ein Bereich Werte bzw. „Wertorientierungen" erhoben. Unter dieser Bezeichnung werden „Merkmale der menschlichen Psyche" verstanden, „die besonders stabil sind" (Gensicke 2015, S. 237). Die Frage stellt sich also, ob solche stabilen Positionen überhaupt Gegenstand einer Trendforschung werden können; denn sie seien tief in der Kultur verankert und würden im frühen Lebensalter aufgenommen. Allerdings – so die eigene konzessive Einlassung – wären diese bei Jugendlichen eben noch nicht so gefestigt, als dass sie eben nicht Gegenstand von Erhebungen werden könnten (ebd.).

Methodik

Die 17. Shell-Jugendstudie verwendet das gleiche „bewährte Studiendesign" (Schneekloth/Leven 2015, S. 389), das seit 2002 zugrunde gelegt wird. Es wird eine vollstandardisierte quantitative Erhebung bei einer repräsentativ angelegten Stichprobe durchgeführt, ergänzt um leitfadengestützte,

qualitative Interviews nach systematischen Gesichtspunkten. Die „Grund-
gesamtheit" (ebd.) der Jugendlichen stellen junge Menschen im Alter von
12 bis 25 Jahren. Dies sind Jugendliche mit deutscher Staatsangehörigkeit,
sowie solche ausländischer Nationalität. Gebildet wurde eine Stichprobe
mit insgesamt 2558 Jugendlichen der Jahrgänge 1989–2002. Aus den
westlichen Bundesländern nehmen 1761 Jugendliche teil, von den östlichen inklusive Berlin 797. Die bewusste Überrepräsentierung von Jugendlichen aus den östlichen Bundesländern wurde durch eine „entsprechende
Korrekturgewichtung" (ebd.) berücksichtigt. Die Erhebung wird des Weiteren auf der Grundlage einer Quotenstichprobe (Quota-Sample) durchgeführt (vgl. ebd. S. 389 f).

Die Erhebung wurde als persönlich-mündliche Befragung von „gut
geschulten Interviewerinnen und Interviewern" auf Basis eines fest vorgegebenen standardisierten Erhebungsinstruments durchgeführt. Die
Befragung selbst wurde als CAPI-Erhebung (Computer-Assisted-Personal-
Erhebung) direkt in einen vom Interviewer mitgeführten Laptop eingege-
ben.

Wertorientierungen

Die einzelnen „Wertorientierungen" werden durch folgende Frage einge-
leitet: „Jeder Mensch hat ja bestimmte Vorstellungen, die sein Leben und
Verhalten bestimmen. Wenn du einmal daran denkst, was du in deinem
Leben eigentlich anstrebst: Wie wichtig sind dann die folgenden Dinge für
dich persönlich?" (Gensicke 2015, S. 239). Die Probanden müssen ihre
Antworten selbst auf einer siebenstufigen Skala zwischen „unwichtig"
(1) und „außerordentlich wichtig" (7) einordnen. Bei den Wertorientierungen bzw. „Dingen" handelt es sich um Fragen zur Relevanz einzelner
Gesichtspunkte für die eigene Lebensführung. Hier werden Gesichtspunkte
erfragt wie „Gute Freunde haben, die einen anerkennen", „Einen Partner haben, dem man vertrauen kann", „Von anderen Menschen abhängig
sein", „Gesetz und Ordnung respektieren", „Seine Phantasie und Kreativität entwickeln", „Gesundheitsbewusst leben" (ebd., S. 239).

Mit Blick auf die Wertorientierungen wird „eine hohe Stabilität"
(ebd., S. 238) festgestellt. Es zählen „Freundschaft", „Partnerschaft" und
„Familie". Nach wie vor sollen enge persönliche Beziehungen für junge

Menschen der wichtigste Anker eines guten und erfüllenden Lebens sein. Diese Bereiche sind bei den Jugendlichen bis 2010 wichtiger geworden, seit 2010 fallen die Werte wieder etwas, allerdings auf einem sehr hohen Niveau. „Freundschaft" finden nunmehr mehr als zwei Drittel der Jugendlichen (67 %) außerordentlich wichtig („Partnerschaft" 2010: 69 %, 2015: 64 %).

Die Jugendlichen wollen aber auch ein eigenes Profil haben und bewerten Eigenverantwortung und Unabhängigkeit entsprechend hoch. Sie sind auch bereit, Haltungen zu gesellschaftlichen Regeln zu entwickeln, welche ihrer Individualität unter Umständen Grenzen setzen (ebd., S. 240). Anhand der Wertorientierung „Tüchtigkeit" zeigt sich, wie die Jugend eine neue Einstellung dazu gefunden hat. Darüber hinaus hat das Merkmal „Respekt vor Gesetz und Ordnung" eine noch höhere Bedeutung als „Fleiß und Ehrgeiz" erlangt. „Respekt vor Gesetz und Ordnung" sei für Jugendliche inzwischen sogar wichtiger, als „kreativ" zu sein. Darin werde eine kontinuierliche gewachsene Bereitschaft zur Akzeptanz gesellschaftlicher Regeln erkennbar.

Die Verschiebungen bei den Wertorientierungen der engeren sozialen Bindungen waren eher schwach, es gab nur eine wirklich markante Veränderung bei dem Merkmal „Viele Kontakte zu anderen Menschen zu haben". Dies war 2010 für Jugendliche noch zu 64 % besonders wichtig, 2015 jedoch nur noch zu 53 %. Die Kontaktfreude fiel damit vom fünften auf den elften Platz. Die Autoren stellen hier einen Zusammenhang zu den digitalen sozialen Netzwerken her: „Angesichts einer zunehmenden Überflutung mit elektronischen Nachrichten und Kontakten ist dies möglicherweise Ausdruck eines gewissen Überdrusses" (Gensicke 2015, S. 241). Auch die leichte Abwertung der „Freunde" im „Wertekatalog der Jugend" (Gensicke 2015, 241) wird zu der Inflation der elektronischen Bekanntschaften in Beziehung gesetzt. Es sei eben viel leichter, 500 oder mehr elektronische Freunde zu haben, doch zugleich schwerer, Zeit für echte Freundschaften zu finden. Die neuen elektronischen Möglichkeiten führen damit eher zu einer „Abwehrhaltung" (ebd., S. 242).

Wenn man die Werte für den Skalierungspunkt 7 („außerordentlich wichtig") der Erhebungen aus den Jahren 2002, 2006, 2010 und 2015 bei den den sozialen Nahraum betreffenden Wertorientierungen „Gute Freunde haben", „Vertrauensvolle Partnerschaft", „Gutes Familienleben führen" betrachtet, so fällt bei allen eine parallele Entwicklung auf: bei allen vier Erhebungen ist für das Jahr 2002 der niedrigste Wert zu verzeichnen, für das Jahr 2010 der höchste, und alle Werte fallen bei der Erhebung 2015 wieder ab. Einen parallelen Verlauf zeigen die Werte für „Fleiß und Ehrgeiz", das „Streben nach Sicherheit" und „der hohe Lebensstandard". Die Autoren gehen davon aus, dass gegenüber der Erhebung von 2010 die materiellen Orientierungen gegenüber jenen des „bewussten und engagierten Lebens" an Bedeutung verloren haben (Gensicke 2015, 244). So steigt auch die Gruppe derjenigen Jugendlichen, der das umweltbewusste Verhalten besonders wichtig ist, wenn diese insgesamt noch unter 50 % liegt. Ähnlich verhält sich die Zuordnung zum „politischem Engagement". Bei den konkurrierenden Wertorientierungen „Selbstdurchsetzung" und „Toleranz" hat Letztere etwas aufgeholt.

Die Shell-Jugendstudie von 2002 konstatierte im Vergleich zur zweiten Hälfte der 1980er Jahre einen starken Verlust beim Umweltbewusstsein der Jugend. Ähnlich verhielten sich die Zuordnungen zum sozialen und politischen Engagement. 2006 kehrte der Trend hier wieder um. Beim „politischen Interesse" ist inzwischen wieder das Niveau von 1987/1988 erreicht. Gleichwohl halten zwei Fünftel das politische Interesse für unwichtig und nur ein Drittel für wichtig. Gar kein Interesse für die Umwelt bekunden jedoch nur 15 %.

Der Stellenwert von Toleranz („Auch Meinungen tolerieren, denen man eigentlich nicht zustimmen kann") blieb von den 1980er Jahren bis 2006 stabil, um dann 2010 abrupt zurückzugehen. 2015 ist er wieder etwas gestiegen; zumindest ein knappes Drittel bekannte sich in einem hohen Maße dazu. Von den Autoren wird dies damit erklärt, dass der stärker wahrgenommene Islamismus zu diesem Rückgang geführt habe. Man hat ergänzend einen neuen Indikator „Die Vielfalt der Menschen anerkennen und respektieren" (Gensicke 2015, 247) eingeführt, um die Wertorientierung Toleranz mit konkretem Inhalt zu füllen. Dieses Merkmal wird von vielen Jugendlichen mit hoher Wichtigkeit bewertet: 82 % halten den Respekt vor der Vielfalt der Menschen für besonders wichtig (Skalenpunkte 6 und 7). Ein Drittel vergibt hierfür den obersten Punkt 7. Bei jungen Frauen und Jugendlichen mit einem sozialen Status oberhalb der Mitte sind die Werte noch höher, ebenso bei denen aus dem Westen höher als bei denen aus dem Osten.

In den Blick genommen wird der Zusammenhang von Tradition und Religiosität. Von 2010 nach 2015 fällt auf, dass das Althergebrachte den Jugendlichen wieder wichtiger erscheint („Am Althergebrachten festhalten"). Dies findet 2015 zwar nur ein Viertel wichtig (2010: 22 %); aber immerhin sind das mehr Jugendliche als jene, denen sie zumindest teilweise wichtig war. Ähnlich entwickelte sich das dritte Wertmuster, „Tradition und Konformität". Von diesem Trend weicht allerdings die „klassische" Religiosität ab. Die Bedeutung des klassischen Glaubens ist im Leben der Jugend weiter zurückgegangen (Gensicke 2015, 252). Demzufolge löst der größere Teil der Jugend die Tradition nicht mehr pauschal ab, was sich aber nicht auf die Zustimmung der hergebrachten Religion überträgt.

Diskussion

Gefragt wird nicht nach Werten, sondern nach „Dingen" die „persönlich wichtig sind": „Gute Freunde haben, die einen anerkennen", „Einen Partner haben, dem man vertrauen kann", „Von anderen Menschen abhängig sein", „Gesetz und Ordnung respektieren", „Seine Phantasie und Kreativität entwickeln", „Gesundheitsbewusst leben" etc. Unübersehbar eröffnen diese sogenannten ‚Werte' einen interpretativen Spielraum: Was heißt denn „gesundheitsbewusst leben?". Welcher junge Mensch will das denn nicht; damit es aber längst noch nicht geklärt, welche Konsequenzen dies für den Alltag hat. Abgesehen davon, wie schwierig dies für junge Menschen sein dürfte, konkret in das Alltagshandeln zu übersetzen, was „gesundheitsbewusst leben" bedeutet, kann auch die amtliche Ernährungswissenschaft bis heute diese Frage nicht abschließend beantworten. Diese Unschärfe gilt für alle übrigen ‚Werte' auch: Was ist denn Freundschaft, was heißt das konkret, insbesondere im Zeitalter der sogenannten sozialen Medien?

Das „politische Engagement" erhält einen mittleren Wert. Dabei dürfte bereits für den allgemeinen Sprachgebrauch, unabhängig von der Lebenswelt junger Menschen, relativ unklar sein, was darunter überhaupt zu verstehen ist. Ist jemand, der sich in einem Verein, in einem Arbeitskreis, im Sport, bei der Feuerwehr etc. betätigt, politisch aktiv? Oder gilt das nur für eine Mitarbeit in ausdrücklich politischen Organisationen wie Parteien, Bürgerinitiativen, Gewerkschaften?

Wie sollen die Jugendlichen einen Wert wie „Am Althergebrachten festhalten" einordnen? Das „Althergebrachte" ist semantisch nicht bestimmt, lässt sich auch nicht operationalisieren. Was sind denn die weichen oder harten Kriterien dafür? Jugendliche können bestenfalls einordnen, was sie für das Althergebrachte halten; sie können dieses aber nicht kennen, denn dann wären sie keine Jugendlichen mehr. Hier kommt dieselbe Unschärfe ins Spiel, die etwa für den Bezeichnung „Konservatismus" gilt. De facto gibt es nämlich gar keinen reinen Konservatismus, sondern jede weltanschauliche oder sonstige normative Richtung kann einen eigenen Konservatismus ausprägen, der sich konträr zu konkurrierenden Bewegungen verhält. Beispielsweise hat jede der ‚hergebrachten' Parteien wie CDU, SPD, FDP, die Linke, die Grünen einen oder sogar mehrere eigene konservative bzw. dogmatische Flügel.

Um methodisch zu argumentieren: Wäre es nicht aussagekräftiger, man würde lediglich empirisch erheben, was die Jugendlichen tatsächlich ‚tun', also z. B. Sport treiben, auf welche Weise konkret, oder im Arbeitskreis „Dritte Welt" mitwirken, als abstrakte, letztlich wenig geklärte Positionierungen einzuholen?

Der Marburger Soziologe Martin Schröder hat sich mit verschiedenen Jugend-Studien beschäftigt, unter anderem auch mit der jüngsten Shell-Studie. Er kommt zu einem vernichtenden Ergebnis: Es werde methodisch sehr unpräzise verfahren, insbesondere seien die verwendeten Formulierungen „unglaublich schwammig" (Schröder 2018). Wie soeben schon festgestellt, wurde mit vieldeutigen Sätzen gearbeitet. Es wurde behauptet, die Jugend ordne alles der Karriere unter; an einer anderen Stelle wird das Gegenteil festgestellt: Gestaltungsmöglichkeiten im Betrieb, das Betriebsklima und die Vereinbarkeit von Familie und Beruf seien wichtiger als eine steile Karriere.

Die Markierung unterschiedlicher Jugendgenerationen mit Namen wie Generation Y oder Millennials, Generation Golf oder Babyboomer seien nichts anderes als ein „Marketing-Gag" (ebd.). Jugendliche unterscheiden sich immer von den älteren; die feststellbaren Veränderungen der Sichtweisen, folge allerdings allgemeinen gesellschaftlichen Trends: Jetzt sei bei allen Alterskohorten etwa eine hohe Toleranz gegenüber der gleichgeschlechtlichen Ehe feststellbar, vor 50 Jahren ist das Gegenteil der Fall gewesen. Die behaupteten Generationenunterschiede seien ein „Mythos" (ebd.), es gebe sie schlicht nicht.

Deutlich wird zunächst, wie schwer fassbar der Wertbegriff ist, dass er sich einer empirischen Erhebung doch mehr oder weniger entzieht.

Sinus-Studie

Design

Es handelt sich hier um eine aktuelle Studie, die vom SINUS-Institut durchgeführt wurde. Dies ist ein, in Heidelberg ansässiges Markt- und Sozialforschungsinstitut. Methodisch handelt es sich hier um keine repräsentative Erhebung, sondern um eine „detaillierte qualitative Nachzeichnung der Lebenssituation einzelner Jugendlicher" (Hurrelmann 2016, Vorwort, S. 8); verbindet damit die quantitative mit der qualitativen Forschung. Bei dieser Jugendstudie geht es darum, der Frage auf den Grund zu gehen, wie Jugendliche ihren Alltag erleben, wozu insbesondere auch gehört „An welchen Werten orientieren sie sich?" (Calmbach u.a. 2016, 18). Für die Studie wurden 72 narrative Interviews durchgeführt mit Jugendlichen im Alter von 14 bis 17 Jahren, Dauer ca. 120 Minuten incl. Fotodokumentation. Jeweils zu einem Drittel wurden Jugendliche interviewt, die den Hauptschul-, Realschulabschluss oder das Abitur anstreben. Die Befragungen wurden auf ganz Deutschland verteilt. Dieses Setting wurde im Jahre 2012 zum ersten Mal erprobt; die Studie von 2016 stellt die Ergebnisse des zweiten Durchlaufes vor.

Werte

Die qualitative Analyse der Alltagswelten in der Alterskohorte der 14- bis 17-Jährigen habe ergeben, dass sich das Wertespektrum Jugendlicher weiterhin mit drei zentralen Grundorientierungen – traditionell, modern und postmodern – beschreiben lasse: Traditionell meint Werte, die sich an Sicherheit und Orientierung ausrichten, modern meint Werte, die auf „Haben und Zeigen" sowie auf „Sein und Verändern" abzielen, postmodern meint Werte, die auf „Machen und Erleben", „Grenzen überwinden und Sampeln" abheben (Calmbach u.a. 2016, 30).

Diese Grundkategorien seien nicht als getrennte Kategorien zu verstehen. Die Werthaltung Jugendlicher folge weniger einer „Entweder-oder-Logik" als vielmehr einer „Sowohl-als-auch-Logik". Charakteristisch sei eine Gleichzeitigkeit von auf den ersten Blick nur schwer vereinbaren Werthaltungen. Beispielsweise wolle man „hart feiern" (postmodern), aber auch „hart arbeiten" und damit zu den Besten der Klasse gehören (traditionell). Flexibilität soll mit Sicherheit verbunden werden.

Wie bereits in vorangegangenen Untersuchungen wurden die Jugendlichen in sieben verschiedene normative Gruppen unterteilt, in „Konservativ-Bürgerliche", „Sozialökologische", „Expeditive", „Adaptiv-Pragmatische", „Experimentalistische Hedonisten", „Materialistische Hedonisten", „Prekäre":

- Konservativ-Bürgerliche: familien- und heimatorientierte Bodenständige mit Traditionsbewusstsein und Verantwortungsethik (tendenziell eher Realschüler/innen)
- Sozialökologische: nachhaltigkeits- und gemeinwohlorientierte Jugendliche mit sozialkritischer Grundhaltung und Offenheit für alternative Lebensentwürfe (tendenziell eher Gymnasiasten/innen)
- Expeditive: erfolgs- und lifestyle-orientierte Networker auf der Suche nach neuen Grenzen und unkonventionellen Erfahrungen (tendenziell eher Gymnasiasten/innen)
- Adaptiv-Pragmatische: leistungs- und familienorientierter moderner Mainstream mit hoher Anpassungsbereitschaft (tendenziell eher Realschüler/innen)
- Experimentalistische Hedonisten: spaß- und szenenorientierte Nonkonformisten mit Fokus auf das Leben im Hier und Jetzt (tendenziell eher Realschüler/innen)
- Materialistische Hedonisten: freizeit- und familienorientierte Unterschicht mit ausgeprägten markenbewussten Konsumwünschen (tendenziell eher Hauptschüler/innen)
- Prekäre: um Orientierung und Teilhabe bemühte Jugendliche mit schwierigen Starvoraussetzungen und Durchbeißermentalität (tendenziell eher Hauptschüler/innen).

Diejenigen mit dem höchsten Bildungsgrad sind die Expeditiven, diejenigen mit dem niedrigsten Bildungsgrad sind die Prekären. Die prozentualen Anteile liegen zwischen 9 (Sozialökologische) und 22 Prozent (Expeditive) (Calmbach u.a. 2016, 34).

Für „Konservativ-Bürgerliche" sind im Vergleich der Lebenswelten Anpassungs- und Ordnungswerte sowie Kollektivwerte und soziale Werte – z. B. Gemeinschaft, Zusammenhalt, Hilfsbereitschaft, Familie, Geselligkeit und bei muslimischen Jugendlichen auch religiös geprägte Tugenden wie Glaube, Hoffnung, Demut, Mäßigung, Rechtschaffenheit – am wichtigsten. Diese Jugendlichen tendieren im Vergleich der Lebenswelten noch am stärksten zu einer autoritären Interpretation von Sekundärtugenden (ebd., S. 39).

Hedonistische Werte sind jugendtypisch und daher auch bei Konservativ-Bürgerlichen verbreitet, allerdings rangieren sie in ihrer Bedeutung deutlich hinter einer umfassenden Liste von Werten des traditionell-bürgerlichen Tugendkatalogs: Bodenständigkeit, Vernunft, Standhaftigkeit, Sachlichkeit, Beständigkeit, Bescheidenheit, Gewissenhaftigkeit, Zielstrebigkeit, Fleiß, Treue, Gehorsam, Disziplin, Pflichtbewusstsein, Pünktlichkeit, Zuverlässigkeit, Höflichkeit, Ordnungsliebe, Sauberkeit, Harmonie. Im Werteprofil der konservativ-bürgerlichen Jugendlichen spiegeln sich ein ausgeprägtes Bewusstsein für die bewährte gesellschaftliche Ordnung und der starke Wunsch, an dieser festzuhalten. Daher kann man sie als „konservativ" einordnen (Calmbach u.a. 2016, 40). Für diese Gruppe ist eher Selbstdisziplinierung als Selbstentfaltung charakteristisch und die Konsumneigung am geringsten ausgeprägt. Diese Jugendlichen gehen sparsam und kontrolliert mit ihrem Geld um, die Verzichtsbereitschaft ist hoch, man will sein Geld „nicht zum Fenster rausschmeißen".

Konservativ-Bürgerliche scheuen Veränderungen und halten sich an Gewohnheiten und Gewissheiten fest. Sie streben nach einer „Normalbiografie" (Calmbach u.a. 2016, 42), Schule, Ausbildung, Beruf, Ehe, Kinder. Diese sind Lebensplaner, keine Karriereplaner; Dauerhaftigkeit und Treue sind für sie bereits in jungen Jahren unverhandelbare Wesenselemente von Partnerschaft.

Der Adaptiv-Pragmatische ist der leistungs- und familienorientierte moderne Mainstream mit hoher Anpassungsbereitschaft (Calmbach u.a. 2016, 59 ff). Diese Jugendlichen kombinieren die bürgerlichen Grundwerte und Tugenden wie Ehrlichkeit, Respekt, Vertrauen, Pünktlichkeit und Fleiß mit modernen und hedonistischen Werten wie Freiheit, Offenheit, Unvoreingenommenheit, Spaß und Humor. Sie sind familiär ausgelegt; zur Familie gehört auch weitere Verwandtschaft, auch im Falle einer

Trennung der Eltern. Anpassungs- und Kompromissbereitschaft sowie Realismus bezeichnen sie als ihre Stärken. Ideologien stehen diese Jugendlichen skeptisch gegenüber. Sie orientieren sich nicht an Utopien, sondern am Machbaren. Sie sind sich sicher, dass sie mit Ehrgeiz und Selbstvertrauen sehr viel erreichen können. Der Maßstab sind dabei die Etappenziele der bürgerlichen Normalbiographie, d.h. erfolgreicher Einstieg in das Berufsleben, Familiengründung und Aufbau eines Zuhauses.

Der Prekäre ist der um Orientierung und Teilhabe bemühte Jugendliche mit schwierigen Startvoraussetzungen und einer „Durchbeißermentalität" (Calmbach u.a. 2016,75 ff). Diese Jugendlichen haben die schwierigsten Startvoraussetzungen, ihre Biographie weist nicht selten schon erste Brüche auf (problematische Familienverhältnisse, psychische Krankheiten, Schulverweis). Es verschränken sich verschiedene Risikolagen wie bildungsfernes Elternhaus, Erwerbslosigkeit der Eltern, Familieneinkommen in Nähe oder unter der Armutsgrenze, schlechte Aussichten auf einen Schulabschluss, problematische Peergroup.

Viele sind sich ihrer sozialen Benachteiligung bewusst und bemüht, ihre Situation zu verbessern. Die Familie spielt hier eine große Rolle, auch wenn es sich um eine idealisierte Vorstellung von Familie handelt, die mit der Wirklichkeit wenig zu tun hat. Gerechtigkeit und Fairness sieht man in der Gesellschaft kaum verwirklicht, man findet Hinweise auf extreme politische Positionen. Leistung lohnt sich nicht, man sucht nach Vorbildern, die aus ähnlich widrigen Verhältnissen stammen und es mit viel Durchsetzungsvermögen „nach oben" (ebd., S. 78) geschafft haben. Physische Gewalterfahrungen kommen in dieser Gruppe am häufigsten vor.

Bei den materialistischen Hedonisten handelt es sich um die freizeit- und familienorientierte Unterschicht mit ausgeprägten markenbewussten Konsumwünschen. Diese legen einen großen Wert auf die Repräsentation von (angestrebtem) Status: Konsum kommt vor Sparsamkeit. Bescheidenheit liegt ihnen fern, der Umgang mit Geld ist unkontrolliert. Kurzfristige Konsumziele haben einen hohen Stellenwert – neue, moderne Kleidung, Schuhe, Modeschmuck. Mit Äußerlichkeiten Eindruck zu hinterlassen, bezeichnen sie als ihre Stärke. Von schlecht gekleideten oder gar ungepflegten Personen grenzt man sich ab.

Die Konsumwünsche sind von einer starken Markenorientierung geprägt, weil Marken in den Peer-Kontexten Anerkennung abwerfen. Sie fühlen sich auf den großen Shoppingmeilen wohl, weil sie dort „ihre" Läden finden. Shoppen, Party, Geld und Urlaub sind die coolsten Sachen der Welt. Man möchte Spaß und ein „gechilltes Leben" haben. Sie beklagen keinen Mangel an Freizeit im Sinn von freier Zeit, sondern eher die Langeweile des Alltags. Schulbildung spielt keine große Rolle, man erwirbt eher niedrige formale Abschlüsse.

Vandalismus, Aggressivität gegenüber den Peers und der Konsum illegaler Drogen sind in den Alltagserzählungen dieser Jugendlichen immer wieder Thema. Die aggressive Verteidigung der eigenen Rechte und exzessives Feiern gehört zum Lebensstil. Sie zeigen tendenziell eine Ablehnung gegenüber Kontroll- und Autoritätswerten. Rigide Regeln werden deutlicher als in anderen Lebenswelten als begrenzend, entmündigend und abstrafend erlebt.

Bei den experimentalistischen Hedonisten handelt es sich um die spaß- und szenenorientierten Nonkonformisten mit Fokus auf das Leben im Hier und Jetzt. Freiheit, Individualität, Selbstverwirklichung, Spontaneität, Kreativität, Risikobereitschaft, Spaß, Genuss und Abenteuer sind Ankerwerte der experimentalistischen Hedonisten (Calmbach u.a. 2016, 113 ff). Man lebt im Hier und Jetzt und mag es gar nicht, wenn das Leben nur aus Vorschriften besteht. Der Wunsch nach ungehinderter Selbstentfaltung ist groß. Sich Selbstdisziplin und Selbstkontrolle abzufordern, liegt diesen Personen fern. Man möchte Grenzen überschreiten, Regeln brechen, „es darauf ankommen lassen". Sie bezeichnen sich selbst als eigensinnig, eigenwillig und widerspenstig. Im Vergleich zu typisch bürgerlichen Werten wie Bodenständigkeit, Bescheidenheit, Gewissenhaftigkeit, Gehorsam, Disziplin, Pflichtbewusstsein, Pünktlichkeit, Ordnung, Sauberkeit haben diese Jugendlichen die geringste Affinität. Die Schule besitzt für diese keine Priorität. Man arbeitet für ungeliebte Fächer nur das Nötigste, im Falle eines Interesses kann man sich aber tief in eine Materie einarbeiten.

Man will sich von dem aus eigener Sicht wahrgenommenen Mainstream distanzieren und sich von den Vorstellungen einer bürgerlichen Normalperspektive emanzipieren. Experimentalistische Hedonisten ecken mit ihrer Werthaltung oft an bzw. wollen bewusst anecken. Sie wollen sich durch eigenes kreatives Schaffen abheben, einen eigenen bzw. szenespezifischen Stil verfolgen – „Selbermachen statt nur blöd konsumieren". Im Vergleich wollen sie mehr als die übrigen „anders leben"; das Subkulturelle,

„Undergroundige", Abseitige fasziniert sie und zieht sie an. Das Spießbür-gerliche, Normale, Karrieristische, Konventionelle langweilt sie. Man will sich abgrenzen, „aus der Masse hervorstechen" (ebd.).

Hier ist die Affinität zu Jugendszenen am höchsten, man spielt mit bewusst eingesetzter Hässlichkeit als Provokationsmittel, viele sympa-thisieren mit Körpermodifikationen, Tattoos, Piercings, Ohrtunnel. Viele kaufen in Szeneläden, Flohmärkten ein. Es gehört sich, extreme Positionen einzunehmen, früh Alkohol, Zigaretten und weiche Drogen zu probieren; oder man nimmt den Konsum von Genuss- und Rauschmitteln als jugend-lichen Mainstream wahr, von dem man sich wieder abgrenzt. Mit Sexua-lität geht man offen und interessiert um und heißt die Vielfalt sexueller Orientierungen ostentativ gut (ebd.).

Bei den „Sozialökologischen" handelt es sich um nachhaltigkeits- und gemeinwohlorientierte Jugendliche mit sozialkritischer Grundhaltung und Offenheit für alternative Lebensentwürfe.

Diese formulieren deutlich den für sie relevanten postmateriell gepräg-ten Wertekatalog: Demokratie, Freiheit, Pazifismus, Toleranz, Gerech-tigkeit, Gleichberechtigung aller Lebensweisen, Sorgsamkeit gegenüber Mensch, Tier und Umwelt sowie Nachhaltigkeit sind Maximen, nach denen sie ihr Leben ausrichten wollen. Sie haben ein vergleichsweise star-kes „Sendungsbewusstsein"; andere von ihren Ansichten zu überzeugen, ist ihnen wichtig. Entsprechend typisch ist es daher, dass Sozialökologische sich als Schüler- bzw. Klassensprecher oder für Sozialprojekte engagieren (Calmbach u.a. 2016, 132 ff).

Solidarität ist ein wichtiger Wert. Man reflektiert die eigene, meist sozial privilegierte Position in der Gesellschaft und fordert vor diesem Hinter-grund, Chancengleichheit für alle. Man distanziert sich von materialisti-schen Werten. Luxus und materieller Überfluss werden verurteilt. Verzicht ist für Sozialökologische kein Zwang, sondern ein Gebot in der Über-flussgesellschaft. Mode, Fashion und Trends verweigert man sich eher als andere Jugendliche, einige Sozialökologische betonen demonstrativ, dass der „Markenwahn nervt". Luxusmarkenklamotten haben keine Bedeu-tung. Extravaganzen belächelt man; es gibt doch weitaus wichtigere He-rausforderungen als die Inszenierung des Selbst in der globalisierten Welt.

Sozialökologische sind sehr bildungsaffine Jugendliche; neue Erfahrun-gen bedeuten für sie immer auch einen Erkenntnisgewinn im Hinblick auf ihr Weltbild. Dieser Aspekt ist vorrangig gegenüber dem Spaßfaktor. Schule als Bildungsort hat im Alltag der Sozialökologischen eine hohe Priorität und nimmt viel Zeit ein. Man will allerdings nicht zu den Strebern gehören, zeigt also trotz Interesse eine gelassene Distanz zur Schule (ebd.).

Bei den „Expeditiven" handelt es sich bei den erfolgs- und lifestyleorientierten Networker auf der Suche nach neuen Grenzen und unkonventionellen Erfahrungen (Calmbach u.a. 2016, 150 ff). Typisch für Expeditive ist ein buntes Wertepatchwork. Sie legen großen Wert auf eine Balance zwischen Selbstverwirklichung, Selbstentfaltung, Selbstständigkeit sowie Hedonismus einerseits und Pflicht- und Leistungswerten wie Streben nach Karriere und Erfolg, Zielstrebigkeit, Ehrgeiz und Fleiß andererseits. Von allen Jugendlichen sind sie die flexibelsten, mobilsten, pragmatischsten, innovativsten. Viele sind auch sehr kompetitiv und akzeptieren die Wettbewerbsgesellschaft. Den eigenen Erfahrungshorizont ständig zu erweitern, ist eine wichtige Lebensmaxime.

Expeditive grenzen sich von den Merkmalen bürgerlicher Etabliertheit ab: unhinterfragtes Verfolgen von Konventionen, Unterordnung von Spaß und Selbstverwirklichung zugunsten von Sicherheit, Angst vor Auffallen und Veränderung. Man charakterisiert sich als interessant, einzigartig, eloquent, stilbewusst, stilsicher und als ein „Gewinner-Typ". Dass andere Jugendliche dies bisweilen als Arroganz deuten, nimmt man durchaus wahr, deutet es aber nicht zuletzt als Bestätigung der eigenen Überlegenheit. Ein „austauschbarer Mustermensch" zu sein, bezeichnen Expeditive als eine fürchterliche Vorstellung; entsprechend groß sind die Abgrenzbemühungen zum Mainstream (ebd.).

Diskussion

Der Bildungsgrad ist als ein wesentliches Kriterium in die vorgestellten Überlegungen eingegangen. Allerdings handelt es sich hierbei nur zum Teil um den erreichten Schulabschluss, insbesondere bei den Gymnasiasten fließt lediglich der aktuell besuchte Bildungsgang ein. Da allerdings der Anteil derer, die sich in der achten Klasse im Hauptschulbildungsgang befinden, zwischenzeitlich deutlich unter 20 Prozent eines Jahrgangs liegt, der Anteil derjenigen, die sich in der achten Klassenstufe in einem gymnasialen Bildungsgang befinden, bundesweit gegen 50 % bewegt, handelt es sich beim Bildungsgrad damit insgesamt um ein eher weiches Kriterium mit unscharfen Konturen bzw. mit Übergängen. Anders ausgedrückt: Gäbe es diese Studie schon seit den 1950er Jahren wie etwa die Shell-Studie, könnte man sie nicht direkt miteinander vergleichen, weil etwa Schüler, die in den 1950er Jahren als Hauptschüler geführt worden wären, heute etwa als Gymnasiasten einzuordnen wären.

Andererseits ist es interessant, dass sich mit dem Schulbesuch auch normative Unterschiede verbinden. Je niedriger der Bildungsgrad, desto stärker sei eine materialistisch-hedonistische Orientierung ausgeprägt wie umgekehrt. Schulische Leistungsfähigkeit wäre dann in einer gewissen Weise auch mit der normativen Orientierung verbunden.

Es stellt sich aber auch hier die Frage der Validität. Die prekär Ausgewiesenen haben größte Mühen, überhaupt den schulischen Mindestabschluss zu erreichen. Dass in solch einer Situation kulturelle Interessen geringer ausgeprägt sind, liegt in der Natur der Sache. Dies verhält sich bei den besonders Leistungsfähigen eben umgekehrt: die materielle Versorgung wird in unseren Zeiten des gesicherten Wohlstands mehr oder weniger vorausgesetzt und nicht weiter reflektiert. Gerade weil man materiell gut versorgt ist, kann man sich kulturelle, ökologische und altruistische Neigungen überhaupt erst erlauben.

Die Unterteilung der befragten Jugendlichen in die genannten sechs Gruppen ist selbstredend möglich, aber auch hier handelt es sich sowohl hinsichtlich der Anzahl der Gruppen wie auch deren Etikettierung um von außen herangetragene Zuschreibungen bzw. Interpretationen, die ohne Frage auch anders möglich wären. Man könnte die Jugend auch in 11 Gruppen mit anderen Bezeichnungen unterscheiden.

Auch hier wird wiederum das Merkmal „konservativ" verwendet. Wie bereits bemerkt, ist freilich hinsichtlich jeder normativen Orientierung eine „konservative" bzw. dogmatische Richtung vorhanden. Man findet heute auch dogmatische Linke, Stalinisten oder alt gewordene dogmatische 68'er. Konservativ bedeutet lediglich eine normativ bewahrende Haltung innerhalb eines mehr oder weniger geschlossenen normativen Bezugssystems.

Ohne Frage ist die realisierte Unterteilung wie auch die inhaltliche Unterscheidung in die genannten sechs Rubriken so möglich. Allerdings dürfte diese Unterteilung kaum generationentypisch sein. In jeder Generation finden sich sowohl aufstiegsorientierte wie auch mehr privat-familienorientierte Menschen. Anders gesagt: Hätte man diese Erhebung vor 40 Jahren durchgeführt, wären die Ergebnisse im Großen und Ganzen wohl dieselben gewesen.

Schlussfolgerungen

Das Ziel der vorangegangenen Überlegungen bestand darin, die empirische Seite des Wertediskurses einzuholen: Was wird innerhalb des empirischen Paradigmas unter ‚Werten' verstanden und was leistet dieser Ansatz?

Prinzipiell philosophische Überlegungen können unabhängig von physischen und sozialen Gegebenheiten abstrakt darüber räsonieren, was als Wert zu gelten hat; so wie die Mathematik rein formal-logisch voranzuschreiten vermag, ohne etwa Rücksichten auf physikalische Begrenzungen nehmen zu müssen. Die sozialwissenschaftliche Forschung ist hierbei hingegen determiniert: Sie kann nur eruieren, was Menschen tatsächlich anstreben, wünschen, vorziehen. Werden beispielsweise gerade in wertpädagogischen Kontexten Tugenden wie Pünktlichkeit, Zuverlässigkeit, Bescheidenheit als Werte ausgegeben, kann die sozialwissenschaftliche Forschung als Werte nur Güter erfassen, von denen die Probanden überhaupt einen Begriff haben. Ferner sind die empirischen Werte gleichsam wertneutral; hedonistische Werte müssen gleichwertig mit den altruistischen Werten behandelt werden.

Die sozialwissenschaftliche Werteforschung ist methodisch nichts anderes als Meinungsforschung. Es wird nicht erhoben, wie Menschen sich tatsächlich verhalten, also welche Präferenzen sie in realen Handlungssituationen tatsächlich zeigen, sondern nur, wie sie sich selbst einschätzen. Hier ist aber beispielsweise aus der Verbraucherforschung bekannt, dass das Bekenntnis zu Tierwohl und Tierschutz sich keinesfalls kongruent zum realen Verbraucherverhalten verhält. Zwischen der Einschätzung der eigenen Wertposition und dem tatsächlichen Verhalten können sehr wohl zwei verschiedene Welten liegen.

Die politische Meinungsforschung, etwa die berühmte Sonntagsfrage, kann zu relativ exakten Ergebnissen gelangen, weil die Frage, welcher Partei man am Sonntag die Zweitstimme gäbe, relativ einfach zu beantworten und statistisch zu erfassen ist. Die Frage allerdings, inwieweit das „Althergebrachte" leitend sein könnte, ist dagegen mit so vielen semantischen

Unbestimmtheiten verbunden, dass daraus kaum aussagekräftige Resultate zu gewinnen sind.

Die empirische Werteforschung gibt es etwa seit 70 Jahren. In früheren Zeiten wurde die Kategorie Werteverfall verwendet, danach hat Klages den Unterschied von Pflicht- und Akzeptanzwerten und hedonistischen Werten eingeführt. Die Gegenüberstellung von „bürgerlich-traditionellen" Werten wie Disziplin, Leistung, Selbstbeherrschung und Treue gegenüber „privat-hedonistischen" Werten wie Emanzipation, Autonomie, Selbstverwirklichung und Partizipation ist unter der historischen Perspektive allerdings abenteuerlich. „Bürgerlich" kann doch nicht heißen, wie ein Domestik auf Befehl und Weisung zu reagieren, so wie die Romanfigur Dietrich Heßling im „Untertan" von Heinrich Mann, sondern Bürgerlichkeit bzw. Demokratie ist doch ohne Emanzipation, Autonomie und Partizipation gar nicht möglich. Historisch hat sich das Bürgertum seine Mitwirkungsrechte bzw. seinen bürgerlichen Status durch harte, langwierige und schmerzliche Emanzipationsprozesse erstritten. Dieses Passungsproblem wird auch nicht dadurch beseitigt, dass nachfolgende Werteforscher die bisherigen Kategorien um weitere ergänzen.

Da die sozialwissenschaftliche Werteforschung stets nur Meinungen per Umfrage erhebt, ist sie gegenüber einem Wertebereich blind, der das soziale Alltagshandeln in einem hohen Maße bestimmt, nämlich die konventionellen Werte. Dabei handelt es sich um Werte wie „(Schutz des) Leben(s)", „Würde des Menschen", „(Recht auf) leibliche und psychische Unversehrtheit", „Entfaltung der Persönlichkeit", „Gesundheit", welche in die Verfassung eingegangen sind, zur Einrichtung entsprechender Institutionen geführt haben, auch rechtlich geschützt und einklagbar sind und das reale soziale Handeln maßgeblich bestimmen. Dazu gehören etwa auch die berühmten europäischen Werte: „Menschenwürde", „Freiheit", „Demokratie", „Gleichheit", „Rechtsstaatlichkeit", Menschen- inkl. Minderheitenrechte. Unbeschadet ihrer faktischen Relevanz werden diese bei den sozialwissenschaftlichen Erhebungen so gut wie nicht berücksichtigt.

Die sozialwissenschaftliche Werteforschung erhebt individuelle Wertorientierungen. Darunter versteht man eher stabile, langfristig gültige Prioritäten. Allerdings sind Werte stets Wertsetzungen; auch Geschmacksurteile sind Wertsetzungen. Bei stabilen äußeren Lebensverhältnissen müssen sich gewisse stabile individuelle Wertmuster einstellen, weil ansonsten das Individuum nicht handlungsfähig wäre. Der Mensch muss ja jeden Tag seinen Alltag bewältigen, was ohne Struktur und Prioritäten gar nicht möglich wäre. Allerdings kann eine veränderte äußere Lebenslage – notwendiger Umzug, Krankheit, Scheidung, verpasster Schulabschluss, Verlust des Arbeitsplatzes – sehr schnell zu einer Veränderung der Prioritäten führen. Individuelle Werte sind flüchtig, auch plurale Werte, wie etwa die jeweilige Mode, sind per se auf Wandel ausgerichtet.

Verhaltensweisen von Verbrauchern lassen sich zuverlässig über die getätigten Einkäufe erfassen, ebenso die Einschaltquoten beim Fernsehen, die Besucherzahlen im Kino und im Theater. Auf diese Weise kommen auch individuelle Wertsetzungen statisch gut zum Ausdruck. Damit kann soziales Verhalten auch präzise empirisch erfasst werden. Diese Exaktheit kann die empirische Werteforschung nicht erreichen: erhoben werden Einschätzungen von eigenen Haltungen zu Lebensbereichen fernab der sozialen Realität bzw. einer konkreten Handlungssituation.

Individuelle Werte werden über das reale Verhalten greifbar, wie das Konsumverhalten; konventionelle Werte werden über die entsprechenden Kodifikationen in Gesetzestexten, Bestimmungen, Verfügungen greifbar. Die sozialwissenschaftliche, ‚empirische‘ Werteforschung erforscht die Werte ohne Empire. Meinungsäußerungen zu vagen abstrakten semantischen Feldern wie „Freunde", „Karriere", „Partnerschaft" bringen individuelle Bekundungen zum Ausdruck; mit Empirie hat das nichts zu tun.

Schließlich stellt sich auch die Frage, ob die empirische Werteforschung überhaupt weiß, was sie eigentlich erforscht. Grundlagentheoretische Überlegungen darüber, was Werte eigentlich sind, sind in ihren Publikationen nicht zu finden. Zu beobachten ist aber ein Changieren zwischen prinzipieller und faktischer Ebene. Es scheint eben doch Werte zu geben, die nicht im Ermessen von Individuen liegen. Die berühmte Unterscheidung der Pflicht- und Akzeptanzwerten von den privat-hedonistischen Werten von Klages, ist insofern von bedingter Aussagekraft, weil Werte sich nicht an sich bewerten lassen. Ob Pflicht eine angemessene Tugend darstellt, lässt sich nur hinsichtlich des jeweiligen Kontextes beurteilen. So kommentierte Oskar Lafontaine die Liste der von seinem Parteifreund Helmut Schmidt favorisierten Tugenden wie Pflichtgefühl, Berechenbarkeit, Machbarkeit, Standhaftigkeit in der Weise, dass sich mit den genannten Sekundärtugenden auch ein KZ leiten lasse (Lafontaine 1982). Umgekehrt kann je nach Situation auch Ungehorsam, Unbotmäßigkeit oder auch Frechheit eine Tugend sein.

Unabhängig von der Frage, ob absolute Werte denkbar sind, kann sich die empirische Sozialforschung nur mit Werten im Sinne von Wertsetzungen befassen. D.h., dass es sich um ideelle oder materielle Güter handelt, die von Individuen, Gruppen oder Kollektiven als wertvolle Güter erklärt wurden. Dies kann auch das Ergebnis historischer Prozesse sein, etwa die europäischen Werte. Ebenso stellen natürliche oder auch kulturell gewachsene Güter wie diejenigen, die zum Weltkulturerbe erklärt wurden, zweifelsohne Werte dar. Allerdings werden Gesellschaften von einer Vielfalt von Werten geprägt, die entsprechend dem sozialen Wandel sich stets auch wieder verändern, der Wertewandel ist ein Konstitutivum des sozialen Wandels.

Diesen komplexen Verhältnissen gegenüber nehmen sich die als empirische Werteforschung ausgewiesenen sozialwissenschaftlichen Meinungserhebungen doch sehr schlicht aus.

Dass sich soziale Gruppierungen wie auch größere Gesellschaften wesentlich über Werte konstituieren, ist trivial und seit Nietzsches Formel von der „Umwerthung aller Werthe" auch begrifflich erfasst. Daher wird die empirische Werteforschung stets zu Ergebnissen gelangen, Werte zutage fördern oder gar einen Wertewandel konstatieren. Das verhält sich allerdings so, als ob die Meteorologie die bahnbrechende Erkenntnis verkünden würde, dass es sich beim Luftdruck nicht um eine statische, sonder um eine dynamische Größe handele und je nach Jahreszeit, Wolkenbewegung, Sonnenintensität, Temperatur und Abstand zur Erdoberfläche, mit veränderlichen Luftdruckverhältnissen zu rechnen sei. Im Gegensatz zu Luftdruckwerten lassen sich die gesellschaftlichen Werte aber nicht physikalisch ermitteln. Die Nicht-Determiniertheit des Menschen zeigt sich im Wandel der Werte wie eben auch in deren Nichtvorhersagbarkeit. Ansonsten wäre Trend-, Zukunfts- und Wirtschaftsforschung eine naturwissenschaftliche Disziplin.

Werte sind keine inhärente Eigenschaften von konkreten oder abstrakten Gegenständen, sondern qualitative Zuweisungen bzw. jeweils das Ergebnis einer Doppelcodierung: die betreffenden Gegenstände werden als solche mental erfasst und zu Werten erklärt.

Insofern sind Werte unverzichtbar, weil der Mensch ohne Prioritätensetzungen nicht handlungsfähig wäre. Allerdings existieren diese Wertsetzungen auf allen Ebenen des individuellen wie auch gesellschaftlichen Lebens und müssen sich auch ändern, weil sich andernfalls Erstarrung einstellen würde. Es entstehen neue Prioritäten, manches wird ausgeschieden, manches bleibt. Wertsetzungen sind flüchtig, häufig auch brüchig, Gesellschaft wie sozialer Wandel sind komplex, Werte kontextlos nicht zu beurteilen. Daher kommt die empirische Werteforschung immer zu spät oder auch zu früh. Denn die Wertsetzungen werden nicht in realen sozialen Handlungs- und Verhaltenssituationen, sondern nur im Hinblick auf vage Einschätzungsszenarios erhoben. Die empirische Werteforschung ist daher nur ein stumpfes Instrument, vordergründig eine Empirie, faktisch allerdings ohne Empirie. Ihre Resultate sind daher von begrenzter Aussagekraft.

Literatur

Bell, D.: Die nachindustrielle Gesellschaft. Frankfurt a.M. 1975.

Brezinka, W.: Von der Pädagogik zur Erziehungswissenschaft. Eine Einführung in die Metatheorie der Erziehung. Weinheim/Basel 1971.

Calmbach, M./Borgstedt, S. u.a.: Wie ticken Jugendliche? Lebenswelten von Jugendlichen im Alter von 14 bis 17 Jahren in Deutschland. Open-Access-Publikation 2016.

Dubiel, H.: Der Konflikt als Medium der Identität. Das ethische Minimum der Demokratie. In: Klein, A. (Hg.), Grundwerte in der Demokratie. Bonn 1995, S. 36–39.

Fees, K.: Werte und Bildung. Wertorientierung im Pluralismus als Problem für Erziehung und Unterricht. Opladen 2000.

Fees, K.: Protestantische Wertekonzepte in Bildung und Erziehung: In: Spurenlese, Bd. 3. Wirkungen der Reformation auf Wissenschaft und Bildung, Universität und Schule. Hg. v. der Reformationsgeschichtlichen Sozietät der Martin-Luther-Universität Halle-Wittenberg. Leipzig 2014, S. 118–131.

Fritzsche, Y.: Moderne Orientierungsmuster: Inflation am „Wertehimmel". In: Deutsche Shell (Hg.): Jugend 2000. 13. Shell-Jugendstudie. Opladen 2000, S. 93–156.

Gensicke, Th.: Die Wertorientierungen der Jugend (2002 – 2015). In: Shell Deutschland Holding (Hg.): Jugend 2015. Eine pragmatische Generation im Aufbruch. Frankfurt a.M. 2015, S. 237–272.

Hillmann, K. H.: Zur Wertewandelforschung: Einführung, Übersicht und Ausblick. In: Oesterdiekhoff, G.W./Jegelka, N. (Hg.): Werte und Wertewandel in westlichen Gesellschaften. Resultate und Perspektiven der Sozialwissenschaften. Opladen 2001, S. 15–39.

Hurrelmann, K.: Vorwort. In: Calmbach, M./Borgstedt, S. u.a.: Wie ticken Jugendliche? Lebenswelten von Jugendlichen im Alter von 14 bis 17 Jahren in Deutschland. Open-Access-Publikation 2016, S. 8–9.

Inglehart, R.: The Silent Revolution. Changing Values and Political Styles Among Western Publics. Princeton 1977.

Klages, H.: Wertorientierungen im Wandel. Rückblick, Gegenwartsanalysen, Prognosen. Frankfurt a.M. 1984.

Klages, H.: Traditionsbruch als Herausforderung. Perspektiven der Wertewandelsgesellschaft. Frankfurt a.M. 1993.

Klages, H.: Werte und Wertewandel. In: Schäfers, B./Zapf, W. (Hg.): Handwörterbuch zur Gesellschaft Deutschlands. Opladen 1998, S. 698–709.

Klages, H./Kmieciak, P. (Hg.): Wertwandel und gesellschaftlicher Wandel. Frankfurt 1979.

Kmieciak, P.: Wertstrukturen und Wertwandel in der Bundesrepublik Deutschland. Grundlagen einer interdisziplinären empirischen Wertforschung mit einer Sekundäranalyse der Umfragedaten. Göttingen 1976.

Lafontaine, O.: Zitat im „Stern" v. 15. Juli 1982.

Nietzsche, F.: Götzen-Dämmerung oder Wie man mit dem Hammer philosophiert [1889], Vorwort. In: Kritische Studienausgabe, Bd. 6 [= KSA]. Hg. v. G. Colli u. M. Montinari. München 1988, S. 55.

Riesman, D.: The Lonely Crowd. A Study of the Changing American Character. New Haven/London 1950.

Schneekloth, U./Leven, I.: Methodik. In: Shell Deutschland Holding (Hg.): Jugend 2015. Eine pragmatische Generation im Aufbruch. Frankfurt a.M. 2015, S. 389–398.

Shell Deutschland Holding (Hg.): Jugend 2015. Eine pragmatische Generation im Aufbruch. Frankfurt a.M. 2015.

Tippelt, R.: Bildung und sozialer Wandel. Weinheim 1990.

vbw – Vereinigung der Bayerischen Wirtschaft e. V. (Hg.): Bildung 2030 – veränderte Welt. Fragen an die Bildungspolitik. Münster 2017.

Ziebertz, H.-G./Kalbheim, B./Riegel, U.: Religiöse Signaturen heute. Ein religionspädagogischer Beitrag zur empirischen Jugendforschung. Gütersloh/Freiburg 2003.

Ziebertz, H.-G./Riegel, U.: Letzte Sicherheiten. Eine empirische Untersuchung zu Weltbildern Jugendlicher. Gütersloh 2008.

www.peterlang.com

www.ingramcontent.com/pod-product-compliance
Lightning Source LLC
Chambersburg PA
CBHW030918150426
42812CB00046B/297